Inhaltsseiten (grau)

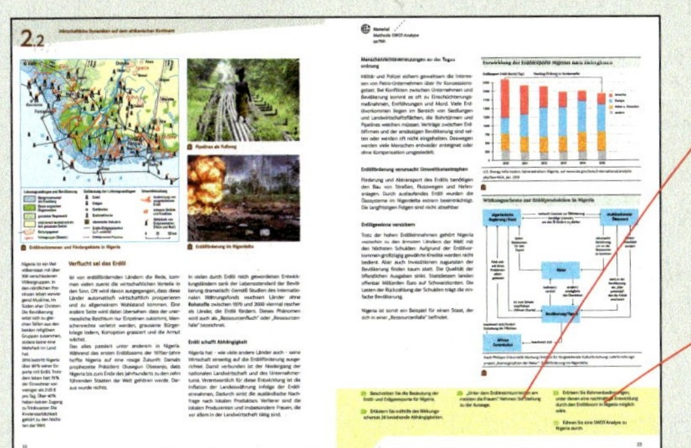

Auf den **Inhaltsseiten** erfolgt die Erarbeitung der Themen.

15 Beschreiben Sie die Bedeutung der Erdöl- und Erdgasexporte für Nigeria.

19 Führen Sie eine SWOT-Analyse zu Nigeria durch.

Basisaufgaben über alle drei Anforderungsbereiche hinweg, mit denen Sie Neues lernen

Zusatzaufgaben, die vor allem der Anwendung und Vertiefung des Erlernten dienen sowie zusätzliche Aspekte erschließen

Arbeitsanhang: Kompetenzen vernetzen und überprüfen

Der **Arbeitsanhang** gibt Ihnen wertvolle Hilfen zur Vertiefung und Erweiterung Ihrer Kompetenzen.

Kompetenzseiten (grün)

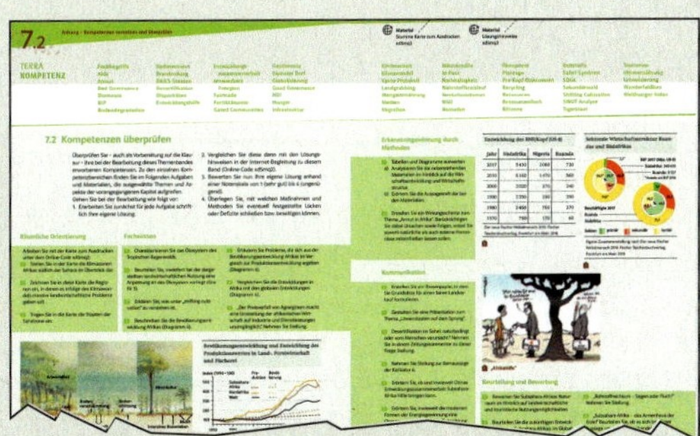

Auf den Seiten **TERRA KOMPETENZ** können Sie Ihre Kompetenzen festigen und mit Aufgaben Ihren Arbeitsstand überprüfen.

Alle wichtigen Grundbegriffe sind im Text fett ausgezeichnet, im **Glossar** definiert und über das Register zu finden.

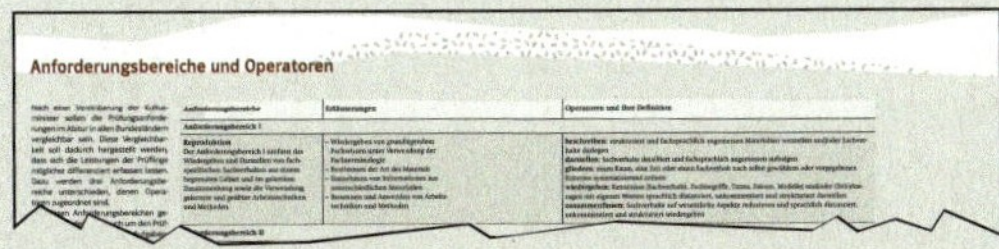

Schließlich sind auf dem hinteren inneren Buchumschlag die Anforderungsbereiche und Operatoren für die Aufgaben erklärt.

Umschlagbild: belebter Markt in Lagos/Nigeria
© ShutterStock.com RF (ariyo olasunkanmi), New York, NY

Nachweis für Illustrationen

Bettina Eckenfelder, Wenigenlupnitz: **7.4, 7.5, 21.22, 23.27, 23.28, 24.29, 24.30, 24.31, 25.35, 27.39, 31.4, 51.11, 57.30, 69.74, 71.4, 77.25, 78.27, 82.39, 83.43, 89.14, 90.16, 94.26, 94.27, 95.28, 96.35, 97.38, 97.40, 99.47, 99.48, 106.3, 107.7**

Klaus Feske, Eutingen-Weitingen: **53.19**

Rudolf Hungreder, Leinfelden-Echterdingen: **50.8, 51.9, 59.39**

Diana Jäckel, Erfurt: **35.12, 42.32, 54.21, 56.28, 58.34, 61.46, 61.47, 65.62, 66.65, 100.51, 101.55, 101.56, 102.62, 102.63, 103.67, 106.4**

Steffen Jähde, Sundhagen: **28.40, 44.38**

Wolfgang Schaar, Grafing: **14.4, 27.38, 47.43, 52.15, 56.27, 76.20**

Nachweis für Karten

Klett-Archiv, Stuttgart: **14.5, 15.7, 17.11, 18.17, 20.20, 22.24, 25.34, 29.44, 32.5, 33.8, 34.10, 36.13, 39.21, 43.36, 45.39, 47.45, 49.4, 49.5, 51.12, 55.24, 57.31, 58.37, 61.49, 64.56, 65.61, 73.11, 78.26, 80.31, 93.23, 97.39, 98.46, 99.49**

1. Auflage 1 5 4 3 2 1 | 23 22 21 20 19

Alle Drucke dieser Auflage sind unverändert und können im Unterricht nebeneinander verwendet werden.
Die letzte Zahl bezeichnet das Jahr des Druckes.

Autoren: Bernd Haberlag, Ilsede; Dietmar Wagener, Hofgeismar
Mit Beiträgen von: Dr. Wilfried Korby, Korb; Arno Kreus, Aachen; Norbert von der Ruhren (†), Aachen
Redaktion: Jens Bickel
Herstellung: Birgit Jäkel
Assistenz: Andrea Mansch

Gestaltung: Nathanaël Gourdin & Katy Müller GbR, Leipzig
Umschlaggestaltung: Nathanaël Gourdin & Katy Müller GbR, Leipzig
Illustrationen: Bettina Eckenfelder, Hörselberg-Hainich; Klaus Feske, Eutingen-Weitingen; Rudolf Hungreder, Leinfelden-Echterdingen; Diana Jäckel, Erfurt; Steffen Jähde, Sundhagen; Wolfgang Schaar, Grafing
Karten: Ernst Klett Verlag GmbH, Leipzig (Matthias Dietrich, Peer Janson, Ralf Ruge, Dr. Henry Waldenburger); Artalis, Mühlhausen/Felchta (Jacqueline Böttcher)
Satz: Druckmedienzentrum Gotha GmbH, Gotha
Reproduktion: Druckmedienzentrum Gotha GmbH, Gotha
Druck: Firmengruppe APPL, aprinta druck, Wemding

Printed in Germany
ISBN 978-3-12-104812-0

9 783121 048120

Bernd Haberlag, Dietmar Wagener

TERRA

Afrika südlich der Sahara

Ernst Klett Verlag
Stuttgart · Leipzig

INHALT

Legende:

TERRA **METHODE**
TERRA **Differenzierung**
TERRA **KOMPETENZ**
⊞ besonders geeignet für das erhöhte Anforderungsniveau (Leistungskurs)

1 Gratwanderung zwischen einseitigen und differenzierten Bildern

Vorherrschende Bilder des afrikanischen Kontinents in deutschen Medien sind stark von einigen sehr prominenten Klischees geprägt. Einseitige Vorstellungen, zum Beispiel von allgemeiner Hoffnungslosigkeit oder Bilder von Naturparadiesen, werden im Fernsehen sowie in Berichten in Zeitungen und Zeitschriften oder im Internet vermittelt.

Diese Bilder sind nicht falsch, sie sind aber unvollständig und undifferenziert. Sie festigen ein sehr einseitiges Bild des vielfältigen afrikanischen Kontinents, in dessen unterschiedlichen Staaten und Regionen verschiedene Dynamiken vorherrschen. Außerdem produzieren diese Bilder häufig einen Gegensatz zwischen Europa und Afrika. Solche Kontrastierungen verdecken, dass es seit vielen Jahrhunderten Beziehungen zwischen europäischen und afrikanischen Akteuren gibt. Daher sollten wir uns in Bezug auf unser persönliches Bild der 49 Subsahara-Staaten Afrikas unter anderem folgende Fragen stellen:

- Wie groß ist Afrika im Vergleich zu Europa?
- Wenn wir etwas Neues beispielsweise über Lagos oder Khayelitsha lernen, fügen wir dieses Wissen dann in unser „Afrikabild" ein?
- Wann immer wir eine generalisierende Aussage über Afrika hören – würde eine solche Generalisierung auch für Europa sinnvoll möglich sein?
- Welche Bilder und Haltungen gegenüber dem afrikanischen Kontinent sind vom Kolonialismus geprägt?
- Welche Auswirkungen haben herrschende Bilder von „Afrika" auf alltägliche Erfahrungen, Wahrnehmungen, Urteile und Handlungen?

1 Häufig von Hilfsorganisationen verwendetes Motiv: fröhliche Kinder (hier in Namibia)

2 Selteneres Bild: Addis Abeba – die aufstrebende Hauptstadt Äthiopiens

3 Typisches Safari-Bild: Zebras im Amboseli-Nationalpark in Kenia

Kompetenzen erwerben

- Reflektieren, dass Räume stets selektiv und subjektiv wahrgenommen werden;
- Intentionen einer Quelle differenziert wahrnehmen und erläutern;
- eigene und fremde Beiträge hinsichtlich ihrer logischen, fachlichen und argumentativen Qualität beurteilen;
- Informationen hinsichtlich ihres generellen Erklärungswertes beurteilen.

1.1 Von der Wahrnehmung zum Urteil

Medien bieten die Möglichkeit, die Grenzen des unmittelbaren Erlebens zu überschreiten. Jeder kann durch sie in Kontakt zu anderen Menschen außerhalb seines eigenen Umfeldes treten. Durch die Berichterstattung in den Medien werden räumliche und zeitliche Begrenzungen unserer Sinne einerseits aufgehoben, andererseits wird der Wahrnehmungs- und Erlebnishorizont eines jeden Einzelnen verändert und erweitert. Für jedes Medienprodukt müssen Bilder und Texte ausgewählt, zusammengestellt und produziert werden. Das Betrachten von Medien ist also keine direkte Beobachtung der Welt, sondern die Wahrnehmung eines Produktes, das uns eine bestimmte, immer eingeschränkte Perspektive auf die Welt präsentiert.

Zur Unterscheidung einer differenzierten von einer einseitigen Berichterstattung wird der Erwerb der Medienkompetenz vorausgesetzt: also die Fähigkeit, sachgerecht, sinnvoll, kritisch, verantwortungsvoll und kreativ mit Medien umzugehen. Was aber heißt das und ist dies überhaupt möglich?

Ein kritisch distanzierter Umgang mit Medien setzt die Fähigkeit voraus, sich selbst erst einmal zu den eigenen Bedürfnissen und der eigenen Argumentation zu befragen. Da soziale Medien die persönlichen Präferenzen und Einstellungen sehr stark beeinflussen, warnt zum Beispiel der Medienwissenschaftler Eli Pariser davor, dass wir über „Filterblasen" von Informationen isoliert werden, die nicht unserem eigenen Standpunkt entsprechen. Die Dimensionen der Medienkompetenz sind also besonders in einer Zeit, in der wir von sozialen Medien umgeben sind, zentral:

- Wahrnehmungsfähigkeit,
- Analysefähigkeit,
- Decodierungsfähigkeit,
- Reflexionsfähigkeit,
- Urteilsfähigkeit.

Entscheidende Fragen, die beantwortet werden müssen, sind beispielsweise: Wer hat was gemacht? Warum? Wo? Wann? Wie? Mit welchen Mitteln? Dazu ist es erforderlich, sich unter Einbezug verschiedener Medien weitere Informationen zu beschaffen. Dabei müssen zuverlässige und unzuverlässige Quellen getrennt sowie Kommentare und Berichte unterschieden werden.

Medien im Überblick

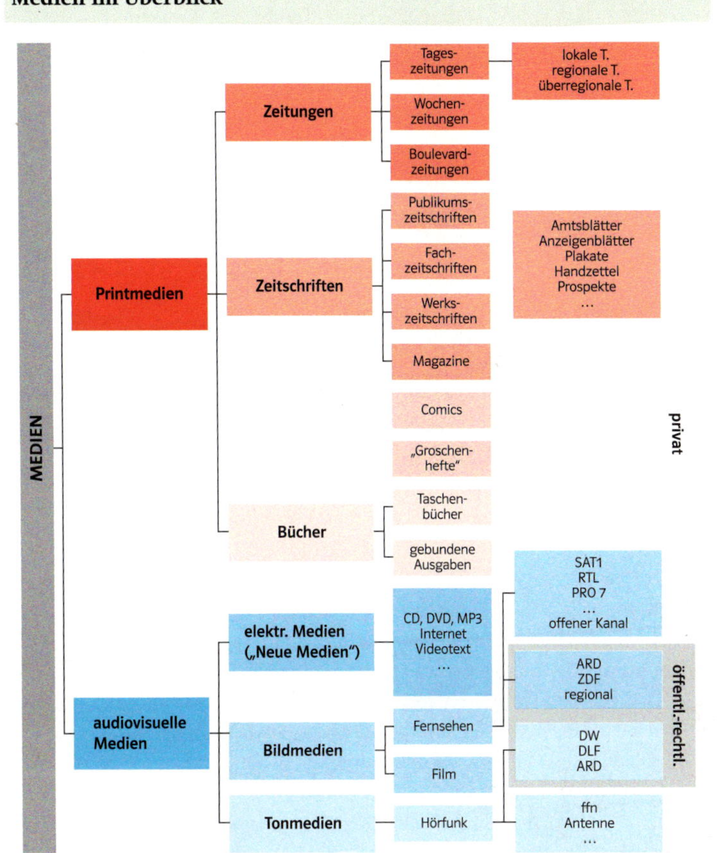

4

Auf dem Weg zur Medienkompetenz

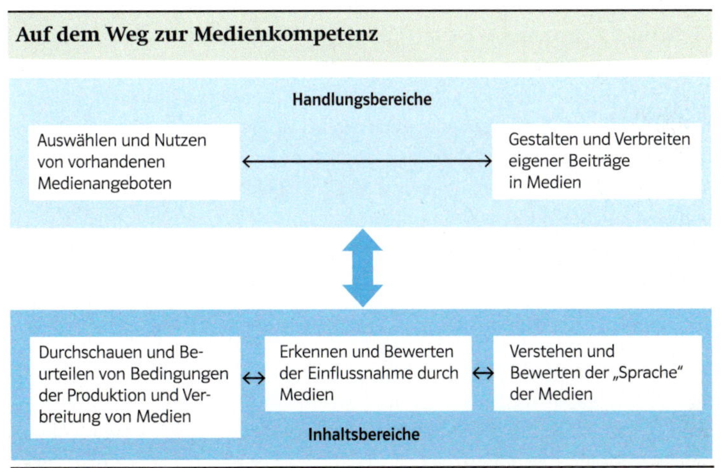

5

1 Beschreiben Sie den Weg von der Wahrnehmung zum Urteil.

2 Erklären Sie die Begriffe „Medien" und „Medienkompetenz".

3 Erläutern Sie Voraussetzungen, die zur Erlangung von Medienkompetenz erfüllt sein müssen.

1.2 Subsahara-Afrika in Printmedien

7 **„Mama, was sind Fake News?" (Karikatur von Heiko Sakurai, Deutschland)**

Afrika in deutschen Medien

„[...] In den letzten Jahren wurde jede fünfte Korrespondentenstelle in Afrika gestrichen. Regionalzeitungen, die sich früher noch eine Korrespondentenstelle geteilt haben, verzichten jetzt vollständig darauf. Auch die Großen sparen: Die ZEIT und der Springer-Auslandsdienst haben alle Afrika-Büros geschlossen. Stattdessen schicken die Häuser lieber kurzfristig eigene Reporter, wenn es brennt. ‚Fallschirmkorrespondenten' nennt Engelhardt [Vorsitzender des Korrespondentennetzwerks Weltreporter] diese Sorte Journalisten: hinfliegen, abspringen und nach getaner Arbeit wieder heimkehren. „Sie sind heute in Mali, gestern auf den Philippinen – und betrachten das Land nur durch die deutsche Brille." In einem solchen Medienumfeld wäre eigentlich viel Platz für freie Journalisten, die im Ausland leben. Doch auch an ihnen wird gespart. Immer seltener erhielten sie von Redaktionen die feste Zusage für die Abnahme eines Artikels, berichtet Engelhardt. Auch Reisekosten würden kaum noch übernommen. [...]

Loewenberg, der unter anderem für die New York Times, die Washington Post oder den Guardian über **Hunger**-Themen schreibt, beobachtet eine Müdigkeit westlicher Medien, ausdauernd über strukturelle Krisen zu berichten. ‚Hunger ist aber selten eine Katastrophe, die ganz plötzlich passiert.' Sie kündigt sich über Monate oder Jahre im Voraus an. Dabei wäre es genau in diesem Zeitraum wichtig, die politischen Entscheider für diese Zusammenhänge zu sensibilisieren. Denn Entwicklungshilfe setzt häufig erst nach dem öffentlichen Aufschrei ein, der auf die Krisenberichterstattung folgt. Dann aber ist es meist zu spät.

Loewenberg fällt auf, dass sich Redaktionen selten frühzeitig für diese Themen interessieren. Als er einer Redaktion einmal vorschlug, über eine sich anbahnende Hungerkrise zu schreiben, die zwei Millionen Menschen betreffen würde, lautete die Antwort: ‚Nicht bei zwei Millionen. Kommen Sie zurück, wenn es acht Millionen sind.' Als der Reporter zu einem späteren Zeitpunkt in einem Flüchtlingslager in Somalia war, erhielt er einen Anruf von einem US-Fernsehsender: ‚Das ist ja großartig! Kannst du nicht was für uns drehen?' [...]"

Petra Sorge: Ein bisschen Bumm, irgendwas mit Terror. In: Cicero vom 06.02.2014; auf www.cicero.de/aussenpolitik/afrika-berichterstattung-mali-zentralafrikanische-republik-ein-bisschen-bumm-irgendwas-mit-terror/56987

Wanderungsbereitschaft wächst dramatisch

„Gut die Hälfte der Menschen südlich der Sahara würden einer Umfrage zufolge gern ihr Land verlassen. Bis zu eine Million wartet in Libyen auf die Fahrt nach Europa. Droht eine zweite Flüchtlingskrise? [...]"

Wanderungsbereitschaft wächst dramatisch. In: Frankfurter Allgemeine Zeitung vom 22.03.2018, auf www.faz.net/aktuell/politik/sub-sahara-afrika-wanderungsbereitschaft-waechst-dramatisch-15507660.html#void

Subsahara in nicht-afrikanischen Printmedien

Mit dem afrikanischen Kontinent werden häufig die „berühmten" Ks – Kriege, Krisen, Katastrophen, Korruption, Kriminalität, Krankheiten – in Verbindung gebracht. Dennoch gibt es in den Staaten Subsahara-Afrikas auch einen normalen Alltag, nur findet dieser in der Berichterstattung westlicher Medien kaum statt.

Nur ein Prozent aller Nachrichten schafft es, in Zeitungen, im Radio oder im Fernsehen veröffentlicht zu werden. Die restlichen 99 Prozent werden in den Redaktionen aussortiert und landen im Papierkorb. Da mediale Aufmerksamkeit ein knappes Gut ist, gilt eine alte Weisheit immer noch: „Only bad news are good news". Es ist sicherlich Aufgabe von Journalisten, Probleme anzusprechen, auf Missstände hinzuweisen und Skandale aufzudecken. Aber welches Bild entsteht dadurch beim Leser?

Zur Beurteilung der Berichterstattung bieten sich Fragen an, wie z. B.:

- Werden afrikanische Quellen verwendet?
- Sind Interpretationen und Wertungen deutlich erkennbar?
- Ermöglichen Bilder und Filme eine möglichst breite Sicht?
- Wird eine eurozentrische Perspektive vermieden?

Hunger und leere Kornkammern trotz voller Felder

„In Subsahara-Afrika sind 30 Prozent der Kinder unterernährt und in Ostafrika herrscht Hungersnot. Zugleich verderben auf dem Kontinent 40 Prozent der Lebensmittel, bevor sie es auf den Teller der Konsumenten schaffen. [...]"

Gwendolin Hilse/ Dotto Bulendo: Hunger und leere Kornkammern trotz voller Felder. In: Deutsche Welle vom 24.02.2017, auf www.dw.com/de/hunger-und-leere-kornkammern-trotz-voller-felder/a-37711201

Subsahara in afrikanischen Printmedien

Kritische Presseberichterstattungen zu politischen Entscheidungen und Entwicklungen sowie bissige Comics und Karikaturen werden in den Ländern Subsahara-Afrikas, wie überall, von Politikern gefürchtet. In verschiedenen Ländern ist der Freiheitsgrad der Presse unterschiedlich.
Zeitungen und Online-Plattformen aus Subsahara-Afrika sind auch eine hervorragende Quelle für Berichte über positive Entwicklungen, die in europäischen Medien nicht auftauchen, weil sie nicht spektakulär genug sind.

Afrikanische und afro-diasporische Medien

In Deutschland erhältliche Zeitschriften mit Bezug zu Subsahara-Afrika (Auswahl):

- Africa Positive (deutschsprachig): www.africa-positive.de/
- The African Courier (englischsprachig, in Deutschland publiziert): www.theafricancourier.de/
- New African (englischsprachig, pan-afrikanisch): https://newafricanmagazine.com/
- Jeune Afrique (französischsprachig, panafrikanisch): www.jeuneafrique.com/

Online-Medienplattformen (Auswahl):

- Africa is a Country: https://africasacountry.com/
- Quartz Africa: https://qz.com/africa/
- Pambazuka: www.pambazuka.org/
- L'actualité de Burkina sur Internet: http://lefaso.net/

Tageszeitungen (Auswahl):

- The National Mirror (Nigeria): www.nationalmirroronline.net/
- Dakar actu (Senegal): www.dakaractu.com/
- Mmegi (Botsuana): www.mmegi.bw/
- Standard Digital (Kenia): www.standardmedia.co.ke/

11 Aid to Africa (Karikatur von N. Fedeliko, Tansania)

So wird in afrikanischen Medien berichtet

„Spätestens als im Fernsehen die Bilder von den toten Flüchtlingen im Mittelmeer zu sehen waren, stellte sich unwillkürlich die Frage: Wie reagieren, wie fühlen die Menschen in Afrika, wenn sie diese schrecklichen Bilder sehen? In den großen afrikanischen Zeitungen wird die Flüchtlingskatastrophe im südlichen Mittelmeer, trotz des Todes vieler Menschen vom eigenen Kontinent, allerdings weitgehend ignoriert. Im Mittelpunkt der Berichterstattung stehen lokale Fragen. Einziges außenpolitisches Thema sind die Übergriffe schwarzer Südafrikaner auf Zuzügler aus anderen Teilen des Kontinents. Dies gilt vor allem für die Zeitungen in Äthiopien, Nigeria oder Mosambik, deren Landsleute von den Pogromen am Kap direkt betroffen sind. Symptomatisch für diese Berichterstattung – oder besser in großen Teilen: Nicht-Berichterstattung – ist Südafrika. Zwar berichten fast alle Blätter im größten Medienmarkt des Kontinents über das Schiffsunglück, doch werden ausschließlich westliche Agenturberichte verwendet. Dies liegt daran, dass fast keine einzige Zeitung am Kap über eigene Auslandskorrespondenten verfügt. […] Die toten Afrikaner im Mittelmeer schaffen es nicht einmal auf die Website der Online-Ausgaben beider Blätter. Auch Nigerias ‚This Day' übergeht das Thema und schreibt stattdessen über Studentenproteste in Lagos gegen südafrikanische Unternehmen. […]"

Wolfgang Drechsler: So wird in afrikanischen Medien berichtet. In: Der Tagesspiegel vom 21.04.2015, auf www.tagesspiegel.de/medien/fluechtlingskatastrophe-im-mittelmeer-so-wird-in-afrikanischen-medien-berichtet/11663574.html

4 Stellen Sie die Rahmenbedingungen einer hiesigen Berichterstattung über die Subsahara-Staaten dar.

5 Charakterisieren Sie nach einer Internetrecherche zu aktuellen Artikeln in überregionalen Zeitungen und Zeitschriften über Subsahara-Staaten die Darstellungsweise.

6 „Der Westen misst darin seine eigene Großartigkeit." Nehmen Sie Stellung zur Funktion einseitiger Afrikabilder für das Selbstbild Europas.

7 Erörtern Sie, ob und inwiefern es einen objektiven Journalismus geben kann.

1.3 Filme über und aus Subsahara-Afrika

13 Szene aus dem Film „Tränen der Sonne"

Nicht-afrikanische Filme über Afrika (Auswahl)

Wüstenblume (2009; Liya Kebede, Sally Hawkins, u. a.)
„Verfilmung des Lebens der weltbekannten Waris Dirie aus Somalia. Die 13-jährige wird beschnitten und soll zwangsverheiratet werden. [Sie] flieht aus ihrem Dorf in Somalia. Ihre Familie beschafft ihr eine Stelle in der Botschaft in London. Dort ist sie mehr Sklavin und Gefangene als Mensch. Sie flieht ein weiteres Mal und taucht in London bei einer lockeren Engländerin unter und hält sich mit Gelegenheitsjobs über Wasser, bis sie schließlich von einem Fotografen als Model entdeckt wird."

Blood Diamond (2006; Leonardo Di Caprio, Jennifer Connelly, u. a.)
„Ein weißer und ein schwarzer Afrikaner auf der Suche nach einem rosaroten Diamanten mitten im Bürgerkrieg in Sierra Leone. Es geht um Leben und Tod. Der eine wünscht sich Reichtum, während der andere versucht seinen Sohn zu retten. Er wurde entführt und zum Kindersoldaten gemacht. Action geladenes und anspruchsvolles Abenteuer auf einem unmenschlichen und doch so schönen Kontinent."

Tränen der Sonne (2003; Action mit Bruce Willis)
„Ein Navy-Seals-Einsatzteam soll eine amerikanische Ärztin aus dem Bürgerkriegsland Nigeria evakuieren. In der Mission angekommen, offenbart sich ein großes Problem: Dr. Kendricks verlangt, dass die nigerianischen Bewohner des Dorfes mitdürfen, da sie sonst nicht mitkommen würde. Durch die afrikanischen Flüchtlinge wird das Team nicht nur verlangsamt, sondern setzt sich auch größeren Gefahren aus. Denn die Rebellentruppen nähern sich schnell der Mission und heften sich an die Spuren der Gruppe, denn es befindet sich eine wichtige Person unter den Flüchtenden."

Die weiße Massai (2005: Nina Hoss, Jacky Ido u. a.)
„Corinne Hofmann verbringt mit ihrem Lebenspartner einen Strandurlaub in Kenia. Durch Zufall trifft sie auf einen geheimnisvollen Samburu-Krieger und verliebt sich in ihn. Sie entscheidet in Afrika zu bleiben, und gibt ihr Leben in der Schweiz auf, um mit ihm und seiner Familie in einer abgelegenen Gegend in Kenia zu leben."

Nach Marion und Daniel Kempf-Seifried: Filmtipps – Die besten Filme für Afrika-Fans. In: Geschichten von unterwegs vom 07.03.2017, auf http://geschichtenvon unterwegs.de/afrika-filme/

Das Afrikabild in Filmen

In klassischen Hollywoodproduktionen diente Afrika lange Zeit lediglich als grandiose Kulisse für Abenteuergeschichten und Melodramen mit europäischen oder amerikanischen Schauspielern. Das Rezept hieß: Man nehme einen gebildeten und idealistischen Europäer, der schöne, jedoch unmündige Afrikaner aus ihrem von Armut und Gewalt geprägten Leben rettet. Hinzu kam eine Prise Romantik, eine postkoloniale Farmkulisse, strahlend blauer Himmel mit einer beständig scheinenden Sonne, die abends in Rottönen über dem Busch versinkt.
Das Bild afrikanischer Natur wurde in (West-) Deutschland geprägt von Serengeti-Naturdokumentationen, angefangen mit Grzimeks „Serengeti darf nicht sterben" (1960), in denen das „Familienleben" der Tiere und Gefahren für diese im Mittelpunkt stehen. Afrikanische Menschen kommen dabei meist nur am Rande oder in untergeordneten, exotisierten Positionen vor und koloniale Gewalt wird oft ausgeblendet oder gar als Unterstützung für den Naturschutz legitimiert.

Andere Geschichten erzählen

Doch Filme bieten auch die Chance, andere Geschichten über Subsahara-Afrika zu erzählen und bewusst wahrzunehmen. Ein Beispiel aus dem Jahr 2018 ist die Marvel-Produktion „Black Panther", dreifacher Oscar-Preisträger und einer der kommerziell erfolgreichsten amerikanischen Superheldenfilme. Hier rettet erstmals ein schwarzer Held mit anderen fast ausschließlich schwarzen Charakteren seine eigene Welt. Unter den Schauspielern befanden sich viele bekannte und aufstrebende Stars aus den USA, Europa und unterschiedlichen afrikanischen Ländern. Das Setting ist Wakanda, ein fiktives, futuristisches Land, das nie kolonisiert wurde, und über Sprache, Soundtrack und Mode wurden unterschiedliche real erkennbare räumliche Bezüge zu Subsahara-Afrika hergestellt. Auch Streaming-Portale und große Filmstudios finanzieren inzwischen Filme, für die afrikanische Regisseure mit afrikanischen Drehbuchautoren und Schauspielern zusammenarbeiten, wie z. B. bei den Filmen Queen of Katwe (Disney) oder Lionheart (Netflix).

8 Analysieren Sie die Berichterstattung im Fernsehen über Subsahara-Staaten in einem Zeitraum von 14 Tagen.

15 Dreharbeiten zum Film „October 1"

17 Szene aus dem Film „Beasts of No Nation"

Filmproduktion in Subsahara-Afrika

Diese Produktionen setzen auf Kooperationen mit bereits bestehenden afrikanischen Filmindustrien, wie z. B. Nollywood (Nigeria). Diese Filmindustrien arbeiten schon seit Langem daran, dass die Mystifizierung, Verklärung und auf wenige Stereotype reduzierte Darstellung Afrikas als Sorgenkind der Welt aus den Köpfen verschwindet. Nollywood gehört inzwischen zu den größten Filmindustrien der Welt. Die mehr als 2000 Filme pro Jahr, die dort produziert werden, sind hauptsächlich Unterhaltungsfilme. Diese thematisieren menschliche Schicksale, Glauben, soziale und ökonomische Konflikte sowie gesellschaftlichen Wandel. Zu den bisher eher noch wenig beachteten Projekten des afrikanischen Filmmarktes gehört Eastleighwood in Somalia. Die afrikanische Filmindustrie ist sehr divers, wie das alle zwei Jahre stattfindende Filmfestival FESPACO zeigt, das im Jahr 2019 sein 50-jähriges Jubiläum feiert. Auch in Deutschland gibt es Festivals und Filmreihen, die explizit nur afrikanische oder afrikanisch-diasporische Filmproduktionen ins Programm aufnehmen, z. B. das Afrika Film Festival in Köln oder die Filmreihe African Reflections in Berlin.

9 Erörtern Sie anhand eines Filmes, inwiefern Sie neue Informationen und Bilder wahrgenommen haben.

Afrikanische Filme über Afrika (Auswahl)

October 1 (2014; Sadiq Daba, Kayode Olaiya, u. a.)

„Der nigerianische Thriller ‚October 1' wurde von Tunde Babaloba geschrieben und von Kunle Afolayan produziert. Der Film spielt während der Kolonialzeit und kurz vor Nigerias Unabhängigkeit am 1. Oktober 1960. Der Kommissar Danladi Waziri soll eine Mordreihe an Frauen aufklären […]. Mit einem Budget von zwei Millionen US Dollar brach October 1 den finanziellen Rekord der nigerianischen Filmindustrie ‚Nollywood'."

Beasts of No Nation (2013)

„Der Film mit dem Golden-Globe-Gewinner Idris Elba und dem ghanaischen Newcomer Abraham Attah in den Hauptrollen basiert auf dem gleichnamigen Roman von Uzodinma Iweala. Die Geschichte handelt von Agu, einem Kindersoldaten, der die Schrecken des Krieges erlebt, als in seinem nicht näher genannten westafrikanischen Land ein Guerillakrieg ausbricht. Schon das Buch hatte nach seiner Veröffentlichung 2005 Aufsehen erregt, da es schonungslos und unmittelbar zeigt, was passiert, wenn man als ehemaliger Zivilist in einen Krieg gerissen wird. Der Film wird schon jetzt als Oscar-Anwärter gehandelt."

The Teacher's Country (2013; Madaraka Nyerere, Thomas Bilingi, u. a.)

„Der Film beschäftigt sich mit Tansania 50 Jahre nach der Unabhängigkeit. Was hat sich in einem halben Jahrhundert verändert? Der Film gewährt Einblicke in die Lebenswelten der Protagonisten – eines Lehrers, einer Köchin und eines Priesters – und gibt dadurch Antwort auf die Frage, was sich seit der Unabhängigkeit 1961 in dem Land getan hat."

Das Mädchen Hirut (2014; Tizita Hagere, Haregewine Assefa, u. a.)

„‚Das Mädchen Hirut', mitproduziert von Angelina Jolie, erzählt die Geschichte des 14-jährigen, äthiopischen Mädchens Hirut, dass auf dem Heimweg von der Schule entführt und vergewaltigt wird. Ihr Peiniger ist der Mann, den sie heiraten soll. Als sie den Mann in Notwehr erschießt, droht ihr die Todesstrafe. ‚Das Mädchen Hirut' beruht auf der wahren Geschichte der jungen Äthiopierin Aberash Bekele. Ihr Fall hat in Äthiopien Rechtsgeschichte geschrieben, denn sie wurde von einem Zivilgericht freigesprochen."

Nach Zehn afrikanische Filme, die man gesehen haben muss. In: Gemeinsam für Afrika, auf www.gemeinsam-fuer-afrika.de/zehn-afrikanische-filme-die-man-gesehen-haben-muss/, Sept. 2018

16

2 Wirtschaftliche Dynamiken auf dem afrikanischen Kontinent

Der Kontinent mit der höchsten Anzahl ärmster Länder der Welt ist ungeheuer vielfältig und seine Staaten unterscheiden sich stark voneinander. Dies gilt sowohl für die wirtschaftliche Leistungsfähigkeit, die Flächengröße, die Naturräume als auch für die Regierungsformen und Bevölkerungszahlen. Armut und Reichtum sind zwischen und innerhalb der verschiedenen Staaten sehr ungleich verteilt. Der exportorientierte Rohstoffabbau (z. B. Rohöl, Diamanten, Gold) sorgt bei einigen Akteuren häufig für Hoffnungen auf positive Entwicklungen, wenn beispielsweise auf dem Weltmarkt die Preise steigen, die Unternehmen hohe Gewinne machen und immer mehr begehrte Bodenschätze wie Mangan, Kobalt, Chrom, Platin und Coltan abgebaut werden. Gleichzeitig beschreibt das Konzept der sogenannten „Ressourcenfalle" die negativen Folgen des Rohstoffabbaus: Statistisch ist das Wirtschaftswachstum in Ländern, die viele mineralische und fossile Rohstoffe exportieren, in der Regel geringer als in rohstoffarmen Ländern. Erklärt wird dies unter anderem mit dem Schrumpfen anderer Wirtschaftssektoren, gewaltsamen Landnutzungskonflikten und Korruption.

Kompetenzen erwerben

- Den Naturraum Afrika in Großlandschaften gliedern;
- das Ostafrikanische Grabenbruchsystem erklären;
- die Vielfalt des Naturraums beschreiben;
- Art, Lage, Umfang und Nutzung von Bodenschätzen in Subsahara-Afrika analysieren;
- zu den Chancen zur Schaffung von Arbeitsplätzen in Nationalparks Stellung nehmen;
- Eingriffe in das Ökosystem Victoriasee unter ökonomischen und ökologischen Aspekten beurteilen;
- Förderung von Bodenschätzen und fehlende Entwicklung analysieren;
- die Folgen unzuverlässiger Energieversorgung für die Volkswirtschaft beurteilen;
- Bad Governance als entwicklungshemmenden Faktor herausarbeiten;
- Erfolgschancen von Groß- und Kleinprojekten bei der Stromgewinnung erörtern.

1 Bau eines Wasserkraftwerkes in der Provinz Nord-Kivu (Demokratische Republik Kongo)

2.1 Wirtschaftswachstum

Vermehrt finden sich in europäischen Zeitungen und Fernsehsendungen der letzten Jahre Berichte über den „Afrika-Boom", vom „Löwen auf dem Sprung" oder vom „erwachenden Riesen". Diese Neubewertung Subsahara-Afrikas hat im Wesentlichen zwei Gründe: Zum einen sorgen der Reichtum an Bodenschätzen, das Potenzial an regenerativen Energien und die humanen Ressourcen für globales Investoreninteresse. Zum anderen zeigen viele Staaten südlich der Sahara ein bemerkenswertes Wirtschaftswachstum: Äthiopien, die Elfenbeinküste, Ruanda und Senegal hatten Wachstumsraten von über sieben Prozent im Jahr 2018 (IWF). Gleichzeitig schrumpfte jedoch die Wirtschaft in Äquatorialguinea z. B. um ca. acht Prozent und das Wachstum in Burundi, der Republik Kongo, Namibia und Südafrika belief sich lediglich auf 0,15 bis 1,5 Prozent. Eine einheitliche Tendenz für den gesamten Kontinent lässt sich hieraus nicht ableiten.

Verteilung des Wachstums

Eine fortschreitende Demokratisierung, die Entstehung kritischer Zivilgesellschaften sowie die Entwicklung von gesellschaftlichen Mittelschichten gehen in vielen Staaten einher mit einem hohen Wirtschaftswachstum, getrieben durch ausländische Investoren, staatliche Maßnahmen und einheimische Unternehmen. Jedoch sind unterschiedliche gesellschaftliche Gruppen nicht auf gleiche Weise vom statistisch gemessenen Wirtschaftswachstum berührt und die Höhe des Wirtschaftswachstums sagt nichts über dessen Verteilung aus.

→ **„Löwen" auf dem Sprung** Seiten 94/95

Afrika: Potenziale und Probleme eines riesigen Kontinents

Export	Afrika hängt noch immer stark von Rohstoffen ab: Öle, Erze und Metalle sind für 60 % der Exporte verantwortlich.
Bevölkerung	Bis 2050 wird sich die Bevölkerung Afrikas auf 2,5 Milliarden Menschen verdoppeln und ein Viertel der Weltbevölkerung ausmachen.
Wachstum	Die Wirtschaft der 54 Subsahara-Länder soll 2017 laut Eurostat-Prognose insgesamt um 2,6 Prozent wachsen.
Stabilität	In den vergangenen 40 Jahren gab es starke Entwicklungen hin zu mehr Demokratie. Inzwischen finden in 25 afrikanischen Ländern freie Wahlen statt.

Nach Raiffeisen Oberösterreich Info-Channel: Afrika: Potenziale und Probleme eines riesigen Kontinents, v. 26.06.2017, auf: https://business-channel.rlbooe.at/archiv/wirtschaftsbarometer/wirtschaftsbarometer---china-australien-afrika-usa-deutschland-russland_521?query=Afrika%3A+Potenziale+und+Probleme+eines+riesigen+Kontinents, März 2019

Mythos „Erfolgsmodell"

„Laut Schätzungen ging fast die Hälfte des kontinentalen Wirtschaftswachstums auf das einträgliche Rohstoffgeschäft zurück, und noch immer sind rund achtzig Prozent der Exporte Afrikas mit dem [Bergbau] verbunden. Für ein Dutzend subsaharische Staaten konstituieren Rohstoffe das Gros der Gesamtexporte. Zu ihnen gehört mit Nigeria auch die größte Volkswirtschaft des Kontinents. Rund 70 Prozent der Staatseinnahmen stammen dort aus dem Ölgeschäft. [...]
Ist der Afrika-Boom also bereits zu Ende? Viele bezweifeln mittlerweile, dass dieser jemals mehr als ein Strohfeuer war.
Der wachsende afrikanische Mittelstand? Ein statistischer Etikettenschwindel, da bereits jene mitgezählt werden, die mit zwei Dollar am Tag auskommen.
Die Demokratisierung? Ein Mythos, wie die negative Entwicklung verschiedener Governance-Indices zeigt. Nachhaltiges Wachstum? Ein Wunsch von Idealisten: Afrika ist heute weniger industrialisiert als vor zwanzig Jahren und importiert ‚von der Tomatenpaste über die Elektronik bis zu Kleidern alles aus Asien', wie Lamido Sanusi, der ehemalige Chef der nigerianischen Zentralbank moniert.
Armutsreduktion? Prozentual wurden zwar Fortschritte erzielt, in absoluten Zahlen aber leben heute mehr Arme in Afrika als 1990.
So rasch und radikal das Bild vom verlorenen Kontinent in den letzten Jahren durch das Narrativ des aufstrebenden Afrikas ersetzt wurde, so rasch und radikal scheint das Pendel nun zurückzuschwingen. [...]
Afrika ist weder ein hoffnungsloser Fall noch ein Wirtschaftswunder, zumal nicht als einheitliche Masse. Es ist an der Zeit, mit der gebührenden Umsicht und Nuanciertheit auf diesen Kontinent zu blicken."

Fabian Urech: Weder hoffnungsloser Fall noch Wirtschaftswunder. In: INFOSperber vom 27.03.2016, auf www.infosperber.ch/Politik/Wachstum-Rohstoffe-Medien-uber-Afrika-Eine-Abrechnung

1 Beschreiben Sie die Faktoren, die die Entwicklung der Staaten südlich der Sahara vorantreiben.

2 Analysieren Sie nach einer Internetrecherche zu Kampagnen, die ein positives Bild afrikanischer Staaten zeigen, die Intentionen der Autoren.

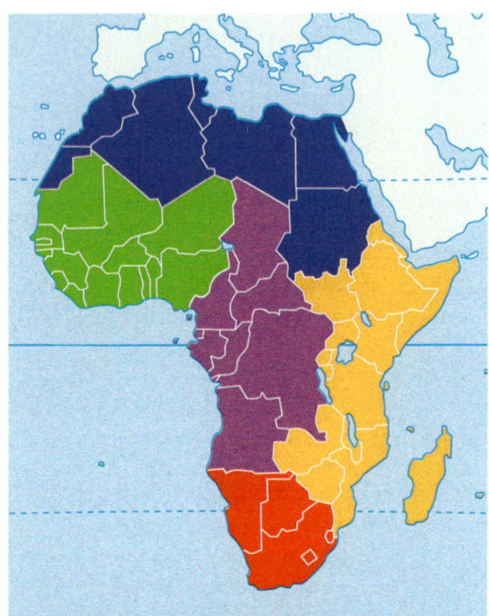

Gliederung Afrikas nach UNSD
Nordafrika: Ägypten, Algerien, Libyen, Marokko, Sudan, Tunesien, Westsahara
Westafrika: Benin, Burkina Faso, Elfenbeinküste, Gambia, Ghana, Guinea, Guinea-Bissau, Kap Verde, Liberia, Mali, Mauretanien, Niger, Nigeria, Senegal, Sierra Leone, Togo
Zentralafrika: Angola, Äquatorialguinea, Demokratische Republik Kongo, Gabun, Kamerun, Republik Kongo, São Tomé und Príncipe, Tschad, Zentralafrikanische Republik
Ostafrika: Äthiopien, Burundi, Dschibuti, Eritrea, Kenia, Komoren, Madagaskar, Malawi, Mauritius, Mosambik, Ruanda, Sambia, Seychellen, Simbabwe, Somalia, Somaliland, Südsudan, Tansania, Uganda
Südliches Afrika: Botsuana, Lesotho, Namibia, Südafrika, Swasiland

4

Höhenschichten: über 5000 m; 2000 – 5000 m; 1000 – 2000 m; 500 – 1000 m; 200 – 500 m; 100 – 200 m; 0 – 100 m; unter 0 m

Tiefenschichten: 0 – 200 m; 200 – 1000 m; 1000 – 2000 m; 2000 – 5000 m; unter 5000 m; Korallenriff

Grenzen: Staatsgrenze; umstrittene Grenze; NAMIBIA Staat; B. BURUNDI; G. GAMBIA; G.-B. GUINEA-BISSAU; R. RUANDA; S.L. SIERRA LEONE; Windhuk Hauptstadt; ○ Ort; ▲ Höhenpunkt

0 500 1000 km

5 **Afrika im Überblick**

2.2 Natürliche Gegebenheiten

Der afrikanische Kontinent besteht aus einem riesigen stabilen, kristallinen Grundgebirge aus sehr altem Gestein, das überwiegend aus dem Präkambrium stammt.

Die Oberflächengestalt wird durch weiträumige Becken und Schwellen geprägt, im Osten durch Grabenbruchsysteme mit großen Seen. Tiefländer befinden sich überwiegend an den Küsten, wohingegen im Landesinneren ebene Hochflächen mit stark strukturierten Gebirgsbereichen wechseln.

Tiefe Narbe in der Erdkruste

In Ostafrika liegt eine der tektonisch aktivsten Zonen der Welt. Hier entstand im Lauf der letzten 20 Millionen Jahre ein riesiger Riss in der Erdkruste: der Ostafrikanische Graben. Diese **Riftzone** reicht vom Roten Meer bis Mosambik und zieht sich über eine Länge von 6000 Kilometern. In seinem Verlauf teilt er sich in einen östlichen und einen westlichen Ast: Der westliche Teil, auch Zentralafrikanisches Rift genannt, erstreckt sich nördlich des Malawisees über die Staaten D.R. Kongo, Burundi und Ruanda bis zum Albertsee.

Im Zentralafrikanischen Rift bebt die Erde bis zu 500 Mal im Monat. Viele Vulkane sind hier noch aktiv, was doppelt gefährlich ist: Nicht nur die Vulkanausbrüche gefährden das Leben der Afrikaner in ihrer Umgebung, sondern es besteht auch das Risiko, dass bei Eruptionen Methangas freigesetzt wird, das bislang in tiefen Wasserschichten des Kivusees abgeschottet ist. Ebenso aktiv ist im östlichen Rift der Vulkan Ol Doinyo Lengai im Norden Tansanias.

Die Drift zum Rift

Verantwortlich für das Grabenbruchsystem ist die Plattentektonik. Vor etwa 20 Millionen Jahren begann der afrikanische Kontinent auseinanderzubrechen. Ein riesiger Mantel-Plume aus dem Erdinneren drang nach oben und riss die Erdkruste Ostafrikas in Stücke. An den Grabenrändern türmten sich steile Flanken auf, die voneinander wegdrifteten, und gewaltige Gebirge mit mehreren Tausend Metern Höhe entstanden. Das Auseinanderdriften geschieht heute mit einer Geschwindigkeit von etwa einem Zentimeter pro Jahr. Zwischen den Flanken sackten die schweren Gesteinsschichten ein – ein gigantischer Graben entstand.

Entlang der gerissenen Erdkruste erhoben sich zahlreiche Vulkane. Eine Serie von Erdbeben und gewaltigen Vulkanausbrüchen öffnete den Graben immer weiter. Magma drang an die Oberfläche und bildete den Grund des Ostafrikanischen Grabenbruchs. Geysire und thermale Quellen sprudelten entlang des Grabenbruchs empor. Sie befördern bis heute kochend heißes Wasser aus dem Erdinneren nach oben.

6 Tansania: Blick auf das Rift Valley (im Hintergrund: Ol Doinyo Lengai)

7 Ostafrikanisches Grabenbruchsystem

3 Gliedern Sie Afrika in Großlandschaften.

4 Erklären Sie die Entstehung des Ostafrikanischen Grabenbruchsystems.

9 Tansania: Elefantenherde vor dem Kilimandscharo

Nationalparks als Chance?

Man hat in Südafrika schon früh erkannt, dass die Artenvielfalt eines Landes besonderen Schutzes bedarf: Die ersten Schutzgebiete für Wildtiere wurden hier bereits Ende des 19. Jahrhunderts ausgewiesen. Allerdings wurden dabei oft die Nutzungsrechte der ansässigen Menschen durch die Kolonialherren willkürlich eingeschränkt. Treibende Kraft bei der Einrichtung dieser Gebiete war der Politiker Paul Krüger, der im Jahre 1898 ein 4600 km² großes Gebiet, das sogenannte „Sabie Game Reserve", unter Schutz stellte und damit den Grundstein des späteren Krüger-Parks legte.

Heute gibt es 20 Nationalparks unterschiedlicher Größe und Hunderte von kleineren, regionalen Naturreservaten in Südafrika, die alle unter staatlicher Leitung stehen und drei Ziele verfolgen:

- Bewahrung der Artenvielfalt,
- Schaffung von Arbeits- und Ausbildungsmöglichkeiten,
- Erholungsmöglichkeiten für die Öffentlichkeit.

Zwischen Ökonomie und Ökologie

Da die Unterhaltung der Parks Unsummen an Geld verschlingt, können Schutzgebiete nur durch Touristen gegenfinanziert werden, die aus aller Welt herbeiströmen. Einige Naturschützer sehen dies mit gemischten Gefühlen, da die Tiere durch wachsende Besucherzahlen in ihrer Ruhe gestört werden. Im Krüger-Park sind deshalb nur drei Prozent der gesamten Parkfläche von den Fahrwegen aus einsehbar, Touren im Busch sind nur unter der Führung speziell ausgebildeter Parkranger möglich. Die Unterkünfte in den Parks sind limitiert, in einigen Parks gibt es gar keine Übernachtungsmöglichkeiten.

Unübertroffener Artenreichtum

Südafrika besitzt eine Vielfalt an Pflanzen und Tieren, von der andere Länder nur träumen können. Die Vegetation ist eine der artenreichsten der Erde. Fast ein Zehntel aller bekannten Blütenpflanzen, etwa 24 000 Arten, sind im gesamten Land zu finden. Das sind mehr als in ganz Europa vorkommen.

Einzigartige Kapflora

An der äußersten südwestlichen Spitze Südafrikas existiert mit der Kapflora (Capensis) eines der sechs Florenreiche der Erde. Florenreiche sind Gebiete mit einem selbstständigen Vegetationscharakter und einer unabhängigen Entstehungsgeschichte. Während die anderen fünf Florenreiche ganze Erdteile bedecken (z. B. Australien, die Antarktis oder den amerikanischen Kontinent), nimmt die Capensis nur 0,04 % der Landesfläche Südafrikas ein. Und obwohl es mit Abstand das kleinste Florenreich ist, ist es dennoch eines der artenreichsten. Allein am 60 km² großen Tafelberg bei Kapstadt existieren 1470 verschiedene Pflanzenarten.

Zu viele Tiere?

Durch die fehlende Bejagung konnten sich die Populationen einiger Wildtiere erholen. Waren in vielen Parks noch vor einigen Jahrzehnten die Bestände zahlreicher Arten arg dezimiert, so gibt es heute mancherorts Probleme durch eine zu hohe Tierdichte. Dies führt manchmal zu Konflikten mit der ansässigen Bevölkerung.

Elefanten schaffen Arbeitsplätze

Nur für Ahnungslose klingt es nach dem Schrei der Affen und dem beruhigenden Brummen der Flusspferde. Doch die im Umfeld der Nationalparks in Namibia lebenden Bauern kennen die Geräusche nur zu gut: Vor allem in der Erntezeit und besonders nachts kommen die Elefanten und bedienen sich in den Maisfeldern. Für die Menschen bleibt nach einem Elefantenmahl außer Verzweiflung in einer Gegend, in der es viel Landschaft und wenig Arbeit gibt, nicht mehr viel übrig.
Das sollte sich ändern. Die Idee dazu hatte der Leiter des WWF Namibia: „Man schützt nur, wovon man profitiert. Und was haben die Einheimischen von Elefanten, Löwen, Büffeln und Flusspferden? Die Antwort lautet: Naturtouristen."
Deshalb wurde die einmalige Natur zwischen den Flüssen Okavango und Sambesi in eine Mischung aus Schutzgebiet und Arbeitgeber verwandelt. An diesem gigantischen Plan waren die fünf Staaten Angola, Botsuana, Namibia, Sambia und Simbabwe beteiligt. 36 Nationalparks, Reservate und Schutzgebiete, die bisher wie Inseln über die Staaten verteilt waren, wurden über ökologische Korridore verbunden und zu einem 444 000 km² großen Megapark verknüpft: Kavango-Zambezi Transfrontier Conservation Area (kurz: KaZa), das zweitgrößte Schutzgebiet der Erde. Am 15. März 2012 feierte KaZa seine Einweihung. Neben lokalen Geldgebern fördert auch die Bundesregierung über die Entwicklungsbank KfW das KaZa-Projekt.

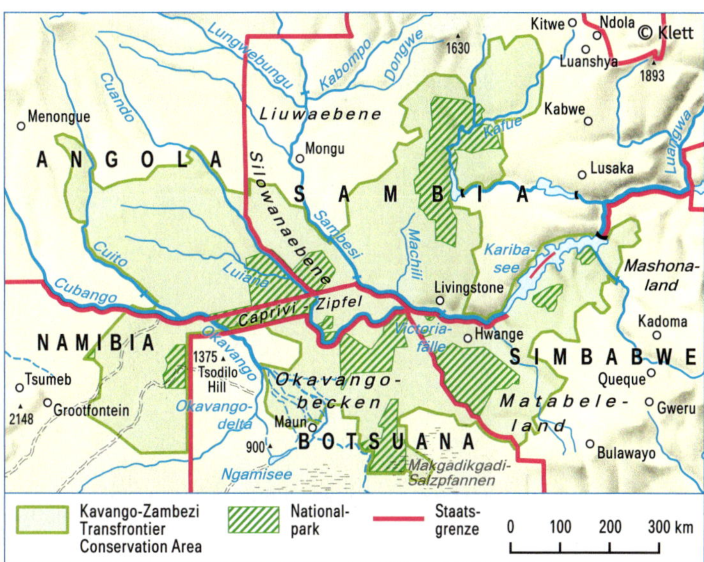

11 Lage der Kavango-Zambezi Transfrontier Conservation Area (KaZa)

Arbeitsplätze im Tourismus

Neu sind die Befugnisse der Gemeinden: Ein Investor will eine Lodge für Touristen bauen? Ja, aber nur gegen Zahlungen an die Gemeinde. Besucher wollen auf Fotosafari gehen? Gerne, aber mit lokalen Führern, die anständig bezahlt werden. Es werden Wildhüter gebraucht? Dann wird Personal aus den umliegenden Dörfern rekrutiert und ausgebildet. Als Faustregel gilt: Sieben Touristen sichern einen Arbeitsplatz, mit dem wiederum bis zu 15 Personen ernährt werden können. Die Gemeinde bestimmt selbst, was mit dem erwirtschafteten Einkommen aus ihrer Natur geschieht.
Ob KaZa auf Dauer funktionieren kann bei fünf Staaten, darunter politisch schwierige Kandidaten wie Angola und Simbabwe? Die Menschen im südlichen Afrika glauben daran.

13 Ranger im KaZa-Park

KfW (Kreditanstalt für Wiederaufbau)
Die KfW gilt als die größte nationale Förderbank der Welt. Sie unterstützt als deutsche Entwicklungsbank die Bundesregierung dabei, ihre Ziele in der internationalen Zusammenarbeit mit Entwicklungs- und Schwellenländern zu verwirklichen. Dabei werden Entwicklungs- und Klimavorhaben begleitet und weltweit finanziell gefördert.

12

5 Beschreiben Sie die Artenvielfalt bei Pflanzen und Tieren.

6 Erläutern Sie Schwierigkeiten, die sich aus dem Tierschutzgedanken und der Nutzung des Naturraums ergeben.

7 Beurteilen Sie, ob und inwieweit Arbeitsplätze innerhalb des KaZa-Projekts angepasst und nachhaltig sind.

8 Erörtern Sie, welche positiven und negativen Aspekte die Fokussierung auf Nationalparks als Entwicklungsstrategie hat.

16 Gefangene Nilbarsche

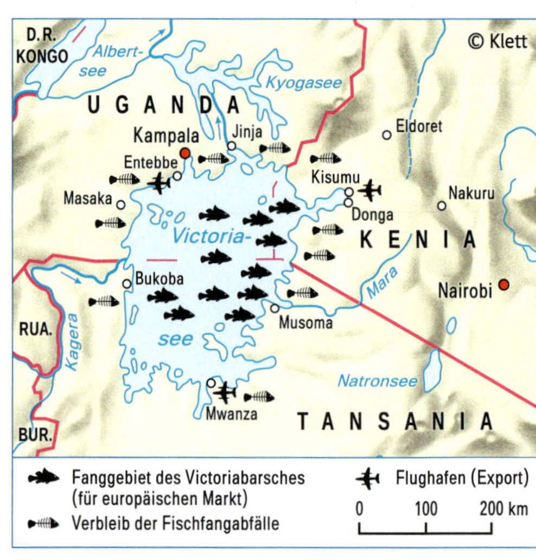

17 Fischfang im Victoriasee

14 Fischer entladen ihren Fang in Kasensero (Uganda) am Westufer des Victoriasees

15 Der Hafen von Kisumu (Kenia) am Nordostufer des Victoriasees ist mit Wasserhyazinthen überwuchert.

Der Nilbarsch – ökologische Katastrophe oder Erfolgsmodell?

Der Victoriasee, zweitgrößter Süßwassersee der Welt, ist fischreicher als manche Meeresküste. Erst recht nachdem in den 1950er-Jahren englische Kolonialherren Nilbarsche dort aussetzten. Der begehrte Speisefisch sollte die Nahrungsmittelversorgung der rund 35 Millionen Menschen um den See sichern. Auch sollte sich eine Fischindustrie entwickeln. Innerhalb von 50 Jahren vermehrte sich der bis zu 200 Kilogramm schwere und zwei Meter lange Raubfisch explosionsartig. Heute leben mehr als 150 000 Fischerfamilien in Tansania, Kenia und Uganda vom Verkauf des „Viktoriabarsches“. Allein die Europäische Union importiert jährlich 40 000 bis 60 000 Tonnen.

Ökologische Folgen?

Als Raubfisch dieser Größe und ohne natürliche Fressfeinde rottete der Nilbarsch einige der ehemals 500 Fischarten im Victoriasee vollständig aus. Zeitweise befürchteten Experten gar, dass der Nilbarsch einen toten See hinterlassen könnte.
Mangels Pflanzen fressender Fische wuchern Algen und Wasserhyazinthen deshalb heute mehr denn je. Sie bedecken zeitweise bis zu zehn Prozent der Seeoberfläche und entziehen dem Wasser Sauerstoff, der für das Leben im See überlebenswichtig ist.

Gelingt ökonomisch, ökologisch und sozial?
„Mehrere tansanische Fischverarbeitungsunternehmen haben beschlossen, nur noch nachweisbar ökologisch und sozial verantwortlich gefangenen Nilbarsch zu verarbeiten und zu exportieren. Dazu haben sich die Unternehmen mit starken Partnern zusammengeschlossen: mit der tansanischen Regierung; mit dem deutschen Verband ‚Naturland', der weltweit ökologische Landwirtschaft zertifiziert; mit der ‚Deutschen Gesellschaft für internationale Zusammenarbeit', die Tansania in seiner Fischereipolitik berät; und mit dem niederländischen Fischimporteur ‚Anova', der **nachhaltig** produzierte Fischprodukte nach Europa importiert.
An Richtlinien der Welternährungsorganisation FAO orientiert, haben die Partner zusammen das erste Ökozertifikat für Wildfisch überhaupt entwickelt. Um das ‚Naturland'-Siegel für Nilbarsch nutzen zu dürfen, muss eine Firma strengsten ökologischen und sozialen Kriterien genügen: Die Arbeitsbedingungen der Fischer müssen fair sein, Umweltbelastungen müssen vom Fang bis zum Export so klein wie möglich gehalten werden und die Firma muss dazu beitragen, die oft prekären Lebensbedingungen der Familien und Fischerdörfer zu verbessern. Man habe mehrfach versucht, Fischer zum Kauf eigener Boote zu ermutigen, sagt Jacob Maiseli. Vergeblich. Dazu fehle ihnen einfach der Geschäftssinn. [...]
Auch Fischverarbeiter in Kenia und Uganda wollen ihren Viktoriabarsch jetzt zertifizieren lassen. Schon heute tragen 40 Prozent des vom Victoriasee legal exportierten Nilbarsches das ‚Naturland'-Siegel" – und in Deutschland jedes zweite verkaufte Nilbarschprodukt. Das sind mehrere Hundert Tonnen pro Woche. Der Importeur ‚Anova' übt inzwischen sogar Druck auf seine Lieferanten aus: ‚Entweder Ihr produziert nachhaltig oder wir müssen unsere Geschäftsbeziehung beenden.'"

Thomas Kruchem, Ulrike Barwanietz und Ralf Kölbel: Nachhaltige Fischerei in Afrika.
In: SWR2 Wissen vom 26.12.2013, auf www.swr.de/swr2/wissen/viktoriabarsch/-/id=661224/did=12588408/nid=661224/1fhrlfv/index.html

Lake Victoria Environmental Management Program – impact in numbers

"– 90,000,000 $ has been invested and leveraged in cleaner production,
- 200,000 people have benefited from community-driven development activities,
- 30 community-based shore line operations to control water hyacinth,
- 1,500 km of riverbanks and shoreline areas reforested,
- 630 watershed management projects underway,
- 350,00 people to benefit from improved sanitation,
- 10,000 km of land in the basin under sustainable management,
- 37 locations have navigation markers helping ships avoid shallow waters."

Nach Worldbank: Lake Victoria Environmental Management Program, auf www.worldbank.org/en/news/feature/2016/02/29/reviving-lake-victoria-by-restoring-livelihoods, Jan. 2019, Attribution 4.0 International (CC BY 4.0)

Außerdem drohen noch ganz andere Gefahren: Ungeklärte Haushalts- sowie Industrieabwässer, Fischfangabfälle, Dünger sowie Pestizide aus der Landwirtschaft und Gifte aus dem Goldbergbau belasten die Wasserqualität. Dazu sorgt der Klimawandel für steigende Wassertemperaturen, die wiederum das Algenwachstum fördern.

Erfolgsmodell LVEMP?

Das Lake Victoria Environmental Management Program (LVEMP) ist ein ostafrikanisches Gemeinschaftsprojekt, das die fünf Anrainerstaaten des Victoriasees 1996 ins Leben gerufen haben.
Zunächst wurden Maßnahmen zur Überwachung der Wasserqualität, zum Bau von Kläranlagen, zur Eindämmung der Wasserhyazinthe sowie Wiederaufforstungen und der Erhalt ufernaher Feuchtgebiete in Angriff genommen. In einer zweiten Phase konzentrierten sich die Staaten in dem bis Ende 2017 laufenden Projekt auf drei Kernbereiche:
- nachhaltige Nutzung der Ressource Wasser und der Fischerei im Victoriasee,
- Eindämmung der Belastungen des Sees durch industrielle und aus der Landwirtschaft kommende Abwässer,
- Sensibilisierung der lokalen Bevölkerung für diese Lösungsansätze.

9 Beschreiben Sie mithilfe des Atlas den Natur- und Wirtschaftsraum Victoriasee.

10 Stellen Sie in einem Wirkungsdiagramm die Folgen des Aussetzens des Nilbarsches für den Victoriasee dar.

11 Beurteilen Sie die Maßnahmen des LVEMP.

12 Nehmen Sie Stellung zu der Frage, ob der Fischfang im Victoriasee dem Dreieck der Nachhaltigkeit (ökonomisch, ökologisch und sozial) gerecht wird.

20 Rohstoffe in Afrika

Reich und doch arm

Obwohl Afrika als „armer Kontinent" gilt, könnte er im Prinzip doch reich sein: In den Tiefen lagern große Mengen wertvoller Bodenschätze, die auf dem Weltmarkt sehr begehrt sind. Allerdings konzentrierte sich der Abbau bislang auf Südafrika (Gold, Diamanten, Kupfer) und Westafrika (Erdöl), während die restlichen afrikanischen Staaten kaum etwas zum Export beitragen.

Eine enorme Weiterentwicklung bei den Explorationsmethoden machen nun auch Regionen in Zentral- und Ostafrika für Rohstoffunternehmen interessant. So könnten bislang arme Länder mit einer gewissen politischen Stabilität und private Investitionen begünstigender Politik wirtschaftliche Entwicklungsimpulse durch den Bergbau bekommen. Bislang allerdings profitieren v.a. die Zielländer von dem Rohstoffexport. Viele Staaten südlich der Sahara haben ihre Volkswirtschaften einseitig zugunsten der Ausbeutung von Bodenschätzen entwickelt, ohne eine eigene Verarbeitung voranzutreiben. Das setzt die im Kolonialismus angelegte Abhängigkeit vom Rohstoffexport bis heute fort.

Kupferproduktion in Sambia

Sambia erzielte 70 % der Exportgewinne durch den Kupferbergbau. Doch diese einseitige Abhängigkeit – insbesondere von der Nachfrage aus China – wurde 2015 mit dem Verfall der Weltmarktpreise zum Fluch: Innerhalb von fünf Jahren halbierte sich der Preis und fiel sogar unter die Förderkosten, sodass Minen vorübergehend schließen mussten und die Arbeiter ihre Jobs verloren.

In der Hoffnung auf steigende Preise wird nun wieder in die Modernisierung des Bergbaus investiert – häufig mit chinesischem Kapital.

21 Kupferabbau, Weiterverarbeitung und Transport in der Region um Kitwe in Sambia

Globaler Anteil der Rohstoffproduktion (2015) der Staaten Afrikas südlich der Sahara

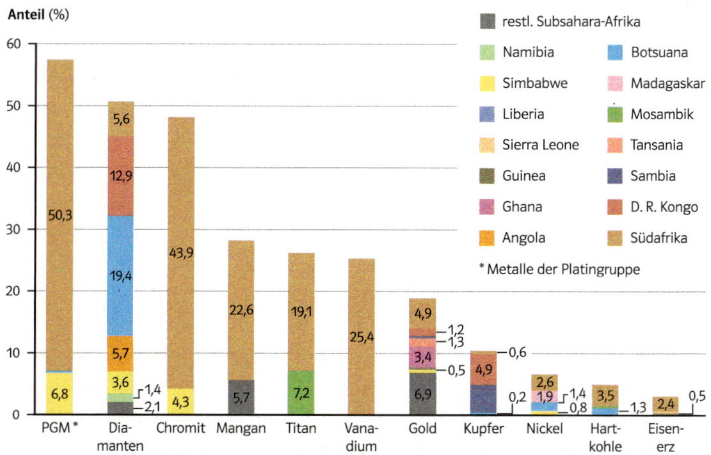

Peter von Hartlieb-Wallthor und Dr. Herwig Marbler: Rohstoffe Subsahara. Düsseldorf: EnergieAgentur.NRW und Deutsche Rohstoffagentur 2017, S.15

22

Rohstofferträge ausgewählter Staaten

Durchschnittliches jährliches Ertragspotenzial an neuen Projekten*

Land/Rohstoff	Ertragspotenzial (in Mrd US-$)	Anteil am BIP (in %)
Guinea: Eisenerz	1,6	30,7
Ghana: Öl	0,85	2,3
Liberia: Eisenerz, Erdöl	1,7	147,8
Tansania: Gas, Gold, Nickel	3,5	15,0
Mosambik: Gas, Kohle	3,5	27,3

Jährlicher Ertrag an Erdölexporten (in Mrd. US-$)

Nigeria	100
Angola	70

*Hierbei handelt es sich um Schätzungen.
Africa Progress Panel: Africa progress report 2013. Genf: Africa Progress Panel 2013, S. 43

23

13 Beschreiben Sie die Verteilung der Bodenschätze in Subsahara-Afrika.

14 Charakterisieren Sie die Bedeutung der Staaten südlich der Sahara hinsichtlich der globalen Rohstoffvorkommen.

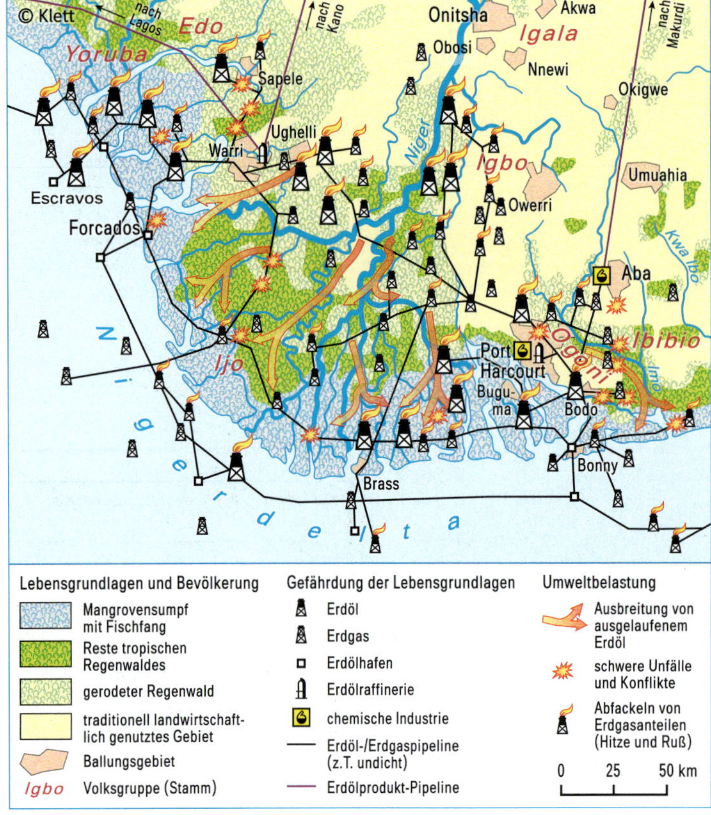

24 **Erdölvorkommen und Fördergebiete in Nigeria**

25 **Pipelines als Fußweg**

26 **Erdölförderung im Nigerdelta**

Nigeria ist ein Vielvölkerstaat mit über 300 verschiedenen Völkergruppen. In den nördlichen Provinzen leben vorwiegend Muslime, im Süden eher Christen. Die Bevölkerung setzt sich zu gleichen Teilen aus den beiden religiösen Gruppen zusammen, sodass keine eine Mehrheit im Land hat.
2016 bestritt Nigeria über 80 % seiner Exporte mit Erdöl. Trotzdem leben fast 70 % der Einwohner von weniger als 2 US-$ pro Tag. Über 40 % haben keinen Zugang zu Trinkwasser. Die Kindersterblichkeit gehört zu den höchsten der Welt.

Verflucht sei das Erdöl

Ist von erdölfördernden Ländern die Rede, kommen vielen zuerst die wirtschaftlichen Vorteile in den Sinn. Oft wird davon ausgegangen, dass diese Länder automatisch wirtschaftlich prosperieren und zu allgemeinem Wohlstand kommen. Eine andere Seite wird dabei übersehen: dass der unermessliche Reichtum nur Einzelnen zukommt, Menschenrechte verletzt werden, grausame Bürgerkriege lodern, Korruption grassiert und die Armut wächst.
Das alles passiert unter anderem in Nigeria. Während des ersten Erdölbooms der 1970er-Jahre hoffte Nigeria auf eine rosige Zukunft: Damals prophezeite Präsident Olusegun Obasanjo, dass Nigeria bis zum Ende des Jahrhunderts zu den zehn führenden Staaten der Welt gehören werde. Daraus wurde nichts.

In vielen durch Erdöl reich gewordenen Entwicklungsländern sank der Lebensstandard der Bevölkerung dramatisch: Gemäß Studien des Internationalen Währungsfonds wuchsen Länder ohne **Rohstoffe** zwischen 1970 und 2000 viermal rascher als Länder, die Erdöl fördern. Dieses Phänomen wird auch als „Ressourcenfluch" oder „Ressourcenfalle" bezeichnet.

Erdöl schafft Abhängigkeit

Nigeria hat – wie viele andere Länder auch – seine Wirtschaft einseitig auf die Erdölförderung ausgerichtet. Damit verbunden ist der Niedergang der nationalen Landwirtschaft und des Unternehmertums. Verantwortlich für diese Entwicklung ist die Inflation der Landeswährung infolge der Erdöleinnahmen. Dadurch sinkt die ausländische Nachfrage nach lokalen Produkten. Verlierer sind die lokalen Produzenten und insbesondere Frauen, die vor allem in der Landwirtschaft tätig sind.

Menschenrechtsverletzungen an der Tagesordnung

Militär und Polizei sichern gewaltsam die Interessen von Petro-Unternehmen über ihr Konzessionsgebiet. Bei Konflikten zwischen Unternehmen und Bevölkerung kommt es oft zu Einschüchterungsmaßnahmen, Entführungen und Mord. Viele Erdölvorkommen liegen im Bereich von Siedlungen und Landwirtschaftsflächen, die Bohrtürmen und Pipelines weichen müssen. Verträge zwischen Erdölfirmen und der ansässigen Bevölkerung sind selten oder werden oft nicht eingehalten. Deswegen werden viele Menschen entweder enteignet oder ohne Kompensation umgesiedelt.

Erdölförderung verursacht Umweltkatastrophen

Förderung und Abtransport des Erdöls benötigen den Bau von Straßen, Flusswegen und Hafenanlagen. Durch auslaufendes Erdöl wurden die Ökosysteme im Nigerdelta extrem beeinträchtigt. Die langfristigen Folgen sind nicht absehbar.

Erdölgewinne versickern

Trotz der hohen Erdöleinnahmen gehört Nigeria weiterhin zu den ärmsten Ländern der Welt mit den höchsten Schulden: Aufgrund der Erdölvorkommen großzügig gewährte Kredite werden nicht bedient. Aber auch Investitionen zugunsten der Bevölkerung finden kaum statt. Die Qualität der öffentlichen Ausgaben sinkt. Stattdessen landen offenbar Milliarden Euro auf Schwarzkonten. Die Lasten der Rückzahlung der Schulden trägt die einfache Bevölkerung.

Nigeria ist somit ein Beispiel für einen Staat, der sich in einer „Ressourcenfalle" befindet.

Entwicklung der Erdölexporte Nigerias nach Zielregionen

Erdölexport (1000 Barrel / Tag)
Fracking-Öl-Boom in Nordamerika
2250
2000
1750
1500
1250
1000
750
500
250
0
2010 2011 2012 2013 2014 2015
Amerika
Europa
Asien u. Ozeanien
andere

U.S. Energy Information Administration: Nigeria, auf www.eia.gov/beta/international/analysis.php?iso=NGA, Jan. 2019

27

Wirkungsschema zur Erdölproduktion in Nigeria

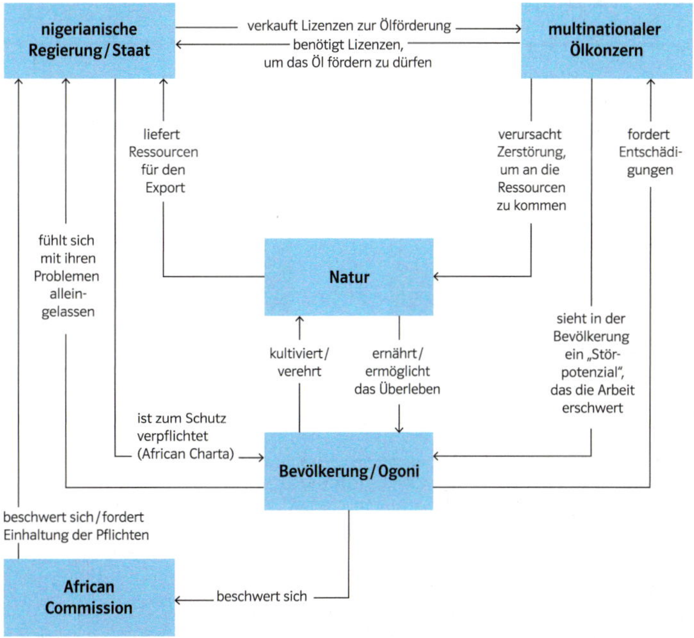

Nach Philipps-Universität Marburg / Institut für Vergleichende Kulturforschung: Lehrforschungsprojekt „Kosmographien der Natur": Erdölförderung im Nigerdelta.

28

15 Beschreiben Sie die Bedeutung der Erdöl- und Erdgasexporte für Nigeria.

16 Erläutern Sie mithilfe des Wirkungsschemas 28 bestehende Abhängigkeiten.

17 „Unter dem Erdölreichtum leiden am meisten die Frauen." Nehmen Sie Stellung zu der Aussage.

18 Erörtern Sie Rahmenbedingungen, unter denen eine nachhaltige Entwicklung durch den Erdölboom in Nigeria möglich wäre.

19 Führen Sie eine SWOT-Analyse zu Nigeria durch.

2.3 Ohne Strom nichts los …

Entwicklung des Zugangs zu elektrischer Energie nach Regionen

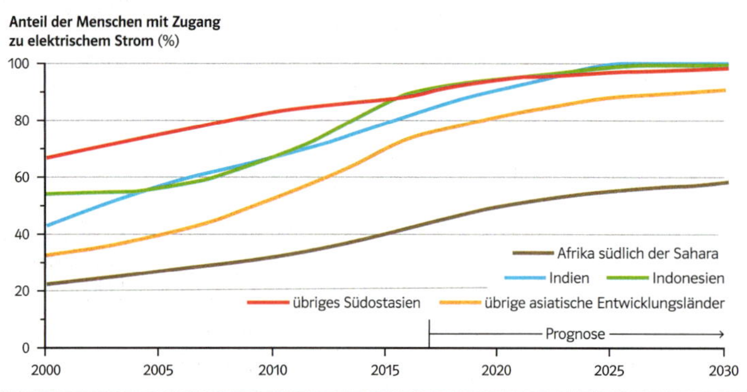

International Energy Agency: Energy Access Outlook 2017. Paris: IEA 2017, S. 48

Menschen ohne Zugang zu elektrischer Energie in Afrika nach Regionen

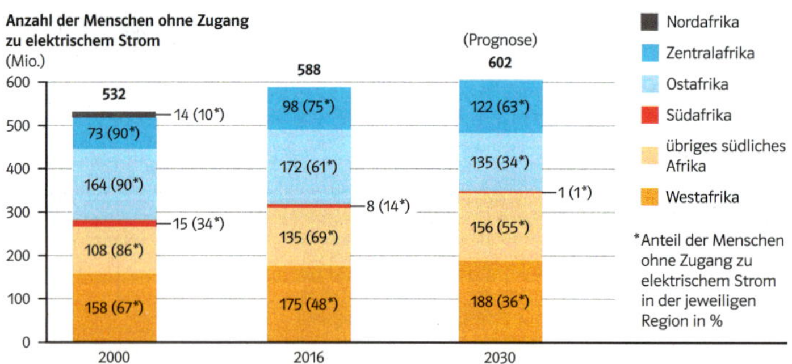

International Energy Agency: Energy Access Outlook 2017. Paris: IEA 2017, S. 49

Energieproduktion in ausgewählten Staaten Afrikas 2014

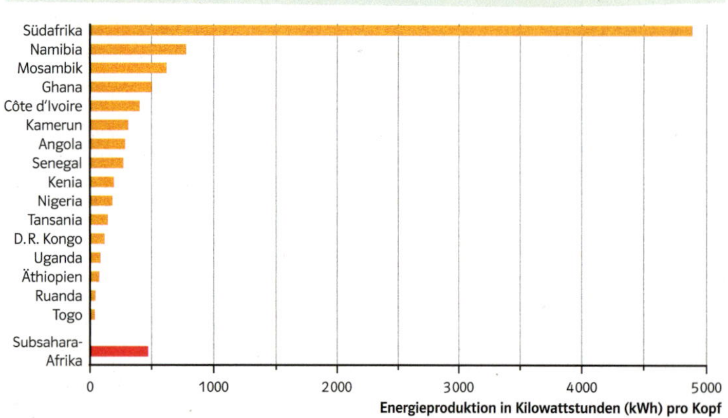

Nach International Energy Agency (IEA) World Energy Balances 2018. Paris: IEA 2018, S. 4 ff.

31 Prozent Subsahara-Afrikas werden mit Strom versorgt, wobei die Unterschiede zwischen der Energieversorgung in der Stadt und auf dem Land gewaltig sind. Nur circa 25 Prozent der ländlichen Regionen Afrikas sind an ein Stromnetz angeschlossen, weniger als zehn Prozent der Landbevölkerung Subsahara-Afrikas haben Zugang zu Elektrizität. Das waren im Jahr 2014 fast 600 Millionen Menschen. Diejenigen, die an das Netz angeschlossen sind, kämpfen mit hohen Strompreisen und instabiler Versorgung. Viele Privathaushalte betreiben zusätzlich kostspielige Notstromaggregate mit Diesel oder Benzin. Vereinzelt zu verzeichnende Bemühungen, durch Reformen und private Investitionen die Elektrifizierungsrate zu steigern, werden durch das schnelle Bevölkerungswachstum teilweise eingeholt. Zudem fließen zwei Drittel dieser Investitionen in den Export der Ressourcen.

Die 14 Prozent der Weltbevölkerung in Afrika südlich der Sahara konsumieren lediglich 4,5 Prozent des weltweiten Energiebedarfs. Zwar stehen Investoren Schlange, aber sie sehen sich einer Bevölkerung gegenüber, von der 70 Prozent mit weniger als einem Euro fünfzig pro Tag auskommen müssen – zu wenig, um auch nur den minimalsten Stromverbrauch zu bezahlen. Dabei reduziert Zugang zu Strom oft die Armut, indem einkommenschaffende Aktivitäten, Bildung und Gesundheit entwickelt werden.

Bei der Erweiterung der Stromversorgung in Afrika, die hauptsächlich in subsaharischen Regionen stattfindet, wird das Hauptaugenmerk oft auf **erneuerbare Energien** gelegt, um die Bedürfnisse der Menschen besser zu erfüllen und natürliche Ressourcen optimal auszunutzen.

32 **Solarpanel auf einem Strohdach in Mosambik**

Strom in der Zukunft

Für die Zukunft prognostiziert der African Energy Outlook (AEO) für Subsahara-Afrika eine Vervierfachung des Wirtschaftswachstums, eine Verdoppelung der Bevölkerung auf 1,75 Milliarden und einen Anstieg des Energiebedarfs um 80 Prozent. Die Energieerzeugungsleistung wird sich bis 2040 auf 385 Gigawatt vervierfachen. Bis 2040 sollen 950 Millionen Menschen Zugang zu Strom erhalten. Die Stadtbevölkerung wird am stärksten von einer zuverlässigeren und umfassenderen Stromversorgung profitieren.

Die Hälfte der bis dahin zu erschließenden Energieressourcen wird dabei aus erneuerbaren Energien stammen: Angeführt von der Solarenergie sollen Wasserkraft und Geothermie die Versorgung verbessern. 2040 werden zwei Drittel der netzunabhängigen Systeme und Insellösungen in ländlichen Gegenden durch Sonne, Wasser oder Wind angetrieben werden.

Den Kern des Energiemixes wird auch 2040 vor allem aus Brennholz und Holzkohle gewonnene Bioenergie bilden. 80 Prozent der Bevölkerung Subsahara-Afrikas ist auf die traditionelle Verwendung von fester Biomasse angewiesen. So werden auch im Jahre 2040 650 Millionen Menschen in Subsahara-Afrika mit Biomasse kochen.

3-Punkte-Plan zur flächendeckenden Energieversorgung der Region Subsahara-Afrika

„Drei Maßnahmen sollen laut AEO die Entwicklung des Energiesektors vorantreiben und die Wirtschaftsleistung Subsahara-Afrikas bis 2040 um 30 % erhöhen:

1. Zusätzliche Investments in die Energieversorgung in Höhe von 45 Milliarden US-Dollar, die Stromausfälle um die Hälfte senken und einen universellen Zugang zu Strom in Städten gewährleisten sollen.
2. Die Vertiefung regionaler Zusammenarbeit und Integration, die neue Großprojekte und die Ausweitung des grenzüberschreitenden Handels fördern soll.
3. Ein optimiertes und transparentes Ressourcen- und Umsatzmanagement zur effektiveren Nutzung der Öl- und Gaseinnahmen."

Aleksandra Kroll: 2040: 950 Millionen Afrikaner haben Strom. In: IHK blog: subsahara-afrika vom 17.11.2014, auf www.subsahara-afrika-ihk.de/blog/2014/11/17/africa-energy-outlook/, Sept. 2018

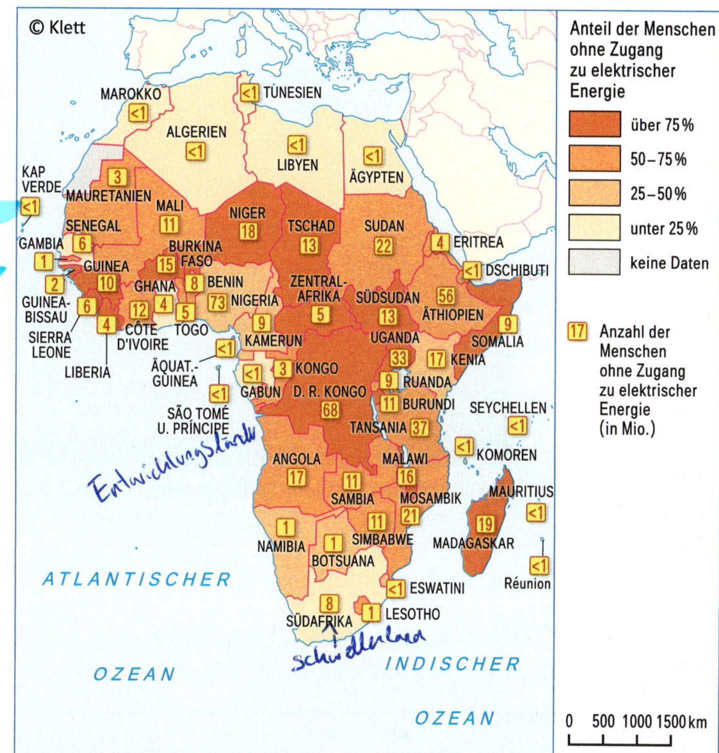

34 **Anteil der Menschen ohne Zugang zu elektrischer Energie in Afrika nach Staaten 2016**
International Energy Agency: Energy Access Outlook 2017. Paris: IEA 2017, S. 82

Zum Kochen genutzte Energiequellen nach Regionen 2015

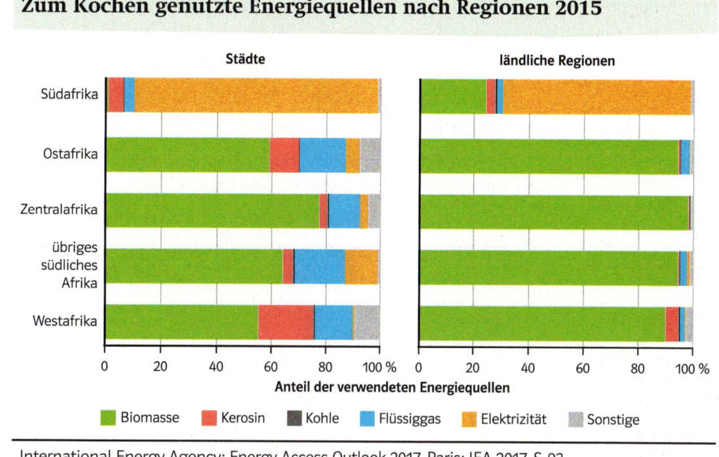

International Energy Agency: Energy Access Outlook 2017. Paris: IEA 2017, S. 93

20 Vergleichen Sie den Zugang der subsaharischen Bevölkerung zu Strom.

21 Erläutern Sie Chancen der Elektrifizierung des Kontinents.

22 Stellen Sie Folgen der fortgesetzten Nutzung von Bioenergie als „Teufelskreis" dar.

23 Erörtern Sie das Dilemma der Investoren zwischen Nachfrage und Profit.

36 **Staudämme Inga I (im Vordergrund) und Inga II (im Hintergrund) am Kongo**

Strom für Afrika

Nur etwa 20 Prozent der Stromversorgung Subsahara-Afrikas stammen heute aus Wasserkraft. Damit nutzt die Region nur einen Bruchteil ihres Potenzials. Entsprechend sollen neue Staudammprojekte in der D.R. Kongo, in Äthiopien, in Mosambik und in Guinea die Stromversorgung verbessern, damit die Energieerzeugungskosten senken und so den Anteil konventioneller Kraftwerke verringern.

„Der fehlende Zugang zu Energie und Wasser ist zugleich Ursache und Folge von Armut." Für Donald Kaberuka, Präsident der Afrikanischen Entwicklungsbank, ist deshalb der Ausbau der Energieversorgung Afrikas vorrangig: Ohne Strom stehen die Maschinen still oder Dieselgeneratoren werden eingeschaltet. Das ist nicht nur teuer und ineffizient, sondern auch umweltschädlich. Insofern sieht Kaberuka einen engen Zusammenhang zwischen der Bekämpfung des Klimawandels und der Eindämmung der Energiearmut: Im Kongo-Becken benutzen die Menschen aus Mangel an anderer Energie Holz zum Kochen und Wärmen. Die Folge ist die Zerstörung der Regenwälder: „Indem wir diesen Menschen andere Arten von Energie geben, schützen wir die Wälder und damit das Klima. Besser kann man das Geld für den Klimaschutz nicht anlegen. Bevor wir aber Atomkraftwerke bauen, sollten wir erst einmal das riesige Potenzial der Wasserkraft ausschöpfen. Bislang nutzen wir gerade mal 20 Prozent davon …"

Gescheiterte Träume?

Noch 2013 hatte die Demokratische Republik Kongo große Pläne: Mit dem Staudammprojekt Inga III am Kongo sollte nicht nur das Energieproblem des Landes gelöst werden, sondern durch den Stromexport nach Südafrika schien auch die Finanzierung gesichert zu sein. Die Bauarbeiten sollten 2015 beginnen, der Strom ab 2021 fließen. Selbst die Weltbank hatte finanzielle Unterstützung zugesagt.

Der Grand-Inga-Staudamm sollte alles bisher Dagewesene in den Schatten stellen: Mit einer Leistung von 40 000 Megawatt wäre er fast doppelt so groß wie der gigantische Drei-Schluchten-Staudamm in China. Die Baukosten sollten bei rund 60 Milliarden Euro liegen. Weltbank und Investoren schwärmten von den großen Chancen: halb Afrika – insgesamt 500 Millionen Menschen – könnten mit Elektrizität versorgt werden.

Doch dann kam das Projekt ins Stocken. Umweltschützer und **NGOs** übten massive Kritik an den notwendigen Eingriffen in die Natur. Unabhängige Umweltverträglichkeitsstudien zweifelten an der Umsetzbarkeit des Staudammprojekts und die Inga-Behörde wurde direkt Präsident Kabila untergeordnet. Als sich dann auch Kongos staatliche Stromgesellschaft Snel in Kooperation mit chinesischen Staatsfirmen um die Ausschreibung bewarb, stieg die Weltbank aus. Nicht zuletzt dadurch ist die Realisierung in weite Ferne gerückt.

24 Beschreiben Sie die Schwierigkeiten bei der Realisierung des Staudammprojektes Inga III.

25 Erläutern Sie den Ansatz des African Progress Panels.

37 **Der Kiosk in Soweto (Südafrika) wird mit vor Ort erzeugtem Solarstrom versorgt**

38 **Modell eines kleinen Regionalnetzes (Mini-Grid)**

Light Up and Power Africa

„Africa is simply tired of being in the dark. It is time to take decisive action and turn around this narrative: to light up and power Africa – and accelerate the pace of economic transformation, unlock the potential of businesses, and drive much needed industrialization to create jobs.", so Akinwumi Adesina, Präsident der Afrikanischen Entwicklungsbank. Diese Forderung ist eine der neuen „Big Five" zur Entwicklung Afrikas. Der Energieverbrauch pro Einwohner liegt in Subsahara-Afrika (ohne Südafrika) bei 180 kWh pro Jahr – im Vergleich zu 13 000 kWh in den USA oder rund 6 500 kWh in Europa.

Millionen Afrikaner können nicht warten, bis die Stromnetze des Kontinents gebaut sind. Das sagt auch Kofi Annan, ehemaliger Generalsekretär der Vereinten Nationen und Vorsitzender des „African Progress Panels". Stattdessen empfiehlt er Afrika unabhängig von großen Stromnetzen zu entwickeln, mit Solarenergie in unabhängigen kleinen Regionalnetzen, sogenannten Mini-Grids.

Dafür müsste eine Entwicklung in drei Phasen erfolgen: Zunächst müssten einfache Solarlampen für Licht sorgen. Der Anschaffungspreis von unter fünf Dollar ist auch für die Armen lukrativ, die bislang ein Vielfaches im Jahr für Kerzen, rußende Kerosinlampen oder batteriebetriebene Taschenlampen ausgeben (zum Beispiel in Äthiopien 72 US-$/Jahr). In einem zweiten Schritt sollten die Häuser mit netzunabhängigen Solaranlagen ausgestattet werden, die den Betrieb einiger Endverbraucher erlauben – unter anderem auch das Aufladen der Handys. Schließlich sollen Mini-Grids geschaffen werden, mit denen man sogar Pumpen zur Bewässerung betreiben kann.

„Big Five"
Seite 85

Angestrebte Erfolge von Light Up and Power Africa

Der allgemeine Zugang zu elektrischem Strom bis 2025 bedeutet, 190 Millionen Haushalte anzuschließen und die Netzkapazität zu verdoppeln

		von der aktuellen Situation in Afrika		zu einem allgemeinen Zugang im Jahr 2025
	Bevölkerung (Mio.)	**1174**	x1,3	**1499**
	BIP (Mrd. US-$)	**2175**	x1,7	**3742**
Energie	**Elektrifizierungsrate** (%)	**43**	x2,3	**97**
Energie	**angeschlossene Haushalte** (Mio.)	**87**	x3,6	**292**
Energie	**Netzkapazität** (Gigawatt)	**170**	x1,9	**332** (+160 GW)
Energie	**Verbrauch** (Kilowattstunden/Kopf)	**613**	x1,5	**941**
sauberes Kochen	**Anteil der Haushalte** (%)	**31**	x3,3	**100**
sauberes Kochen	**Anzahl der Haushalte** (Mio.)	**70**	x3,1	**220** (+150 Mio.)

Nach African Development Bank Group: Light Up and Power Africa – A New Deal on Energy for Africa, auf www.afdb.org/en/the-high-5/light-up-and-power-africa-%E2%80%93-a-new-deal-on-energy-for-africa/, Sept. 2018

39

26 Stellen Sie das Modell der Mini-Grids dar.

27 Erörtern Sie, ob die Elektrifizierung ländlicher Regionen in Afrika südlich der Sahara durch Großprojekte oder mit Mini-Grids erfolgen sollte.

2.4 Politische Wachstumshemmnisse

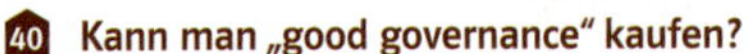
40 Kann man „good governance" kaufen?

Als einer der Hauptgründe für die Armut bzw. Verarmung eines Landes wird oft eine schlechte Regierungsführung (engl. „**bad governance**") genannt. „Bad governance" bedeutet das Fehlen einer transparenten und verlässlichen öffentlichen Verwaltung, das Fehlen von Rechtsstaatlichkeit und demokratischen Rechten der Bevölkerung.

Entwicklungsziel: „good governance"

Kofi Annan, der ehemalige Generalsekretär der Vereinten Nationen, sieht in verantwortlicher Regierungsführung („**good governance**") den wichtigsten einzelnen Faktor zur Armutsbekämpfung und zur Förderung wirtschaftlicher Entwicklung. Auch wenn das Konzept sehr schwammig alle möglichen politischen und ökonomischen Entwicklungen beschreibt, wird es doch weiter eine politische Zielvorstellung, gerade auch in der **Entwicklungszusammenarbeit,** bleiben.

41 Plakat der Organisation Uganda Debt Network

Korruption – Afrikas größtes Übel?

„Nach Schätzungen der UN-Wirtschaftskommission für Afrika (Uneca) reißen sich afrikanische Betrüger jährlich fast 150 Milliarden US-Dollar unter den Nagel: ein Viertel der gesamten Wirtschaftsleistung des Kontinents und mehrere Milliarden mehr als im selben Zeitraum Entwicklungshilfe nach Afrika fließt.

Von einem ‚Kampf' afrikanischer Regierungen gegen die Korruption konnte bisher keine Rede sein. Länder wie Somalia, Libyen, die Demokratische Republik Kongo, Sudan, Südsudan, Guinea-Bissau oder Äquatorialguinea gelten als dermaßen verrottet, dass die Ställe schwer auszumisten sind. Selbst afrikanische Wirtschaftsgiganten wie Nigeria, Angola oder Südafrika machten bis vor Kurzem noch mit den falschen Schlagzeilen auf sich aufmerksam: […]

Doch nun scheint das katastrophale Ausmaß der Korruption viele Afrikaner selbst in höchsten Ämtern wachgerüttelt zu haben. In Südafrika wurde Cyril Ramaphosa Ende vergangenen Jahres zum ANC-Präsidenten gewählt, für den der Kampf gegen die Korruption kein Lippenbekenntnis, sondern das erste Gebot der Stunde ist. […]

Wie dieser Kampf genau aussehen soll, ist noch offen. Zwar haben die meisten Mitglieder des Staatenbundes eine bereits vor zwölf Jahren formulierte ‚Konvention zur Vorbeugung und Bekämpfung der Korruption' unterzeichnet: Doch diese glaubt mit bloßen Appellen auskommen zu können und hat keinerlei Rechtskraft. Für Gareth Newham vom Institut für Sicherheitsstudien in Pretoria kommt deshalb alles auf die Führung einzelner Staaten an: ‚Dass ein Präsident selbst nicht korrupt ist und der Korruption den Kampf ansagt, ist unsere einzige Hoffnung.'"

Johannes Dieterich: Afrikas schwerer Kampf gegen Korruption.
In: Frankfurter Rundschau vom 31.01.2018, auf www.fr.de/wirtschaft/afrikanische-union-afrikas-schwerer-kampf-gegen-korruption-a-1435080;

42

Ein Platz für den Meistbietenden

„[…] Wer von Senegal nach Banjul reist, muss in Barra eine Fähre nehmen, um in die Hauptstadt zu gelangen. Dieser Flussübergang ist die wirtschaftliche Lebensader, aber auch der Flaschenhals des Landes. Da es nur zwei – relativ kleine – Schiffe gibt, bilden sich jeweils lange Schlangen von Lastwagen, Bussen und Autos, und oft muss man stundenlang auf die Überfahrt warten. […] Die einzige Möglichkeit, schneller über den Fluss zu kommen, ist Bestechung; aber weil das praktisch alle versuchen, ist man trotz Bezahlung doch auf den Goodwill der Beamten angewiesen, und der Preis für ein rasches Durchkommen wird laufend hochgetrieben wie bei einer Auktion. […]

Weil die Passagiere jeweils so lange warten müssen, hat sich rund um die beiden Flussübergänge ein ganzes Wirtschaftssystem entwickelt. Es gibt Imbissbuden, Getränkestände, Kioske mit Zigaretten, Batterien und Ohrenstäbchen, Geldwechsler und fliegende Händler, die Bananen, Taschentücher, Telefonkarten und Kopfwehtabletten feilbieten. Vor allem aber gibt es Hafenbeamte, Polizisten, Soldaten und Heerscharen von Ordnungshütern in Leuchtwesten, von denen nicht klar ist, ob sie offizielle Angestellte oder bloß Wichtigtuer sind. Und dann gibt es noch die Führer. Manche tragen Ausweise der Regierung um den Hals, manche nicht, und oft ist der Übergang zwischen ‚Guide' und Betrüger fließend. Die zentrale Frage ist, wen man bestechen soll. […] Selbst wenn man einen Beamten geschmiert und er einem versichert hat, er lasse einen als Nächsten durchs Tor, kann man nie sicher sein, dass er Wort hält. Oft kommt es auch zu Streit zwischen verschiedenen Beamten – einer will einen durchlassen, der andere, der leer ausgegangen ist, interveniert und spielt sich als Saubermann auf, der auf Ordnung und Reihenfolge pocht."

David Signer: Das Chaos in Afrika hat System. In: Neue Zürcher Zeitung vom 15.12.2016, auf www.nzz.ch/wirtschaft/korruption-im-gambischen-faehrhafen-das-chaos-in-afrika-hat-system-ld.134254

43

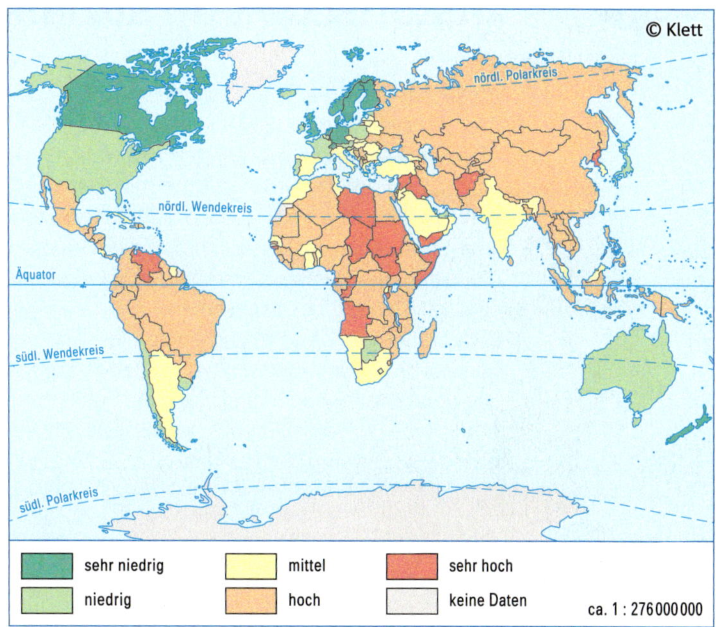

44 **Weltweiter Index der Korruptionswahrnehmung für das Jahr 2017**
Transparency International: Corruption Perceptions Index 2017, auf: www.transparency.org/news/feature/corruption_perceptions_index_2017, Nov. 2018

Governance

Bad Governance	Good Governance
– Cheating against the wills of many citizens – Corruption and crime – Lack of transparency and accountability – Inefficient bureaucracies – Poor quality of services – Non-responsiveness – Low citizen engagement and trust – old-fashioned leadership, and resistance to innovation in government	– Rule of the law – Transparancy – Accountability – Effectiveness, efficiency, equity and inclusiveness – Citizens as clients of government – Predictability and reliability – Partnership with concerned parties – Coherency in all government actions

Ethiopian Ministry of Communication and Information Technology: Digital Transformation & Good Governance. Präsentation vom 09.05.2017, auf https://de.slideshare.net/abiyotb/digital-transformation-and-good-governance

45

28 Charakterisieren Sie „bad governance".

29 Erläutern Sie die Rahmenbedingungen, die sich die Herrscher bei ihrer schlechten Regierungsführung zunutze machen.

30 Beurteilen Sie die Mitverantwortung der Industriestaaten für schlechte Regierungsführung in vielen afrikanischen Staaten.

31 Entwickeln Sie ausgehend von den Prinzipien in Tabelle 45 einen konkreten Vorschlag für Regierungshandeln im Sinne einer „good governance".

3 Historische und soziale Entwicklungen

Armut hat viele Gesichter, das hässlichste ist das des Hungers. Rund 380 Millionen Menschen in Afrika südlich der Sahara müssen von weniger als einem Euro am Tag leben – unterhalb der sogenannten Armutsgrenze. Etwa 240 Millionen Menschen von ihnen leiden an chronischem Hunger, das heißt, sie müssen dauerhaft mit weniger als 1800 Kalorien pro Tag auskommen.

Dabei ist Armut Ursache und Folge eines ganzen Bündels aus Symptomen, die ineinandergreifen und voneinander abhängig sind: Viele Folgen von Armut wie Unterernährung, Kindersterblichkeit, geringe Lebenserwartung, Mangel an Bildung und Ausbildung, Krankheiten und Geldmangel sind gleichzeitig oft auch Ursachen für weitere Armut.

Armut und Hunger sind trotz komplexer Ursachen kein unveränderliches Schicksal. Afrika hat das Potenzial, sich selbst zu ernähren. Auf dem Kontinent gibt es ausreichend fruchtbaren Boden, eine Fülle natürlicher Ressourcen, Wirtschaftswachstum und Arbeitskräfte. Doch eine Vielzahl von Faktoren, die nicht nur auf dem Kontinent selbst, sondern auch im unfair gestalteten globalen Handels- und Wirtschaftssystem zu finden sind, hemmen die Entfaltung des vorhandenen Potenzials und belasten die Bevölkerung weiterhin.

1 **Ausländische Investoren als Retter**

Kompetenzen erwerben

- Ursachen und Folgen von Armut benennen;
- Möglichkeiten erläutern, den „Teufelskreis der Armut" zu durchbrechen;
- Chancen und Risiken des Bevölkerungswachstums erörtern;
- Ursachen für die Ausbreitung von Aids darstellen;
- Ursachen und Folgen von Migration beschreiben;
- Migration als Alternative zum Ausharren im Elend beurteilen;
- erörtern, ob Chancengleichheit erreichbar und das Problem der Kinderarbeit lösbar ist;
- Konfliktursachen und Chancen eines Konfliktmanagements herausarbeiten;
- zu den wachsenden Versorgungsproblemen Afrikas Stellung nehmen.

3.1 Das Armenhaus der Welt?

Armut und Hunger sind komplexe Phänomene. Die Ursachen sind vielfältig und können von Region zu Region stark variieren. Sie lassen sich grob in interne und externe Ursachen unterscheiden.

Interne Ursachen von Armut

Die internen Ursachen können in natürliche und gesellschaftliche unterteilt werden. Als intern-natürliche Ursachen werden häufig klimatische (z. B. Trockenheit), biologische (z. B. mangelnde Bodenfruchtbarkeit) und gesundheitliche Gründe (z. B. Malaria) genannt. Diese Gründe gelten allerdings nicht immer und überall, denn es gibt zahlreiche fruchtbare Regionen mit guter Wasserversorgung (z. B. im Bereich der Guineasavanne) und gegen zahlreiche Krankheiten gibt es effektive Schutzstrategien (z. B. Moskitonetze gegen Malaria). Armut und Hunger sind daher immer auch gesellschaftlich verursacht. Als intern-gesellschaftliche Gründe werden häufig bad governance, mangelnde Rechtssicherheit, schwache Volkswirtschaften, hohe Arbeitslosigkeit, schlechte Ausbildung, Kriege, soziale Konflikte und zahlreiche weitere Gründe genannt.

Externe Ursachen von Armut

Die Erklärungen mit externen Gründen sind mindestens genauso vielseitig. Sie reichen vom Kolonialismus über die Strukturanpassungsmaßnahmen des IWF und der Weltbank, die Schuldenfalle, die erzwungene Liberalisierung und Globalisierung (Economic Partnership Agreement), die EU- und US-Agrarsubventionen bis hin zur Biopiraterie, zum Landraub und zum anthropogenen Klimawandel.
Diese Vielzahl an Erklärungen verdeutlicht, dass es keine einfache und eindeutige Erklärung für Armut und Hunger in Afrika gibt. Dafür ist die naturräumliche, historische, gesellschaftliche und politische Vielfalt auf dem Kontinent viel zu groß. Eine Erklärung von Armut und Hunger muss daher immer spezifisch von Land zu Land und von Region zu Region erfolgen.

2 Die Ursache für Armut in der Welt

Definition „Armut"

„Der Entwicklungsausschuss der OECD (DAC) versteht unter Armut verschiedene Arten von Entbehrungen im Zusammenhang mit der Unfähigkeit, menschliche Grundbedürfnisse zu befriedigen. Zu diesen Bedürfnissen gehören vor allem der Konsum und die Sicherheit von Nahrungsmitteln, Gesundheitsversorgung, Bildung, Ausübung von Rechten, Mitsprache, Sicherheit und Würde sowie menschenwürdige Arbeit.
Als absolute Armut ist dabei ein Zustand definiert, in dem sich ein Mensch die Befriedigung seiner Grundbedürfnisse nicht leisten kann. Relative Armut beschreibt Armut im Verhältnis zum jeweiligen Umfeld eines Menschen.
Armut ist ein dynamischer Prozess und keine Eigenschaft. In der Regel sind es einschneidende familiäre Ereignisse […] oder größere Krisen, […] die Menschen in Armut stürzen. […]"

Bundesministerium für wirtschaftliche Zusammenarbeit und Entwicklung: Armut. Lexikon, auf www.bmz.de/de/service/glossar/A/armut.html, Jan. 2019

Der Kreislauf der Armut

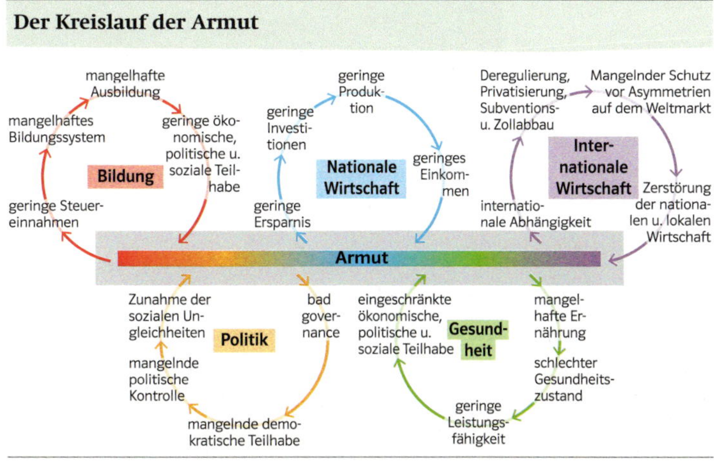

1 Erläutern Sie, weshalb die Erklärung für Armut und Hunger so schwierig ist.

2 Erläutern Sie Möglichkeiten, aus dem „Teufelskreis der Armut" auszubrechen.

Hunger
Seite 38/39

3.2 Potenziale und Grenzen geodeterministischer Erklärungen

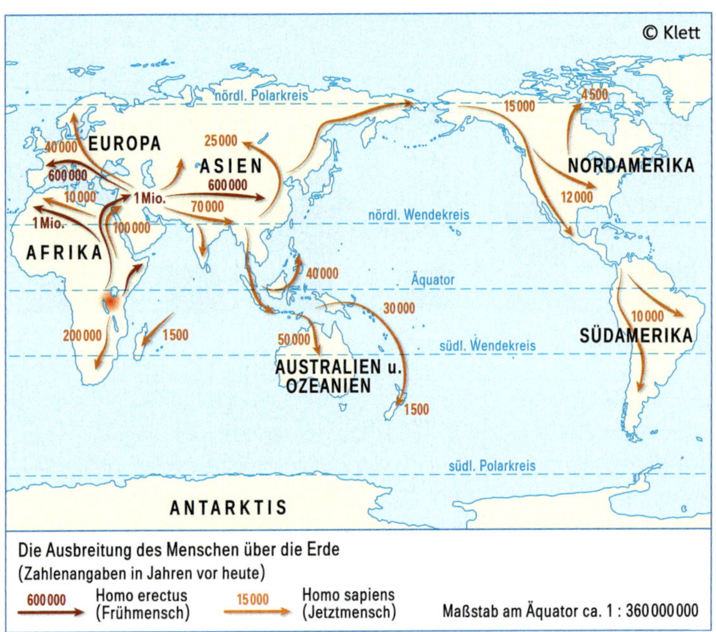

5 Ausbreitung des Menschen in der Welt

6 Homo erectus (Rekonstruktion), gemeinsamer Vorfahre von Neandertalern und modernen Menschen, verließ als erster Hominide den Kontinent Afrika.

Seit Jahrhunderten streiten sich die Forscher, wo die „Wiege der Menschheit" stand. Auch wenn immer wieder neue Thesen veröffentlicht werden (z. B. 2017 Südosteuropa, 2010 Vorderasien), so gilt Ostafrika als ziemlich gesichert.

Alles begann in Afrika

„Vor etwa acht bis sechs Millionen Jahren war Afrika noch zum größten Teil von tropischem Regenwald bedeckt. Die jahreszeitlichen Wechsel waren wenig ausgeprägt und die Wassertemperaturen in den Tiefen der Ozeane waren durchschnittlich 10 Grad wärmer als heute. In dieser Zeit kam es zu einer klimatischen Veränderung. Der Regenwald wich zurück. An seinen Randgebieten änderten sich die Lebensbedingungen. Die entstehenden Baumsavannen boten eine größere Vielfalt an Lebensräumen. Hier standen die Bäume zu weit auseinander, um sich weiterhin von Ast zu Ast zu hangeln. Ein aufrechter Gang konnte in diesen Gebieten sinnvoll sein, um zu überleben.

Die Entwicklung der gemeinsamen Vorfahren von Menschen und Menschenaffen spaltet sich auf, zwei eigenständige Stränge entstanden. Es war der erste Schritt zum Menschen. Der aufrechte Gang entstand also nicht, wie immer noch häufig zu hören, in der Savanne. Nach heutigem Wissensstand begann der Mensch seine Entwicklung am Rande des tropischen Regenwaldes in Afrika. […]

Neben einer evolutionären Veränderung als Anpassung ist die Wanderung eine geschickte Strategie, den Lebensraum beizubehalten. Wer überall zurechtkommen will, braucht zudem Hilfsmittel, mit denen er den Herausforderungen der jeweiligen Region Herr werden kann.

Mit seinen Werkzeugen machte sich der Mensch zum ersten Mal unabhängig von direkten Umwelteinflüssen. Er verbreitete sich zunächst in Afrika. Im Laufe der Zeit entwickelte er zudem Jagdtechniken und lernte mit dem Feuer umzugehen.

Damit waren unsere Vorfahren bestens ausgerüstet, um nun den afrikanischen Kontinent zu verlassen. Spätestens vor zwei Millionen Jahren eroberte der Mensch neues Terrain – und er besiedelte die ganze Welt."

Andrea Wengel: Afrika – Wiege der Menschheit, auf: www.planet-wissen.de/geschichte/urzeit/afrika_wiege_der_menschheit/index.html, Okt. 2018

7

3 Beschreiben Sie die Voraussetzungen in Afrika für die Entwicklung der Menschheit.

4 Überprüfen Sie die These der naturgeographischen Determination im Falle der Entstehung der Menschheit.

5 Erklären Sie die Begriffe Geodeterminismus sowie die politische und sozioökonomische Determination.

6 Vergleichen Sie mithilfe der Karten 8 die Situation Afrikas 1914 mit heute.

7 Analysieren Sie die Karikatur 9.

8 Nehmen Sie nach einer Internetrecherche Stellung, ob geodeterministische Argumentationen zu Afrika noch heute präsent sind.

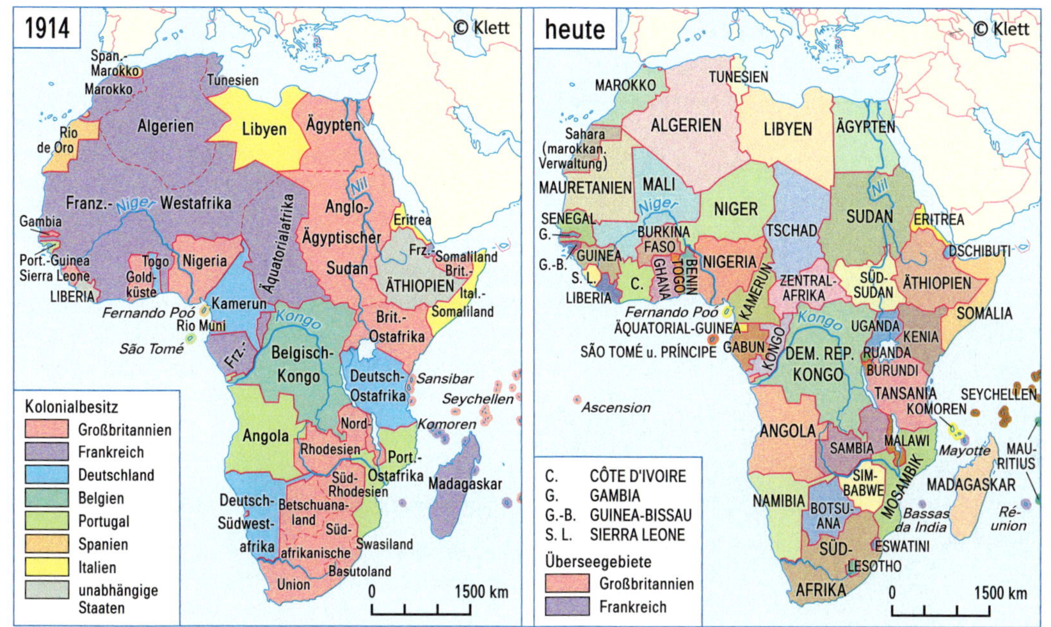

8 Staatenwelt Afrikas 1914 und heute

Während die Entstehung des Menschen als ein Ergebnis natürlicher Prozesse erklärt werden kann, sind aktuelle Entwicklungen und Probleme immer auch ökonomisch, kulturell, technisch, politisch, wissenschaftlich usw. geprägt. So lassen sich beispielsweise Armut und Hunger in Afrika nicht ausschließlich mit natürlichen Ursachen erklären. Leider wurden früher - und werden teilweise noch heute - gesellschaftliche Phänomene in Afrika mit alleinigem Rückgriff auf die Natur beziehungsweise das Klima in Afrika erklärt. Diese verkürzten Erklärungen werden als naturgeographische Determination oder Geodeterminismus bezeichnet.

These einer naturgeographischen Determination

Die natürlichen Voraussetzungen großer Teile des Kontinents scheinen für die Entwicklung von auf effizienter Landwirtschaft basierenden Gesellschaften nicht so günstig zu sein: Geringe Niederschlagsmengen in den äußeren Tropen und deren Variabilität sowie die nährstoffarmen Böden der tropischen Regenwaldgebiete schränken die landwirtschaftliche Produktion in Teilen des Kontinents stark ein. Als typische Beispiele für diese naturgeographisch benachteiligten Staaten werden oft die Länder des Sahels genannt, die von hoher Niederschlagsvariabilität und in Teilen von Wüstenausbreitung betroffen sind.

9 Kolonialisierung Afrikas

These einer politischen und sozioökonomischen Determination

Man hat früh nach weiteren Gründen gesucht, um globale Disparitäten erklären zu können. Als wesentlicher Aspekt für exogene Störungen der Entwicklung wird der Kolonialismus angeführt. Die im Zeitalter der Entdeckungen durch europäische Seemächte eroberten Kolonien wurden einerseits als Rohstofflieferanten für die sich industrialisierenden „Mutterländer" ausgenutzt, andererseits stellten sie auch einen Absatzmarkt dar. Da den Kolonien ein selbstständiges Handeln verwehrt blieb, konnten sie keine eigenen administrativen und wirtschaftlichen Strukturen entwickeln.

Als die afrikanischen Kolonien zwischen 1945 und Anfang der 1960er-Jahre unabhängig wurden, bestanden wirtschaftliche Abhängigkeiten fort. Es wurde der Begriff **Neokolonialismus** geprägt.

3.3 Demografische Entwicklungen in Afrika

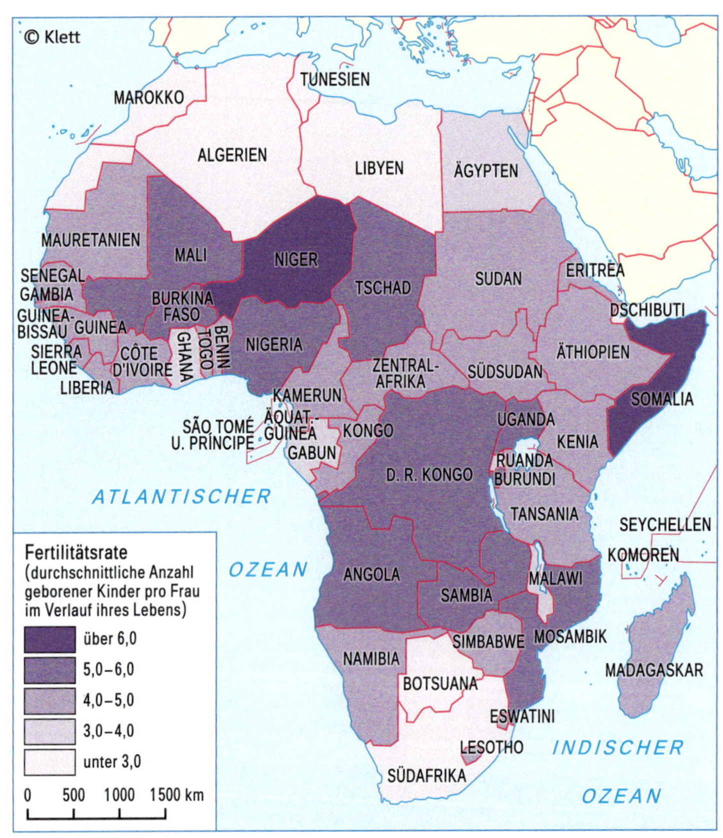

10 Fertilitätsrate der afrikanischen Staaten 2017
Central Intelligence Agency: The World Factbook, auf: www.cia.gov/library/publications/the-world-factbook/fields/2127.html, Okt. 2018

Die Bevölkerung der Staaten südlich der Sahara könnte sich bis 2050 auf zwei Milliarden Menschen verdoppeln. Damit wird in den kommenden Jahrzehnten auch die erwerbsfähige Bevölkerung im Alter zwischen 25 und 65 Jahren auf über eine Milliarde steigen.
Verantwortlich hierfür ist der soziale und ökonomische Wert von Kindern in vielen armen Ländern. Kinderreichtum sorgt für gesellschaftliches Prestige und stellt in vielen Ländern die einzige Altersvorsorge dar.

Folgen des Bevölkerungswachstums

Das Bevölkerungswachstum hat sowohl negative als auch positive Effekte. Diese Effekte sind komplex und hängen insbesondere von den politischen, sozialen und ökonomischen Rahmenbedingungen ab. Gepaart mit **bad governance** und/oder einer schwachen Wirtschaft mit hohen Arbeitslosigkeitsraten kann ein starkes Bevölkerungswachstum politische, soziale und ökonomische Probleme und Konflikte verschärfen, beispielsweise durch Druck auf das Bildungs- und Gesundheitssystem, die Nachfrage nach Arbeitsplätzen und die Überlastung von Infrastrukturen.

11 „Junges Afrika"

Aufbegehrende Jugend

„Junge Menschen werden […] weltweit als eine wichtige Stärke wahrgenommen. […] [Sie] erfolgreich in alle Aspekte des Wachstums ihrer Länder [einzubeziehen]", sollten politische Programme gewährleisten, so Sana Afouaiz, Frauenrechtlerin und Begründerin der Initiative Womenpreneur.

Viele junge Afrikanerinnen und Afrikaner sind jedoch mit den politischen und ökonomischen Bedingungen in ihren Ländern unzufrieden: Ihnen bleibt durch schlechte Regierungsführung, starke internationale Einflussnahmen und unfaire internationale Handelsbeziehungen die Möglichkeit verwehrt, sich zu engagieren und zu entfalten.

„In den meisten afrikanischen Ländern beschränken kulturelle Unterdrückungen die Möglichkeiten für Jugendliche, sich auszudrücken und am nationalen, politischen und sozialen Dialog sinnvoll teilzunehmen. Eine breit angelegte Beteiligung der Jugend würde gute Regierungsführung fördern, um die Demokratie in der Region zu verbessern.", erklärt Sana Afouaiz.

Doch trotz dieser ungünstigen Voraussetzungen sind junge Menschen in Afrika häufig treibende Kräfte. Sie sind künstlerisch kreativ, wirtschaftlich produktiv und politisch aktiv. Es bleibt die Herausforderung der einzelnen Staaten, dieses Potenzial der Jugend nicht zu vergeuden.

„Es wird keine zukünftige Entwicklung in Afrika geben, wenn seine Länder nicht in ihre Jugend investieren.", meint Sana Afouaiz.

9 Erläutern Sie Ursachen für das rasche Bevölkerungswachstum in Afrika.

10 Vergleichen Sie die Bevölkerungsentwicklung mit der in anderen Teilen der Welt.

11 Erörtern sie, welche politischen, ökonomischen und sozialen Rahmenbedingungen notwendig sind, damit ein rasches Bevölkerungswachstum positive Effekte entwickeln kann.

12 Beschreiben Sie auf Grundlage einer Internetrecherche Ziele und Projekte von ausgewählten afrikanischen jugendpolitischen Organisationen.

Bevölkerungsentwicklung im regionalen Vergleich

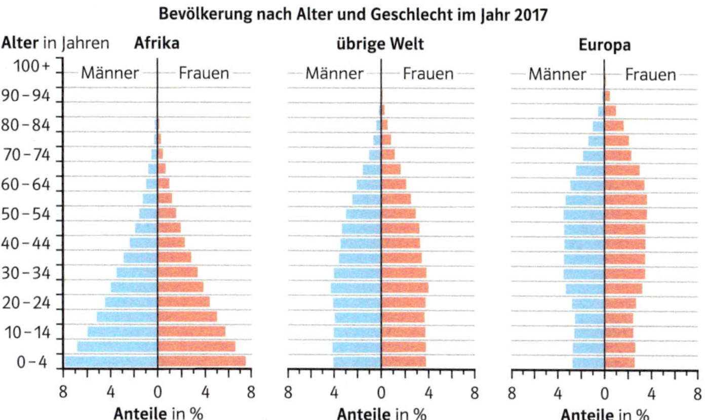

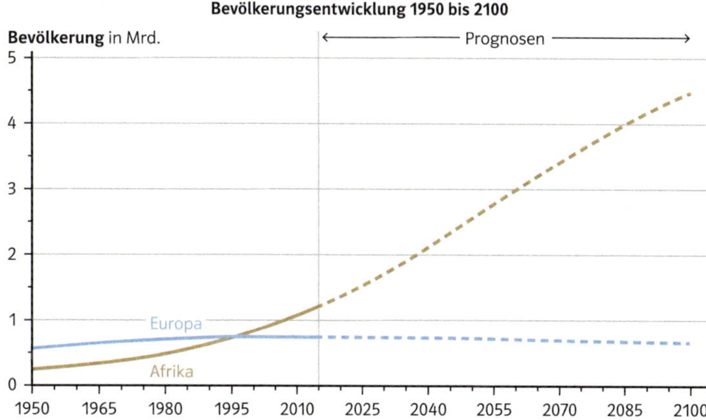

Fertilitätsrate 1950 bis 2100

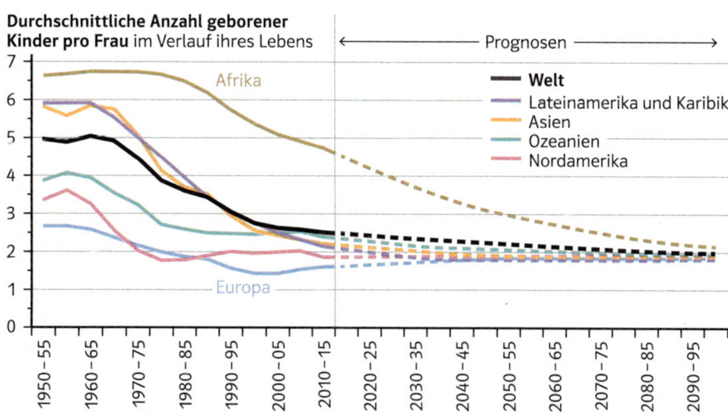

Nach UN World Population Prospects. World Economic Forum: 11 facts about world population you might not know, auf https://medium.com/world-economic-forum/11-facts-about-world-population-you-might-not-know-c80858a417b0, Okt. 2018

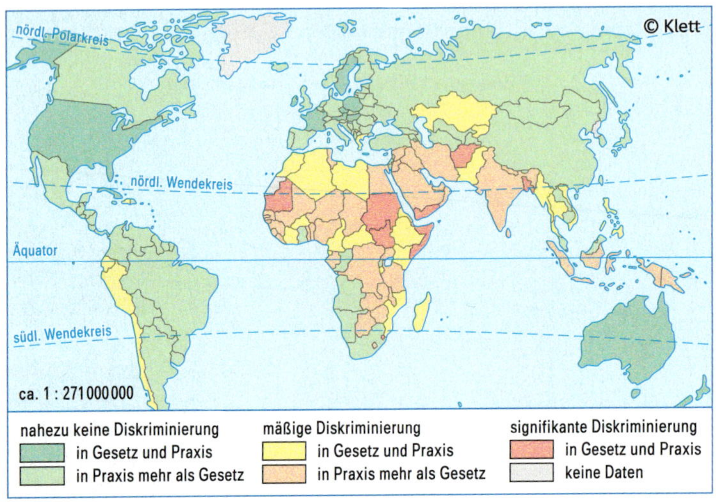

13 **Eigentumsrechte von Frauen in Theorie und Praxis 2017**
WOMANSTATS Projekt: WomanStats Maps, auf www.womanstats.org/substatics/LO-SCALE-3-2017.png, Okt. 2018

Auf Afrikas Frauen lastet die Tradition

„Die Gleichberechtigung zwischen Männern und Frauen ist kaum wahrnehmbar in unserer Gesellschaft, in Afrika und besonders in Burkina Faso. Dort lastet auf den Frauen das Gewicht der Tradition, da ist der Dialog zwischen Mann und Frau nicht vorgesehen. Der Mann gilt als höherwertig. Frauen werden sehr, sehr, sehr unterdrückt, viele Volksstämme sind sehr hierarchisch organisiert, die Frauen gelten in Burkina Faso als minderwertig im Vergleich zum Mann. […]“

Anne Béatrice Faye (Ordensschwester in Burkina Faso) im Gespräch mit Christiane Florin: Frauenrechte in Burkina Faso – „Auf Afrikas Frauen lastet das Gewicht der Tradition“. In: Deutschlandfunk vom 26.10.2017, auf www.deutschlandfunk.de/frauenrechte-in-burkina-faso-auf-afrikas-frauen-lastet-das.886.de.html?dram:article_id=398701

3.4 Gleichberechtigung – Dimensionen, Herausforderungen und Entwicklungen

Geschlechtergerechtigkeit

Als Anzeichen für die Gleichstellung von Frauen gelten die Erwerbstätigkeit und die Übernahme von politischen Ämtern. Hinsichtlich der Erwerbstätigkeit sind Fortschritte zu erkennen. So ist die Zahl der Frauen im nichtlandwirtschaftlichen Bereich langsam gestiegen, auch wenn es innerhalb von zwölf Jahren seit 2003 nur fünf Prozent sind. Allerdings sind Frauen häufiger nur teilzeitbeschäftigt. Der Anteil der Frauen in Teilzeit ist mehr als doppelt so hoch wie der der Männer, dabei darf aber nicht vergessen werden, dass dieser Anteil in Deutschland mehr als 3,5-mal so hoch ist. Die Ursachen für die Ungleichheit

Global Gender Gap Report
vom World Economic Forum erstellter Bericht zur Analyse der Gleichstellung der Geschlechter (Indexwert 1 = Idealwert)

TOP 10 der Subsahara-Staaten im Global Gender Gap Report 2017

	Globaler Index		Ökonomische Teilhabe		Bildung		Gesundheit		Politische Mitwirkung	
Land	Rang	Wert	Rang	Wert	Rang	Wert	Rang	Wert	Rang	Wert
Ruanda	4	0,822	7	0,820	113	0,951	1	0,980	3	0,539
Namibia	13	0,777	9	0,813	41	0,999	1	0,980	26	0,318
Südafrika	19	0,756	89	0,652	64	0,993	1	0,980	18	0,399
Burundi	22	0,755	1	0,911	128	0,876	1	0,980	40	0,255
Mosambik	29	0,741	17	0,789	130	0,857	56	0,977	24	0,340
Uganda	45	0,721	59	0,693	124	0,913	88	0,973	30	0,305
Botsuana	46	0,720	6	0,822	1	1,000	48	0,978	122	0,079
Simbabwe	50	0,717	49	0,710	89	0,986	68	0,976	62	0,197
Tansania	68	0,700	69	0,674	125	0,910	62	0,976	44	0,239
Ghana	72	0,695	18	0,784	119	0,931	118	0,968	112	0,097
Zum Vergleich:										
Island	1	0,878	14	0,798	57	0,995	114	0,969	1	0,750
Deutschland	12	0,778	43	0,720	98	0,970	70	0,975	10	0,447
Jemen	144	0,516	141	0,345	141	0,737	119	0,968	144	0,014

Eigene Zusammenstellung nach World Economic Forum: The Global Gender Gap Report 2017, Genf: World Economic Forum 2017, S. 10 – 13

sind vielfältig und regional sehr unterschiedlich: Sie reichen von ökonomischen (u.a. Arbeitslosigkeitsrate) über soziale (Geschlechterrollen) bis hin zu politischen Ursachen. Eine Verbesserung der Situation erfordert Maßnahmen auf all diesen Ebenen. Eine wesentliche Voraussetzung für Geschlechtergleichheit ist die Sicherung der politischen und ökonomischen Teilhabe der Frauen (z.B. Bodenrechte).

Der Kindheit beraubt

Nach dem Unterziel 8.7 der 17 **SDGs** (Sustainable Development Goals) sind bis 2025 wirksame Sofortmaßnahmen zu ergreifen, um die schlimmsten Formen der **Kinderarbeit** abzuschaffen. Das schließt das Verbot der Rekrutierung und den Einsatz von Kindersoldaten ein. Im Vergleich zu 2000 ist die Zahl der Kinderarbeiter zwar von 246 Millionen auf 152 Millionen gesunken, der Rückgang hat sich allerdings einerseits wieder verlangsamt, andererseits gibt es große regionale Unterschiede. In zahlreichen Ländern werden Kinder für schwere körperliche und gefährliche Arbeiten herangezogen. Die Ursachen sind vielfältig und reichen von ökonomischen (z.B. geringes Einkommen, Hunger), über soziale (z.B. geringe Bildung, Waisentum) bis hin zu politischen Ursachen (mangelnde Kontrollen, Kriege).

Fallbeispiel Äthiopien

Obwohl Äthiopien sich der Kinderrechtskonvention der UN verpflichtet hat, sieht die Realität anders aus. Kinder werden für schwere körperliche und gefährliche Arbeiten herangezogen. Ursachen sind grundsätzlicher Art (Eltern ohne Schulbildung, hohe **Fertilitätsraten**) und strukturell bedingt (z.B. geringes **Pro-Kopf-Einkommen**, Hunger, Kriege, oder der Mangel an menschenwürdiger Arbeit für Erwachsene). Darüber hinaus gibt es noch unmittelbare Ursachen, u.a. die Verschuldung von Familien, Ernteausfälle, Tod oder Erkrankung der Eltern. Noch immer fehlen konkrete Strategien zur Verbesserung der Situation.

16 Kinderarbeit: 13-jähriger Junge füllt Säcke mit schwarzem Salz aus dem Kratersee El Sod, Äthiopien.

Durchschnittl. wöchentliche Arbeitszeit gefährlicher Arbeit von Kindern in Äthiopien 2015

Alter	Jungen	Mädchen	Gesamt
5–11 Jahre	44,4	39,0	42,5
12–13 Jahre	42,6	35,8	39,9
14–17 Jahre	41,8	39,4	40,9
total	43,2	38,4	41,4

International Labour Organization and Central Statistical Agency (CSA) of Ethiopia: Ethiopia National Child Labour Survey (NCLS) 2015. Addis Ababa: ILO, 2018, S. 71

17

Kinderarbeit
Als Kinderarbeit gelten alle Tätigkeiten, die für Kinder gefährlich sind, sie in ihrer Entwicklung schädigen und sie am Schulbesuch hindern – kurz: sie ihrer Kindheit berauben.

Alle Akteure müssen an der Lösungsfindung beteiligt werden. Solange aber die ökonomischen, politischen und sozialen Rahmenbedingungen nicht stimmen, kann das Armutsproblem nicht wirksam bekämpft und allen Kindern der Schulbesuch ermöglicht werden. Zwar sind in Äthiopien offiziell 81 Prozent der Mädchen und 86 Prozent der Jungen an einer Grundschule angemeldet, doch nur etwa 45 Prozent aller Kinder besuchen tatsächlich eine Grundschule und wiederum nur etwa 50 Prozent von ihnen beenden diese auch. Viele von ihnen können trotz des Schulbesuchs kaum lesen und schreiben.

SDGs
Seite 85

13 Beschreiben Sie die Verteilung der Eigentumsrechte der Frauen (Karte 13).

14 Vergleichen Sie Ruanda und Deutschland im Hinblick auf die Gleichberechtigung der Geschlechter (Tabelle 14).

15 „Auf Afrikas Frauen lastet die Tradition." Erläutern Sie diese Aussage.

16 Nehmen Sie zur Chancengleichheit für Frauen in Subsahara-Afrika Stellung.

17 Charakterisieren Sie die Situation der Kinderarbeit in Äthiopien.

18 Erörtern Sie, ob und inwiefern man im Zusammenhang mit Kinderarbeit von einem „Teufelskreis" sprechen kann.

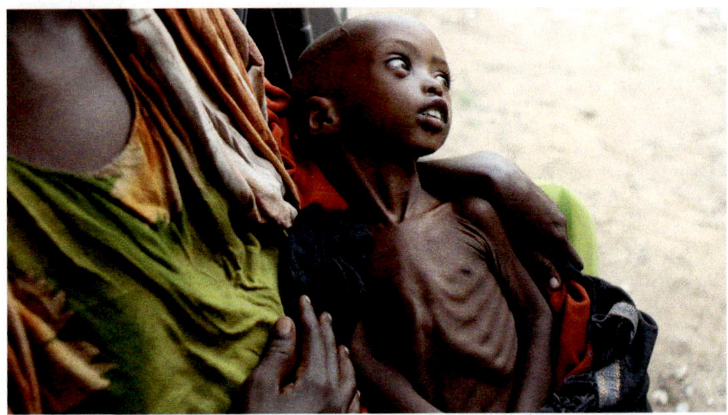

18 Unterernährtes Kind in einem Flüchtlingslager in der somalischen Hauptstadt Mogadischu während der Dürrekatastrophe am Horn von Afrika im Jahr 2011

3.5 Hunger tötet leise

Welthunger-Index
Diese Berechnungsmethode zur vergleichenden Darstellung des Hungerproblems beruht auf folgenden Kriterien: Anteil der Unterernährten, Kindersterblichkeit, Anteil der Kinder unter 5 Jahren, die wachstumsverzögert sind oder die an Auszehrung leiden.

„There is absolutely no reason why Africa is a net foodimporting region, spending over $35 billion importing food. Africa must feed itself - and Africa must become a global powerhouse in food and agriculture.", so Akinwumi Adesina, der Präsident der Afrikanischen Entwicklungsbank.
Nach Definition der Welternährungsorganisation (FAO) ist **Hunger** ein quantitativer Begriff: Hunger tritt ein, wenn die tägliche Energiezufuhr über einen längeren Zeitraum unter dem Bedarf liegt, der für einen gesunden Körper und ein aktives Leben benötigt wird. Als Schwellenwert für eine ausreichende Energiezufuhr gibt die FAO 1800 Kilokalorien täglich an. Die Ursachen für **Unterernährung** und **Mangelernährung** sind vielfältig und werden sehr unterschiedlich erklärt (Grafik 19). Zwei grundsätzlich verschiedene Perspektiven können unterschieden werden: einerseits Hunger als ein zeitlich begrenzter Ausnahmezustand (Naturkatastrophen, Konflikte etc.) und andererseits Hunger als konstantes strukturelles Phänomen. Die Lösungsansätze sind in beiden Fällen sehr unterschiedlich: humanitäre Hilfe im ersten und strukturelle Reformen im zweiten Fall. Während humanitäre Katastrophen meist in den europäischen Medien gezeigt werden und diese Berichte Unterstützungskampagnen auslösen, bleibt Hunger als strukturelles Phänomen meist unsichtbar. Paradoxerweise leidet sehr oft die ländliche Bevölkerung an Hunger. Eine wichtige Ursache hierfür ist, dass ihnen der Zugang zu den Produktivmitteln (Land, Wasser, Saatgut, Kredite, Maschinen) häufig verwehrt wird. In Afrika gibt es immer mehr landlose Bauern, die entweder auf dem Land als Feldarbeiter bei großen Unternehmen arbeiten oder in die Stadt ziehen, um dort nach Arbeit zu suchen. In beiden Fällen gehören sie zu Bevölkerungsgruppen, die ein höheres Risiko aufweisen, von struktureller Mangelernährung betroffen zu sein. Im Hinblick darauf, wie der strukturelle Hunger bekämpft werden könnte, scheiden sich die Geister:

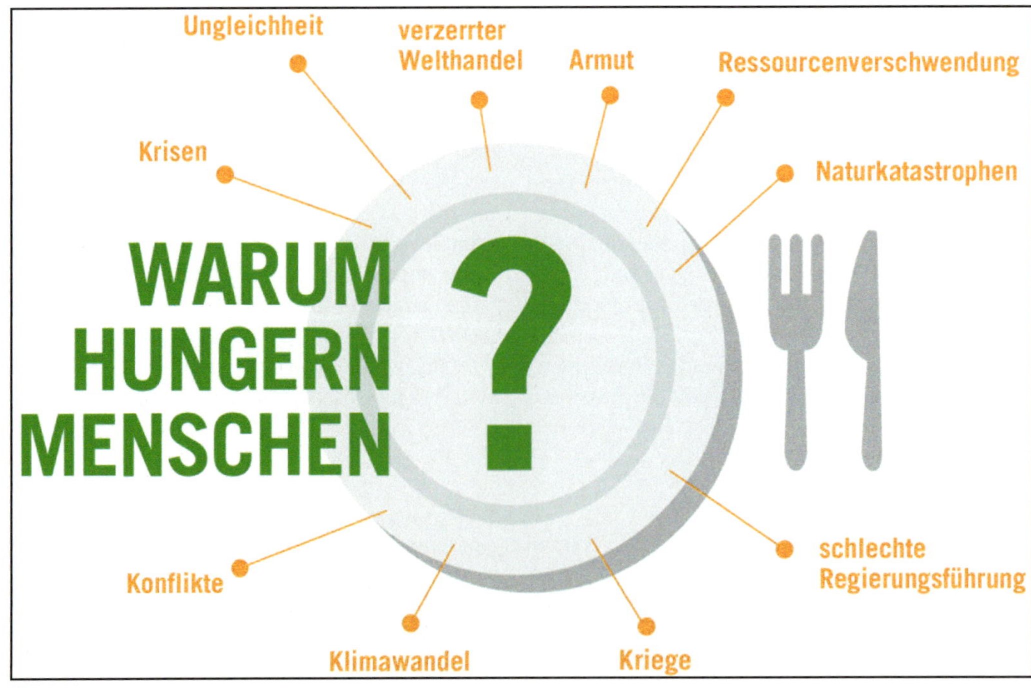

19 Ursachen von Hunger?

Die einen betonen die Produktivität des Weltmarktes und fordern den Abbau von Subventionen und Handelsbarrieren. Gegner dieser Politik argumentieren, dass genau dies die Ursache des strukturellen Hungers sei. In vielen Regionen Afrikas haben sich daher Bauernbewegungen und -gewerkschaften unter dem Schlagwort der Ernährungssouveränität vernetzt und kämpfen um ihr Recht auf Nahrung.

Und immer wieder Ostafrika ...

„Im Südosten Äthiopiens hat es über sieben Monate kaum geregnet. In dem Land, in dem vor 26 Jahren über eine Million Menschen verhungerten, herrscht wieder Not. Der Nomade Mohammed Ali ist einer der Betroffenen. Über sechs Stunden ist er mit seinen 35 Kühen und 70 Ziegen durch die staubtrockene Savanne marschiert, bis er kurz vor der somalischen Grenze endlich ein Wasserloch erreichte.

‚Ich komme jeden zweiten Tag. Jedes Mal gibt es weniger Wasser. Ich habe Angst, dass es bald ganz austrocknet. Dann sterben erst die Tiere, dann [...]', der Vater will den Satz nicht zu Ende denken, nicht zu Ende sprechen.

Bei der letzten Dürre vor drei Jahren verlor der 65-Jährige zehn Rinder. Seine Tiere, die Familie, sein unerschütterlicher Glaube an Allah und eine Handvoll abgegriffener äthiopischer Scheine sind das einzige, was Mohammed Ali hat. Von den Scheinen drückt er dem Wächter des Wasserlochs ein schmutziges Bündel in die Hand.

Ein anderer Clan wacht über den vielleicht bald versiegten Tümpel, wer hier sein Vieh tränken will, muss umgerechnet rund zwei Cent pro Tier zahlen. Nachdem Mohammed und seine Männer von derselben braunen Brühe wie ihr Vieh getrunken haben, machen sie sich wieder auf den Weg. Sechs Stunden Marsch durch die Steppe liegen vor den Nomaden.

4,5 Millionen Menschen sind laut Berechnungen der Regierung allein in Äthiopien auf Lebensmittellieferungen angewiesen. Vertreter von Hilfsorganisationen sind der Meinung, dass es tatsächlich mehr sind, die Regierung die Zahlen jedoch geschönt hat, um zu zeigen, dass die seit Jahrzehnten ins Land fließenden Entwicklungshilfe-Millionen auch ankommen."

Philipp Hedemann: Die Kinder leiden besonders in Ostafrika. ZEIT ONLINE vom 11. Juli 2011, auf www.zeit.de/gesellschaft/zeitgeschehen/2011-07/hunger-ostafrika, Jan. 2014

20

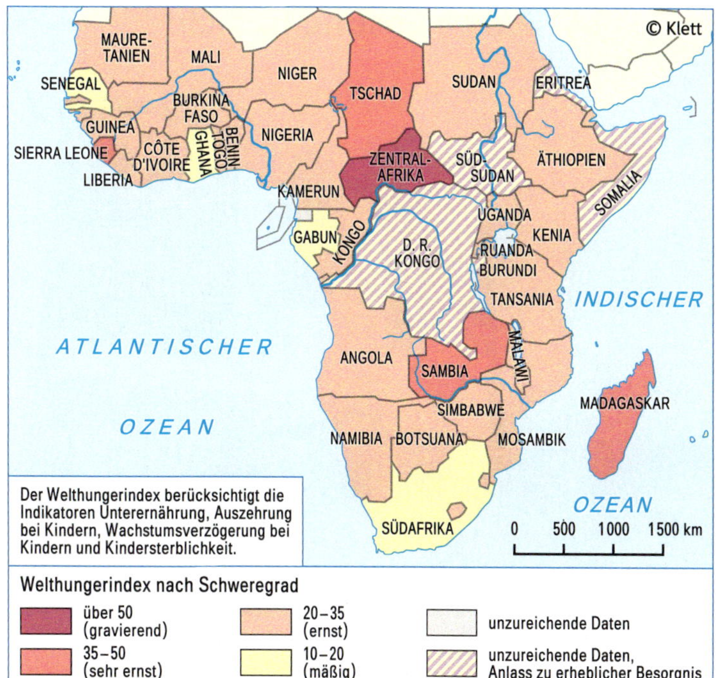

21 **Situation der Staaten Afrikas südlich der Sahara nach dem Welthungerindex 2017**
Deutsche Welthungerhilfe e.V. et al.: Welthunger-Index 2017. Washington, DC/Bonn/Dublin 2017, S. 22f.

22 **Ursache von Hunger?**

19 Beschreiben Sie mithilfe der Karte 21 die Ausmaße von Hunger in Subsahara-Afrika.

20 Entwickeln Sie ein Wirkungsschema zu Ursachen und Folgen von Hunger.

21 „Hunger ist das größte lösbare Problem der Welt."
Nehmen Sie Stellung zu dieser These.

3.6 Aids – Lösung in Sicht?

23 **Aufklärungstafel in Kisumu (Kenia)**

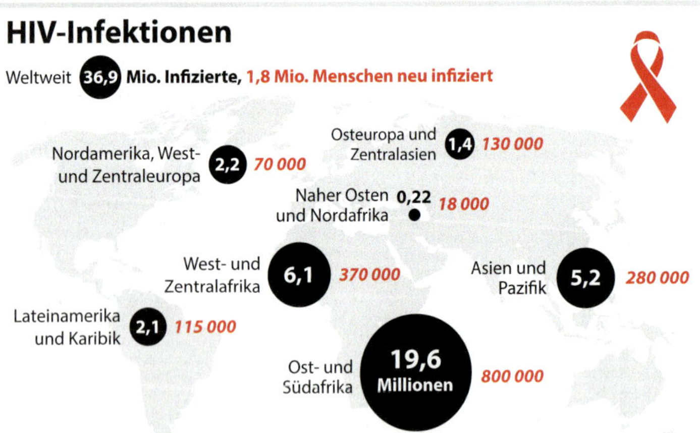

Armutsbedingte Krankheiten
„Armutsbedingte Krankheiten" sind Infektionskrankheiten, die einerseits in besonderem Maße arme Bevölkerungsgruppen betreffen, andererseits gerade durch Armut verursacht werden. Die Gründe sind vielfältig: Mangel- oder Unterernährung, unsauberes Trinkwasser, fehlende medizinische Versorgung und Vorbeugung etc. Die wesentlichen armutsbedingten Krankheiten sind Malaria, Tuberkulose und Aids: Nach Schätzungen der Weltgesundheitsorganisation (WHO) kommt es jährlich zu 8 Mio. Tuberkulose-Neuinfektionen und 3,5 Mio. Todesfällen. Malaria verursacht etwa 1,2 Mio. Todesfälle pro Jahr. Davon sind vor allem Kinder unter fünf Jahren betroffen: Alle 30 Sekunden stirbt ein Kind in Afrika an Malaria.

25

Das Zentrum der globalen Aids-Epidemie liegt in Subsahara-Afrika. Zudem breitet sich die Seuche in den Staaten des Globalen Südens sehr schnell aus. Zwei Besonderheiten von **Aids** (Krankheit durch HIV-Infektion) erschweren die Bekämpfung und machen ihre Auswirkungen so dramatisch: Die Krankheit hat eine vergleichsweise lange Inkubationszeit (sechs bis acht Jahre), in der die Infektion zwar symptomfrei, der Betroffene aber bereits ansteckend ist. Zweitens stecken sich im Gegensatz zu vielen anderen Infektionskrankheiten vor allem junge Erwachsene mit Aids an, da es sexuell übertragbar ist. Die Krankheit hat daher gravierende Folgen für die altersbezogene Aufteilung von Fürsorgeaufgaben und Erwerbsarbeit in einer Gesellschaft: Kinder verlieren häufig ihre Eltern, die Arbeitskraft der jungen Erwachsenen fällt weg und sie sind häufig pflegebedürftig. Auch für die einzelnen Familien stellt sich die Frage, wer sich um Kinder und Pflegebedürftige kümmert und wer Einkommen verdient.

Vielfältige Einflussfaktoren

Ursache 1: Armut. Armut und Elend sind wichtige Faktoren der Verbreitung von HIV-Infektionen. Staaten des Globalen Südens sind so in viel höherem Maße von Infektionskrankheiten betroffen als reiche Staaten.

Ursache 2: hohe Mobilität und Urbanität. Besonders im südlichen Afrika ist die hohe Mobilität der Bevölkerung ein wichtiger Faktor bei der Verbreitung des HI-Virus: Fernfahrer, Prostituierte, Saisonarbeiter, Händler und Militärangehörige gehören mit den schnell wechselnden Sexualpartnern zu den Hauptüberträgern. Auch die Urbanisierung begünstigt die HIV-Pandemie. Die Zahl der Infizierten ist in den Städten deutlich höher als auf dem Land, manchmal sogar doppelt so hoch.

Ursache 3: humanitäre Krisen und kriegerische Konflikte. Konflikte und Bürgerkriege lösen häufig große Migrationsbewegungen aus und mit den kämpfenden Truppen und fliehenden Zivilisten gerät auch das HI-Virus in Bewegung. Frauen und Mädchen, vor allem wenn sie von ihren Familien getrennt wurden, werden in dieser Situation häufig Opfer sexueller Übergriffe.

Material
Infoblatt Aids
ki92zc

26 „Zuverlässige" Babysitter Afrikas

Ursache 4: schwache Staaten. Einige Staaten Afrikas südlich der Sahara haben Defizite in der Funktionsfähigkeit wichtiger staatlicher Institutionen (z. B. nicht ausreichend besetzte Gesundheitsbehörden, fehlender Zugang weiter Teile der Bevölkerung zu medizinischen Einrichtungen). Dies erschwert ein effizientes Vorgehen gegen die Seuche.

Aids-Waisen als Verlierer

Eine Folge dessen, dass vor allem die Elterngeneration von der Erkrankung an Aids betroffen ist, ist eine hohe Anzahl an Waisenkindern. In den Staaten Afrikas südlich der Sahara waren 2016 etwa 13,7 Mio. Kinder betroffen. Nicht alle können bei Angehörigen oder in Pflegeeinrichtungen wohnen. Zum Teil leben sie daher auf der Straße. Viele verdienen ihren Lebensunterhalt selbst und können daher keine Schule besuchen.

Aids-Medikamente für die Ärmsten

„Noch immer ist Aids eine unheilbare Krankheit – doch eine Vielzahl an Medikamenten ermöglicht es HIV-Positiven heute, den Ausbruch der Krankheit hinauszuzögern, Symptome zu lindern und mit der Erkrankung zu leben. Nicht so in Subsahara-Afrika: Dort sind viele Menschen von so einer Behandlung abgeschnitten. Denn viele der Aids-Medikamente sind patentrechtlich geschützt – und damit zu teuer für die Menschen in Entwicklungsländern. […]
Die Hilfsorganisation Ärzte ohne Grenzen fordert deshalb Pharmafirmen in aller Welt auf, die Patente für neue Aids-Medikamente anderen Herstellern für ärmere Länder zur Verfügung zu stellen."

Monika Ermert: Afrika braucht neue Medikamente. ZEIT ONLINE vom 01.12.2009, auf www.zeit.de/wissen/gesundheit/2009-11/patente-aids, Jan. 2014

27

Generika sind Kopien von Medikamenten, die zwar ebenso wirksam sind wie das Original, aber zu deutlich niedrigeren Preisen angeboten werden können, da ihre Hersteller keine Forschungs- und Entwicklungskosten refinanzieren müssen.

22 Beschreiben Sie die weltweite Verteilung der HIV-Infizierten.

23 Erläutern Sie Ursachen und Folgen der Ausbreitung von Aids in Subsahara-Afrika.

24 Beurteilen Sie die Aussage der Grafik 24 medienkritisch.

25 „Aids-Waisen sind die Verlierer!" Nehmen Sie Stellung zu dieser These.

26 Bewerten Sie die Forderung der Hilfsorganisation „Ärzte ohne Grenzen", Patente für Aids-Medikamente kostenfrei zur Verfügung zu stellen.

27 Nehmen Sie zur Kernaussage der Karikatur 26 Stellung.

28 Demonstration gegen den Bürgerkrieg in der Zentralafrikanischen Republik

31 UN-Einheit auf Patrouille in Bangui (Zentralafrikanische Republik) im Jahr 2014

3.7 Zentralafrikanische Republik – die Gewaltspirale dreht sich weiter

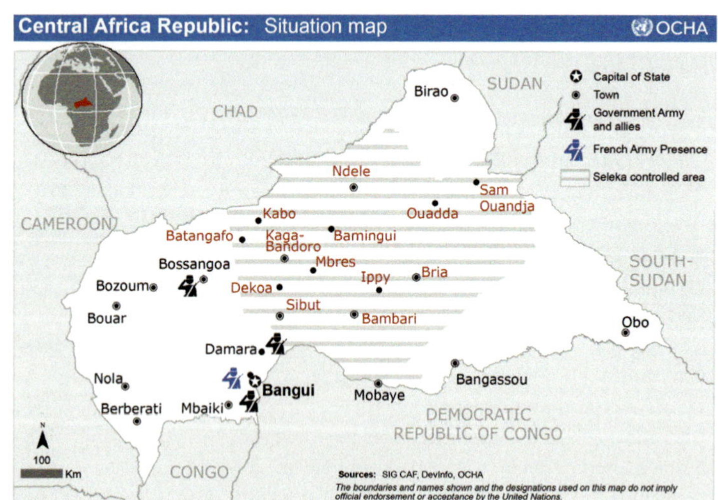

29 Situation zum Jahreswechsel 2012/2013

Die Zentralafrikanische Republik (ZAR) ist reich an Uran, Diamanten und Gold. Auf fruchtbarem Land werden vor allem Exportprodukte wie Kaffee und Baumwolle angebaut. Darüber hinaus verfügt das Land über Tropenholz und viel Wasser. Allerdings gehört die ZAR zu den ärmsten Ländern der Welt. Das Geld aus den Exporterlösen erreicht die Bevölkerung nicht. Ihre Lage hat sich seit dem 2013 ausgebrochenen Krieg dramatisch verschlechtert. Aus dem Norden kommende mehrheitlich muslimische Seleka-Milizen rissen in einem Staatsstreich die Gewalt in der Hauptstadt Bangui an sich und verbreiteten Angst und Schrecken. Später eroberte die Gegenbewegung, mehrheitlich christliche Milizen, in blutigen Kämpfen die Macht zurück. Seit der Unabhängigkeit 1960 hat es keine demokrati-

Vom Viehhirten zum Rebellenführer

„[...] Der Krieg in der Zentralafrikanischen Republik tobt seit über vier Jahren. Im März 2013 stürzten Rebellen der mehrheitlich muslimischen Gruppe Séléka die Regierung, von der sie sich vernachlässigt fühlten. Sie plünderten ganze Städte und Dörfer – dagegen gründete sich die Anti-Balaka-Bewegung. Ursprünglich eine mehrheitlich christliche Selbstverteidigungsgruppe, zerfiel die Miliz mehr und mehr in unkontrollierbare Banden bewaffneter Jugendlicher. 2016 wurde zwar wieder eine offizielle Regierung gewählt, doch ihr Machtbereich reicht nicht über die Hauptstadt Bangui hinaus. Das Land spaltete sich immer mehr entlang religiöser und ethnischer Linien. [...]"

Jan-Philipp Scholz und Adrian Kriesch: Der vergessene Krieg in der Zentralafrikanischen Republik. In: Deutsche Welle vom 30.04.2017, auf www.dw.com/de/der-vergessene-krieg-in-der-zentralafrikanischen-republik/a-38644524

30

Religionszugehörigkeit in der ZAR

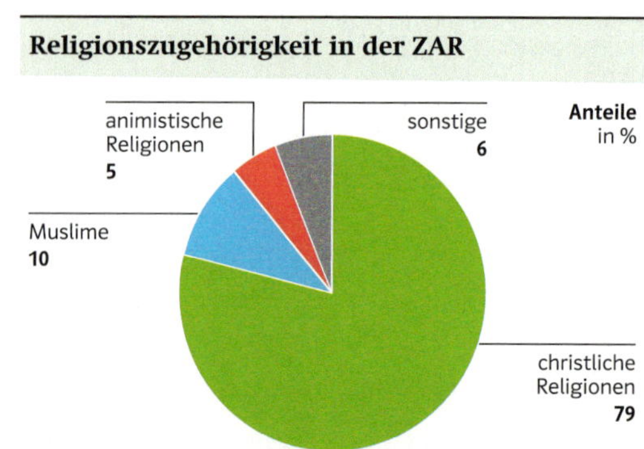

Auswärtiges Amt: Zentralafrikanische Republik, auf www.auswaertiges-amt.de/de/aussenpolitik/laender/zentralafrikanische republik-node/zentralafrikanischerepublik/226456, Okt. 2018

32

sche Regierung gegeben. Alle waren von Vetternwirtschaft und Korruption geprägt. Die Regierung unter Präsident Faustin Touadéra, der in einer nahezu demokratischen Wahl gewählt wurde, ist angesichts der Gewalt machtlos.

Zentralafrikanische Republik in Zahlen 2017 (1990)

„Einwohner: 5,6 Mio. (2,9 Mio.)
Fläche: 622 984 km²
Lebenserwartung: 52,8 Jahre (49 Jahre)
Alphabetisierungsrate: 36,8 % (33,6 %)
BIP/Kopf: 700 US-$ (540 US-$)“

Ergänzt nach Central Intelligence Agency: The World Factbook, auf www.cia.gov/library/publications/the-world-factbook/geos/ct.html, Okt. 2018

Umfassendes Konfliktmanagement

„[...] in der ZAR ist zweierlei notwendig: schnelles militärisches Eingreifen, um die humanitäre Katastrophe einzudämmen, aber darüber hinaus auch ein dauerhaftes ziviles Engagement. Für beide Aufgaben eignet sich die EU mit den militärischen wie zivilen Komponenten ihres Krisenmanagements in besonderer Weise. Insbesondere Deutschland hat sich immer wieder für die Nutzung ziviler Instrumente ausgesprochen. Insofern wäre es nur folgerichtig, wenn die Bundesregierung substanzielle Kapazitäten für die Erfüllung der nichtmilitärischen Dimension des VN-Mandats zur Verfügung stellen würde. In Frage kämen finanzielle, materielle und personelle Hilfen, zum Beispiel bei der Flüchtlingsversorgung, beim Aufbau funktionierender Sicherheitskräfte sowie bei der staatlichen Verwaltung, der Wiedereingliederung von Milizen, der Unterstützung bei der Abhaltung von Wahlen, der Strafverfolgung von Menschenrechtsverletzungen u. v. m. Diese zivile Dimension ist in Deutschland und Europa bislang wenig diskutiert worden. Bei einer mittel- und langfristigen Konfliktregelung wird ihr aber eine Schlüsselfunktion zukommen.“

Annette Weber und Markus Kaim: Die Zentralafrikanische Republik in der Krise. In: SWP-Aktuell 10, März 2014, auf www.swp-berlin.org/fileadmin/contents/products/aktuell/2014A10_web_kim.pdf, Okt. 2018

35 Rebellions for Dummies

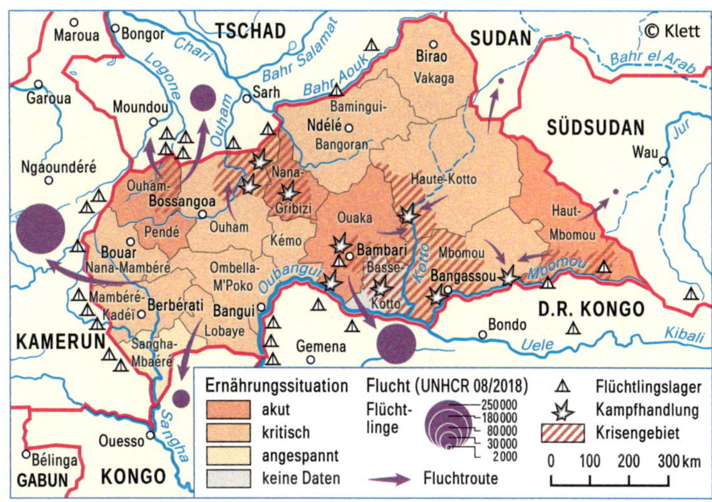

36 Bürgerkrieg in der Zentralafrikanischen Republik

Lebensberechtigung als Konfliktursache

„Es ist nicht leicht, die Wahrheit zu finden in diesem von Krieg, Chaos und Armut gekennzeichneten Land. Wer danach fragt, was den Konflikt zwischen Christen und Muslimen verursacht hat, bekommt viele Antworten. Die einen sagen, die ehemalige Kolonialmacht Frankreich habe den Krieg nach Zentralafrika gebracht, um die Politik im Land zu beeinflussen und dessen Ressourcen auszubeuten. [...] Tatsächlich wacht Frankreich noch immer über die Währungsreserven seiner ehemaligen Kolonien, Aufträge aus dem Energie- und Bausektor werden bevorzugt an französische Unternehmen vergeben. Andere sagen, die Muslime seien schuld. Alle sagen, sie wollten keinen Krieg mehr. In Wirklichkeit haben die Spannungen nichts mit Religion zu tun. Weder wollen Christen ihren Glauben gewaltsam verbreiten, noch haben hier Muslime zum Dschihad aufgerufen. Es sei vielmehr, sagt Lewis Mudge, Zentralafrikaexperte bei Human Rights Watch, ein traditioneller Konflikt um die Frage, wer in Zentralafrika leben darf. [...]“

Isabelle Buckow: Frieden auf den ersten Blick. In: Der Tagesspiegel vom 29.07.2016, auf www.tagesspiegel.de/weltspiegel/sonntag/konflikt-in-der-zentralafrikanischen-republik-es-geht-nicht-um-religion-sondern-darum-wer-hier-leben-darf/13910948-3.html, Okt. 2018

37

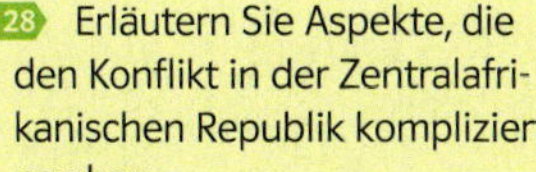

28 Erläutern Sie Aspekte, die den Konflikt in der Zentralafrikanischen Republik kompliziert machen.

29 Begründen Sie, warum ein umfassendes Konfliktmanagement erforderlich ist.

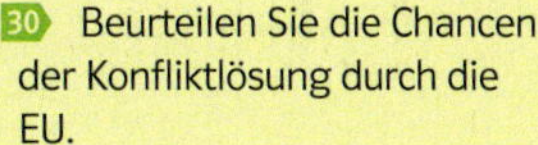

30 Beurteilen Sie die Chancen der Konfliktlösung durch die EU.

31 Nehmen Sie Stellung, ob und inwiefern die Karikatur zutreffend ist.

38 Licht am Ende des Tunnels?

3.8 Migration

Große Wanderbewegungen gab es schon immer auf dem afrikanischen Kontinent wie auch in anderen Erdteilen. Doch entgegen den öffentlichen Vorstellungen, dass der Großteil der afrikanischen Migrantinnen und Migranten nach Europa bzw. in die entwickelten Staaten des Nordens geht, findet die **Migration** überwiegend auf dem Kontinent statt. Hervorgerufen und verstärkt werden diese Migrationsbewegungen durch das Zusammenwirken verschiedener Ursachen.

Wirtschaftliche Gründe. Immer mehr Menschen verlassen ihren Wohnort, besonders in den ländlichen Regionen, weil sie der Armut entfliehen möchten. Das Einkommen dieser Familien reicht meistens nicht aus, um alle Familienmitglieder zu ernähren. Eine ineffiziente und ertragsarme Landwirtschaft sowie wachsende Bevölkerungszahlen führen dazu, dass fruchtbares Acker- und Weideland immer knapper wird und die Ernte nicht ausreicht, um die Familien zu ernähren. Unklare Bodenverhältnisse und eine ungerechte Verteilung verstärken das Phänomen.
Neben ineffizienten Anbaumethoden und schlechtem Saatgut sorgen klimatische Veränderungen wie lang anhaltende Dürreperioden oder massive Überschwemmungen für Ernteausfälle. So nehmen beispielsweise Hungersnöte in Malawi, Äthiopien, Kenia und Simbabwe zu.

Politische Gründe. Bad governance, politische und wirtschaftliche Instabilität sowie Rivalitäten zwischen Volksgruppen führen immer wieder zu gewaltsamen Konflikten bis hin zum Völkermord. Die meisten kriegerischen Auseinandersetzungen der letzten zwei Jahrzehnte fanden in Afrika statt, wie beispielsweise in Liberia, Ruanda, Sierra Leone oder dem Sudan. Die Menschen fliehen und suchen Zuflucht in Nachbarstaaten, die sie bei Kriegsende meist wieder verlassen, um in die Heimat zurückzukehren.
All das sind Gründe für Millionen Afrikaner, ihre Heimat zu verlassen und anderswo auf dem Kontinent Sicherheit zu suchen. Die Gesamtzahl der Emigranten aus allen afrikanischen Ländern südlich der Sahara stieg zwischen 2010 und 2017 um 31 Prozent. Dabei findet die Migration vor allem innerhalb dieses Großraumes statt. Allein in Afrika südlich der Sahara leben derzeit mehr als 25 Millionen Migrantinnen und Migranten aus den Nachbarstaaten – ganz normale Erwerbstätige, Saisonarbeiter und Flüchtlinge.

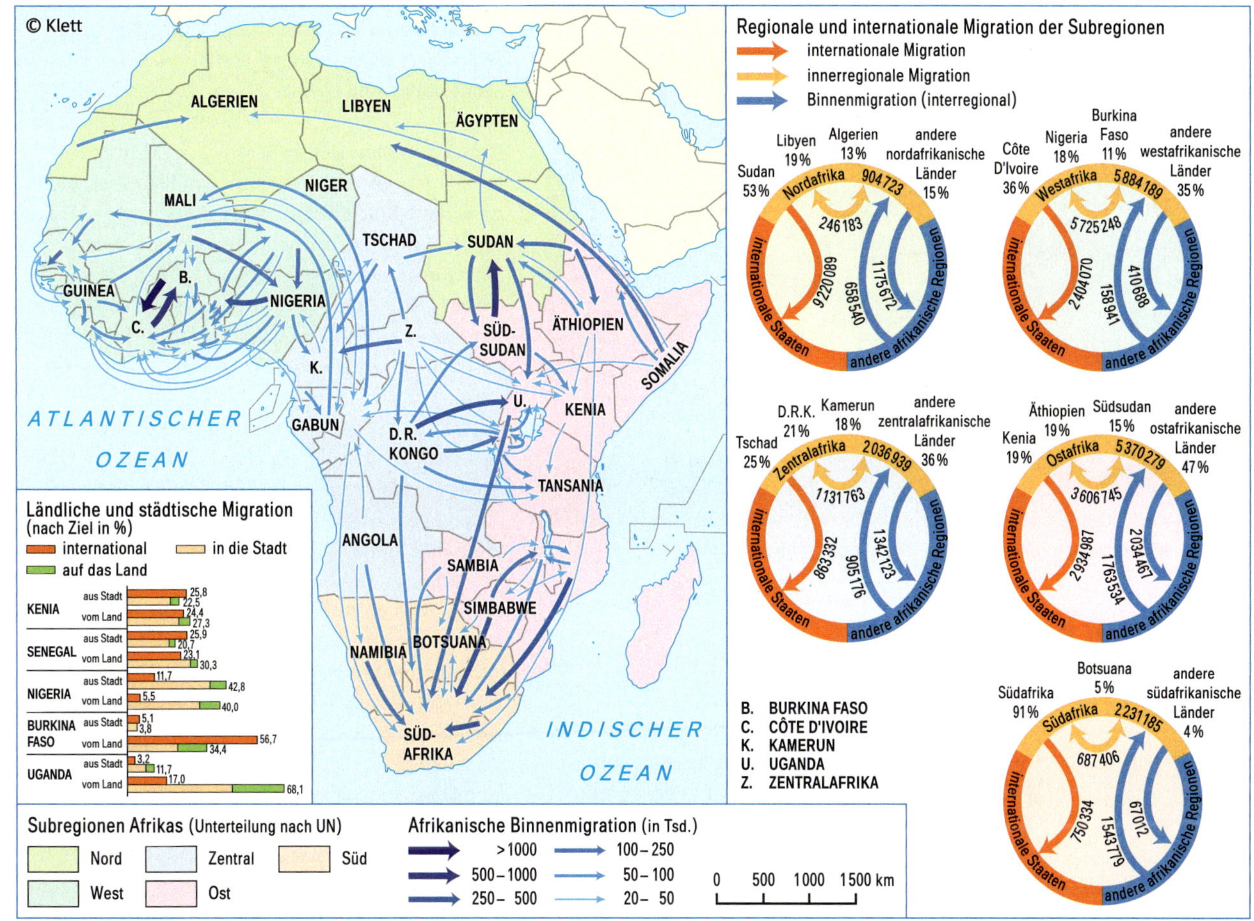

39 Afrika: Migrationsbewegungen im Jahr 2015
Food and Agriculture Organization of the United Nations and the Centre de Coopération Internationale en Recherche Agronomique pour le Développement: Rural Africa in motion – Dynamics and drivers of migration South of the Sahara. Rom: FAO/CIRAD 2017, S. 23

Perspektiven?

„[…] Der entscheidende Hebel zur Überwindung von Flüchtlingskrisen ist die Beseitigung der Fluchtursachen. In der entwicklungspolitischen Diskussion wird das schon seit vierzig Jahren so gesehen. Allerdings ohne Effekt. Im Gegenteil, die Push-Faktoren haben zugenommen und werden weiter zunehmen.
Durch die Globalisierung von Information und Kommunikation und die Erleichterung und Verbilligung von Mobilität haben gleichzeitig die Pull-Faktoren an Bedeutung gewonnen. Auch das Tempo der Prozesse hat eine historisch neue Qualität erreicht.
Migration und Flucht innerhalb und aus Subsahara-Afrika werden deshalb dauerhaft ansteigen. Kurzfristige Problemlösungen wird es nicht geben, es sei denn, dass plötzlich planvolles und kooperatives Handeln in großem Stil in internationalem Rahmen möglich würde. Aber das funktioniert schon bei der Regulierung der Finanzmärkte oder dem Klimawandel nicht. Notwendig wären Programme vom Typus des Marshall-Plans – freilich viel umfangreicher und ohne dessen geopolitische Intentionen. […]"

Peter Wahl: Subsahara-Afrika – Brennpunkt von Flucht und Migration, auf www.weltwirtschaft-und-entwicklung.org/downloads/wahlfluchtafrika.pdf, Okt. 2018

40

32 Beschreiben Sie die Migrationsbewegungen in Afrika.

33 Erläutern Sie die unterschiedlichen Gründe für die Migration.

34 Erklären Sie unterschiedliche Formen und Funktionen von Migration.

35 Nehmen Sie zur Absicht des Karikaturisten Stellung (Karikatur 38).

36 Entwickeln Sie Ansätze zur Überwindung der Fluchtursachen.

41 Überschwemmung in Kenia (Tana River County) im Jahr 2006

3.9 Klimafluch(t)

Neben wirtschaftlichen und politischen Gründen für Migration spielen umweltbedingte Faktoren eine immer größere Rolle: Umweltzerstörung und Klimaveränderung nehmen in Afrika zu und zwingen Menschen, ihre Heimatregionen zu verlassen. Die Wüste breitet sich aus, Flüsse und Brunnen versiegen und oft fällt der heißersehnte Regen zu gering oder zu massiv aus. Wälder werden für den Eigenverbrauch und für den Export abgeholzt. Hinzu kommt, dass vielerorts der Grundwasserspiegel sinkt oder das Wasser verunreinigt ist.

→ **Klimawandel** Seiten 60 - 63

Nach Einschätzungen des Weltklimarates (IPCC) ist Afrika der durch den **Klimawandel** am meisten bedrohte Kontinent. Dies liegt vor allem an den Auswirkungen des Klimawandels auf die Landwirtschaft - ein Sektor, der wie kein anderer vom Klima abhängig ist und von dem rund 70 Prozent der afrikanischen Bevölkerung leben. Der Klimawandel wird damit ebenso zur wirtschaftlichen, aber vor allem auch zur sozialen Frage.

Klimaflüchtlinge

Dürren, Missernten, Sturmfluten und steigender Meeresspiegel als Folge des Klimawandels können Millionen Menschen heimatlos machen. Bis 2050 könnten allein in Subsahara-Afrika 86 Millionen zur Umsiedlung gezwungen sein.

Klimawandel erfordert Anpassung der Landwirtschaft in Subsahara-Afrika

„Bäuerinnen und Bauern in Subsahara-Afrika müssen sich auf gewaltige Veränderungen einstellen, da der Klimawandel den Anbau wichtiger Nutzpflanzen stark beeinträchtigen wird. [...] Wenn keine Anpassungsmaßnahmen ergriffen werden, zum Beispiel indem Bauern auf andere Feldfrüchte umsteigen, Bewässerungssysteme verbessert werden oder im Extremfall auch die Landwirtschaft ganz aufgegeben wird, könnte der Klimawandel die Ernährungssicherheit und die Lebensgrundlage von Kleinbauern gefährden [...].

Mais, Bohnen und Bananen wird der Klimawandel besonders stark zusetzen. Bis zu 30 % der Mais- und Bananenanbaugebiete und 60 % der Gegenden, in denen Bohnen wachsen, werden den Forschern zufolge am Ende des Jahrhunderts für den Anbau dieser Nutzpflanzen wegfallen. Etwa 1,85 Millionen Hektar in Uganda und Tansania, auf denen aktuell Bohnen wachsen und die 40 % des Bohnenbedarfs von ganz Subsahara-Afrika decken, werden sich im Jahr 2100 nicht mehr für den Bohnenanbau eignen. [...] Bananenanbaugebiete in Westafrika und Maisgegenden im südlichen Afrika, z. B. in Namibia, Botsuana oder Simbabwe, müssen schon in den nächsten zehn Jahren umsteuern.

Mögliche Anpassungsstrategien für Subsahara-Afrika sehen abhängig von den jeweiligen Bedingungen vor Ort ganz unterschiedlich aus [...]. Traditionelle Pflanzensorten wie Hirse, Sorghum, Maniok, Erdnuss und Yams seien eine sichere Alternative, da sie Hitze und Trockenheit deutlich besser vertragen als Mais oder Weizen. Bei der Anpassung an den Klimawandel helfen können auch Verbesserungen bei der Bewässerung oder spezielle Beratungsdienste für Bauern. [...] Uganda [gilt] als Beispiel für eine erfolgreiche Anpassung. Dort habe der Mischkulturanbau von Banane und Kaffee das Einkommen von Landwirten um 50 % erhöht und sie widerstandsfähiger gegenüber den Folgen des Klimawandels gemacht. Manche Gebiete in Subsahara-Afrika werden nach den Berechnungen der Forscher in knapp 100 Jahren aber vollkommen ungeeignet für die Landwirtschaft sein. Für diese Areale gilt es, Alternativen zu entwickeln, um der Bevölkerung ein Auskommen zu ermöglichen – zum Beispiel durch die Entwicklung touristischer Potenziale [...].“

Nach Zukunftsstiftung Landwirtschaft GLS Treuhand e.V.: Klimawandel erfordert Anpassung der Landwirtschaft in Subsahara-Afrika, v. 14.03.2016, auf www.weltagrarbericht.de/aktuelles/nachrichten/news/de/31745.html, Okt. 2018

42

Mögliche Klimaflüchtlinge im Jahr 2050

43

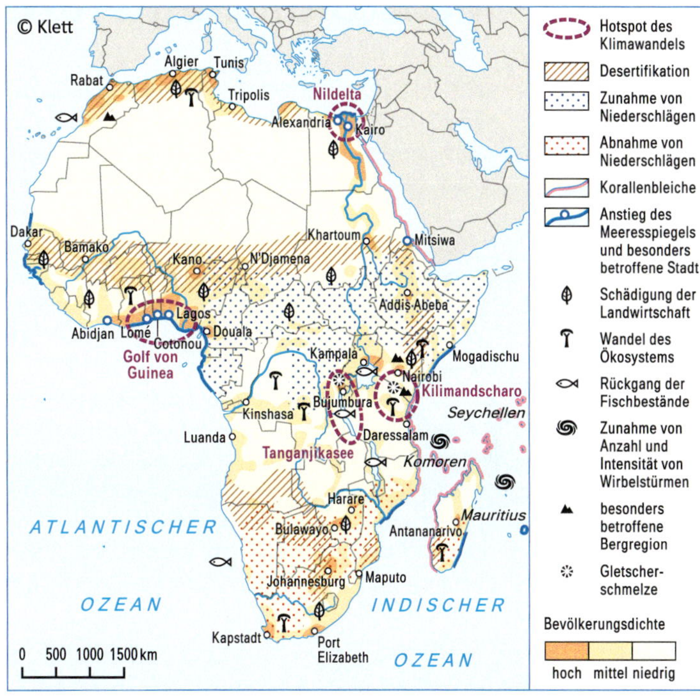

45 **Folgen des Klimawandels für den afrikanischen Kontinent**
International Organization for Migration (IOM): Regional Maps on Migration, Environment and Climate Change, auf https://environmentalmigration.iom.int/maps, Okt. 2018

44 **Dürre in Kenia (Turkana County) im Jahr 2009**

46 **Verdurstete Rinder nach einer Dürre in Äthiopien**

37 Beschreiben Sie die Folgen des Klimawandels für den Kontinent Afrika.

38 Erläutern Sie aus der Sicht eines Bauern aus Uganda die Folgen des Klimawandels.

39 Beurteilen Sie die Strategien für die Landwirtschaft zur Anpassung an den Klimawandel.

40 Entwickeln Sie ein Wirkungsschema für die Ursachen und Folgen des Klimawandels in Afrika.

4 Mensch-Umwelt-Prozesse

So vielfältig der afrikanische Kontinent südlich der Sahara ist, so vielschichtig sind auch die Probleme, wobei die Ursachen für die Probleme einerseits natürlicher Art, andererseits vom Menschen gemacht sind.

In den äußerst heterogenen Staaten südlich der Sahara leben mehr als 2000 ethnische Gruppen mit etwa ebenso vielen Sprachen, unterschiedlichen Traditionen und Kulturen sowie unterschiedlichen Meinungen und Interessen.

Dürren, die sich durch die Auswirkungen des Klimawandels in einigen Regionen noch verstärken werden, führen oft zu Ernteausfällen. Ohnehin sind die Böden unterschiedlich ertragreich. Selbst in zahlreichen Staaten, deren Volkswirtschaften stark von der Landwirtschaft geprägt sind, werden nicht immer die nötigen Erträge erreicht, um die eigene Bevölkerung ernähren zu können. Der in einigen Staaten auftretende Landraub kann die Ernährungsprobleme zusätzlich verschärfen.

Die Wirtschaft eines Großteils der Staaten ist ferner durch Monokulturen und eine einseitig auf Rohstoffe ausgerichtete Exportstruktur geprägt. Wer profitiert überhaupt von den Exporteinnahmen? Sind einzelne Staaten wegen ihrer korrupten Eliten selbst schuld daran, dass die Lösung der Probleme auf sich warten lässt? Was unternehmen die Menschen vor Ort, um mit den Schwierigkeiten fertig zu werden bzw. wie sehen deren Lösungsansätze aus? Gefragt werden muss in diesem Zusammenhang aber auch, was passiert, wenn die Probleme nicht gelöst werden und was wir eigentlich damit zu tun haben.

1 Erdölpipeline in Nigeria

2 Dürre und Hunger in Somalia

3 Landgrabbing im Südwesten von Äthiopien

Kompetenzen erwerben

- Geographische Informationen in topografische Orientierungsraster einordnen;
- raumprägende physisch-geographische Faktoren erklären;
- bad governance als entwicklungshemmenden Faktor herausarbeiten;
- Nutzungsformen in der Landwirtschaft hinsichtlich ihrer Auswirkung auf den Raum beurteilen;
- Rohstoffe als Entwicklungsfaktor und Konfliktpotenzial erörtern;
- Nachhaltigkeitsprobleme in der land- und forstwirtschaftlichen Nutzung am Beispiel der Sahelzone erläutern;
- fachliche und argumentative Stärken und Schwächen anderer beurteilen;
- Eingriffe in Ökosysteme unter dem Aspekt der nachhaltigen Nutzung bewerten;
- erörtern, inwiefern es sich beim Landgrabbing um eine moderne Form des Landraubs handelt;
- Folgen des Klimawandels für die Subsahara-Staaten beurteilen.

4.1 Natürlich benachteiligt?

Klima

Immergrüne Regen- und Feuchtwälder charakterisieren die inneren Tropen. Dabei zeichnen sich die Tiefländer in Äquatornähe durch große Luftfeuchtigkeit, stärkere, über das ganze Jahr verteilte Niederschläge und hohe Temperaturen mit einer geringen Amplitude aus. Feste Grenzen zwischen den einzelnen Vegetationszonen gibt es nicht. Starke Niederschläge waschen Nährstoffe aus, sodass es zu einer Verarmung der oberen Bodenhorizonte kommt. Ausgedehnte Krustenbildungen (Lateritisierung) erschweren die agrarische Nutzung.
In den Trockensavannen nehmen die Temperatur- und Niederschlagsamplituden zu. Die Trockenzeit bewirkt eine Wachstumsruhe der Vegetation. 8,5 - 10 aride Monate verlangen von den Pflanzen eine besondere Anpassung: reduzierte Blattoberflächen, Dornen, Fähigkeit zur Wasserspeicherung und dicke Rinden. An der Trockengrenze der Ökumene folgen die Zonen der Halb- und Vollwüsten. Hier fehlt eine geschlossene Vegetationsdecke. In den außertropischen Gebieten herrschen wintergrüne Hartlaubgewächse vor.

Böden

Eine Bestandsaufnahme über den Zustand der Böden in Subsahara-Afrika ist ernüchternd: Es fehlen in vielen Regionen humusreiche, mit Würmern und anderen Bodenorganismen durchsetzte, nährstoffreiche Böden. Nahezu 500 Millionen Hektar sind durch **Bodendegradation** stark bedroht. Bezieht man die klimatisch bedingten und von Menschenhand verursachten Veränderungen in Wüsten- und Bergregionen mit ein, so gelten über 22 Prozent der Landfläche Afrikas als stark bedroht. Überweidung ist die häufigste Ursache des von Menschen verursachten Degradationsprozesses in Afrika, gefolgt von landwirtschaftlichem Missmanagement und Entwaldung - vor allem der Regenwälder.
2015 waren schätzungsweise 180 Millionen Menschen in Subsahara-Afrika von der Bodendegradation betroffen, die aufgrund ausbleibender Ernteerträge wirtschaftliche Verluste in Höhe von etwa 68 Milliarden US-Dollar erlitten.

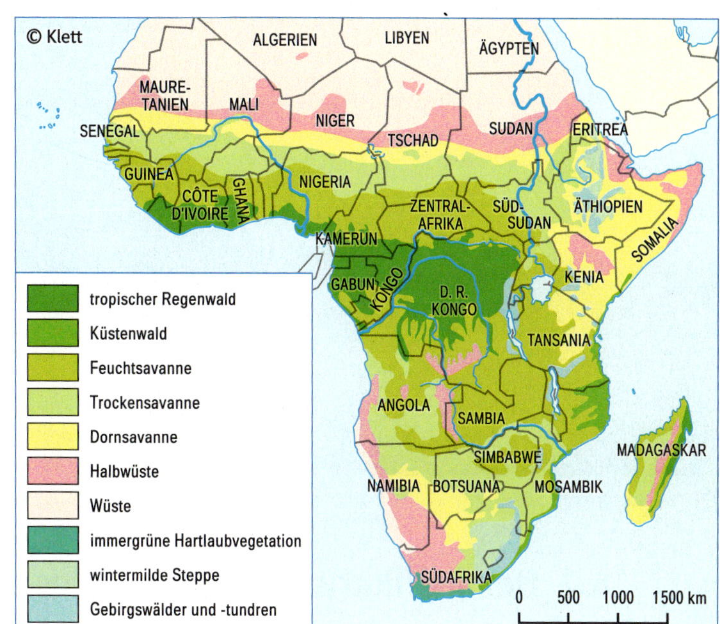

4 Subsahara-Afrika – Natürliche Vegetation

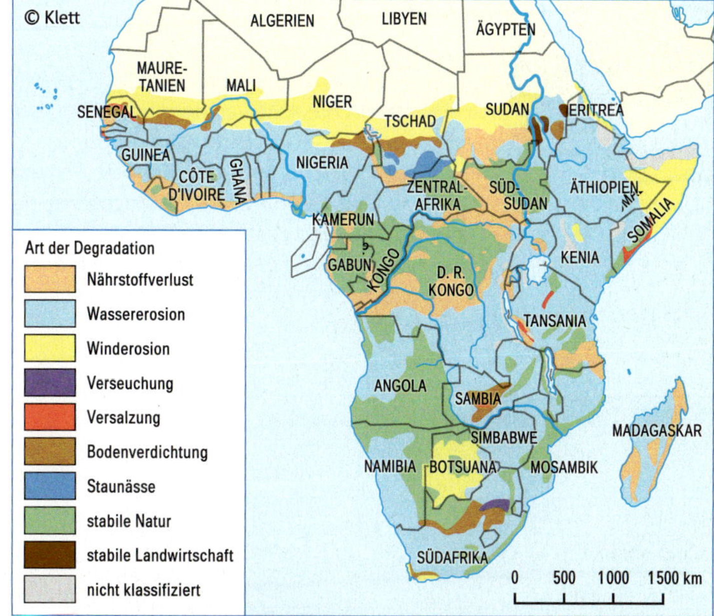

5 Subsahara-Afrika – Bodendegradation
Nach AGRICULTURE FOR IMPACT, The Montpellier Panel, December 2014 - No Ordinary Matter: Conserving, Restoring and Enhancing Africa's Soils. London o.V. 2014, Umschlaginnenseite

1 Beschreiben Sie die räumliche Verbreitung der Bodendegradation.

2 Erörtern Sie, ob und inwiefern der Raum südlich der Sahara natürlich benachteiligt ist.

6 Staubsturm im Sahel

Klimadiagramm Ouagadougou (Burkina Faso)

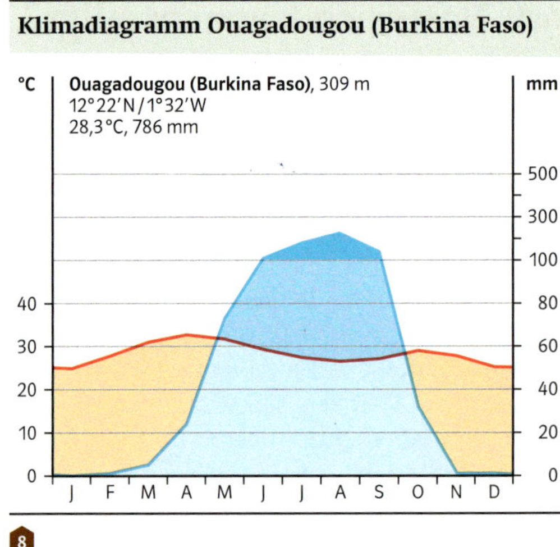

8

4.2 Desertifikation – ein lösbares Problem?

17.06.2019
Welttag zur Bekämpfung der Wüstenbildung und Dürre. Ziel des Welttages ist es, die Wüstenbildung zu verhindern und eine Erholung von der Dürre zu ermöglichen.

Bedingt durch Klimaschwankungen haben sich Wüsten im Laufe der Geschichte der Erde schon immer gebildet. Der natürliche Prozess der Wüstenbildung wird aber heute durch den Einfluss des Menschen beschleunigt und verstärkt. Dieser menschengemachte Anteil an der Ausbreitung der Wüsten wird auch als **Desertifikation** bezeichnet. Die Prozesse, die zur Desertifikation führen, können sich ab einem gewissen Punkt so stark gegenseitig verstärken, dass nicht mehr entgegengewirkt werden kann, weshalb sie manchmal auch mit einem sich unkontrolliert ausbreitenden Krebsgeschwür verglichen werden.

Burkina Faso – Entwicklung des Agrarsektors

	1977	1997	2017
Bevölkerung (in 1 000)	5 625	10 090	20 108
Rinder (in 1 000)	2 600	4 522	9 091*
Ziegen (in 1 000)	2 556	7 914	14 687
Schafe (in 1 000)	2 300	6 207	9 278*
Schweine (in 1 000)	159	1 064	2 345*
Kamele (in 1 000)	11	14	19
Ackerfläche (in 1 000 ha)	2 216	3 380	6 000
Baumwollfasern (in t)	13 646	144 104	265 500*
Hirse (in 1 000 t)	399	734	973

* Daten für 2014; ergänzt nach Food and Agriculture Organization of the United Nations: FAOSTAT, auf www.fao.org/faostat/en/#compare, Okt. 2018

7

Zahlreiche Erosionsschutz- und Wiederaufforstungsprojekte, die u.a. den Bau von Steinreihen, Maßnahmen zur Kompostierung, Baumpflanzungen und die Verwendung holzsparender Öfen beinhalteten, brachten zwar vereinzelte Erfolge, dennoch kann von einer umfassenden Problemlösung bislang nicht gesprochen werden.

Fallbeispiel Burkina Faso

Ein hohes Bevölkerungswachstum führte in dem 274 200 km² großen Burkina Faso zu einer Zunahme der Viehhaltung durch **Nomaden** und zur Ausweitung von Ackerflächen, sodass es, in Verbindung mit teilweise unangepassten Nutzungsweisen, zu einer Übernutzung der Böden und der Vegetation kam. Die Zeit zur Regeneration der Böden verkürzte sich stetig. Berechnungen zufolge verringert sich das landwirtschaftliche Bruttoinlandsprodukt Burkina Fasos aufgrund der Desertifikation und anderer Formen der Landdegradation um 20 Prozent.
Trotz Skepsis bei den Bauern und Protesten wurde 2007 der Anbau von gentechnisch veränderter Baumwolle beschlossen. Dies sollte helfen, die Produktionskosten zu senken. 2012 wurde der Anbau sogar durch einen Kredit internationaler Banken in Höhe von rund 76 Mio. Euro unterstützt. 2015 stieg Burkina Faso zum größten Baumwollproduzenten in Afrika auf. Aufgrund der schlechten Baumwollqualität gab es jedoch Absatzprobleme. Die burkinische Regierung hat daraufhin beschlossen, die Flächen zur Baumwollproduktion wieder konventionell zu bewirtschaften.

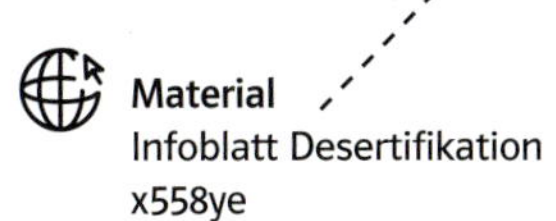

Bodenabtragung und Vegetation

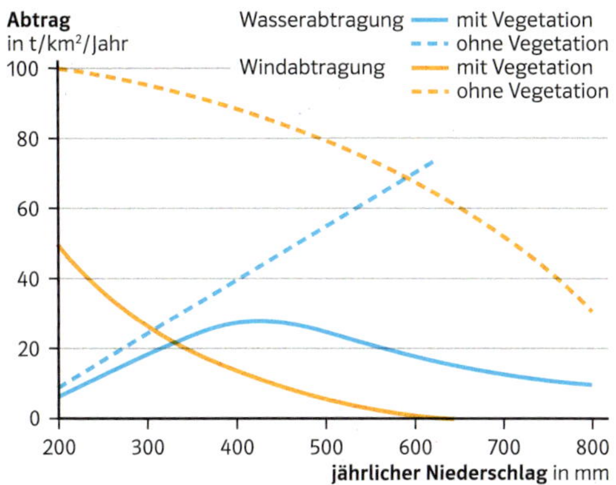

9

Von trocken zu nass: In Afrikas Sahelzone könnte es plötzlich viel mehr regnen

„[…] Regionen wie die zentralen Teile Malis, des Nigers und des Tschads – die im Grunde Teil der Sahara sind – könnten so viel Regen abbekommen wie heute das zentrale Nigeria oder der Norden Kameruns, wo ein tropisches Klima mit üppigem Pflanzenwuchs herrscht. […] Die Forscher entdeckten, dass in […] Simulationen mit der Erwärmung der Afrika umgebenden Ozeane der Regen im Sahel plötzlich und stark zunimmt. Zugleich werden die Monsunwinde stärker, die vom Atlantik ins Innere des Kontinents wehen, und sie reichen weiter nordwärts. […]

Die ungeheure Veränderung […] würde eine große Herausforderung für den Sahel darstellen […]. Von Mauretanien und Mali im Westen bis zu Eritrea und dem Sudan im Osten sind möglicherweise mehr als 100 Millionen Menschen hiervon betroffen. Die Region ist schon heute instabil mit heftigen Auseinandersetzungen und Kriegen. Besonders in der Übergangszeit von der heute herrschenden Trockenheit zu den wahrscheinlich viel nasseren Bedingungen Ende unseres Jahrhunderts könnte der Sahel Jahre der Schwankungen zwischen Dürre und Flut durchleben, mit denen sehr schwer zurechtzukommen ist. […]“

Potsdam-Institut für Klimafolgenforschung e.V. (PIK): Von trocken zu nass: In Afrikas Sahelzone könnte es plötzlich viel mehr regnen. In: Pressemitteilung des PIK vom 06.07.2017, auf www.pik-potsdam.de/aktuelles/pressemitteilungen/von-trocken-zu-nass-in-afrikas-sahelzone-koennte-es-ploetzlich-viel-mehr-regnen, Okt. 2018

10

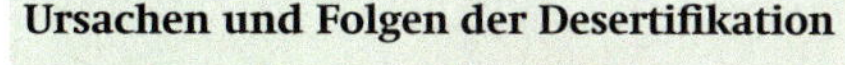

Ursachen und Folgen der Desertifikation

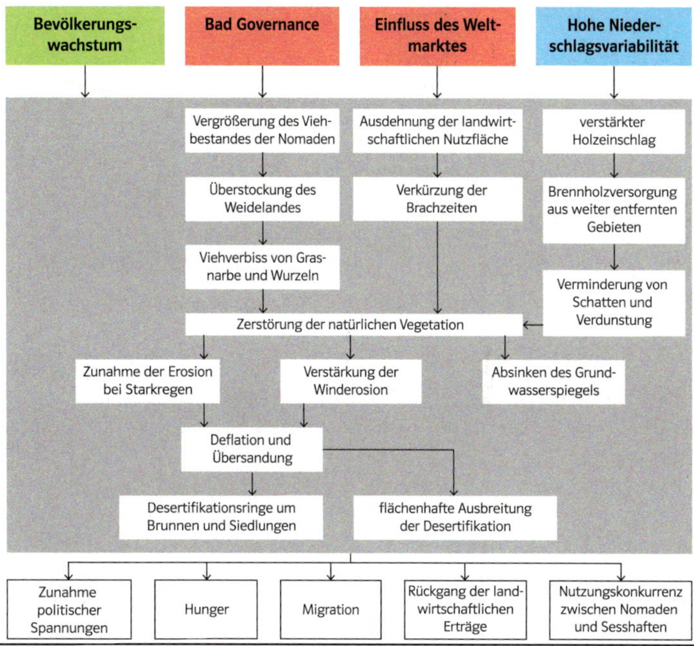

11

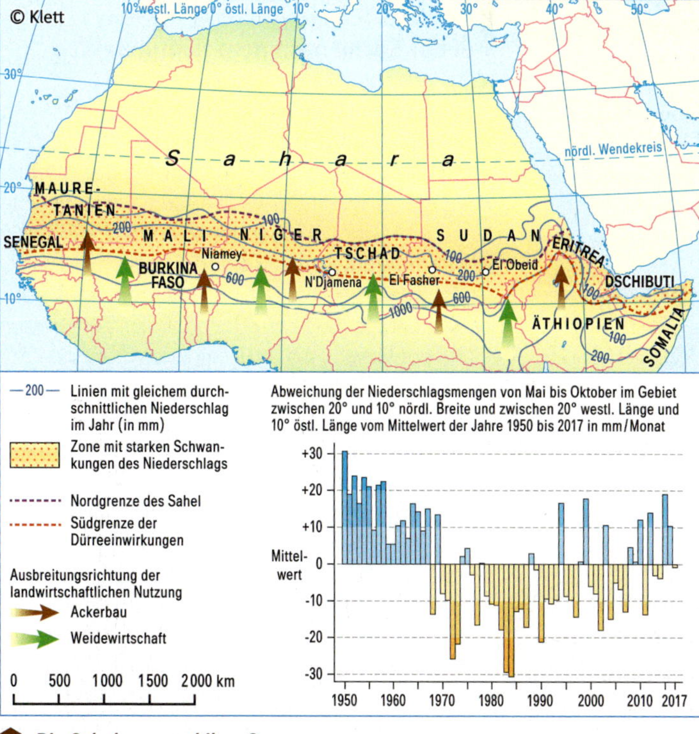

12 Die Sahelzone und ihre Grenzen

3 Stellen Sie die Rahmenbedingungen der landwirtschaftlichen Nutzung in Burkina Faso dar.

4 Erläutern Sie die Entwicklung des Agrarsektors in Burkina Faso.

5 Erklären Sie, warum man im Sahel von anthropogenen Ursachen des Desertifikationsprozesses sprechen kann.

13 Pflanzaktion an der Grünen Mauer am Rande von Khartoum (Sudan), 2017

Klimaexperte: Afrika braucht „Grüne Mauer“
Deutsche Welle vom 14.06.2017

Afrikas „Grüne Mauer“: Mit Bäumen gegen Terrorismus und Migration?
EURACTIV.de vom 26.08.2016

Projekt gegen Wüstenbildung – Eine Mauer, die verbinden soll
Der Tagesspiegel vom 10.05.2016

Progression du Sahara: le projet vertigineux de la Grande muraille verte
www.francetvinfo.fr vom 16.10.2017

14 Aus den Medien

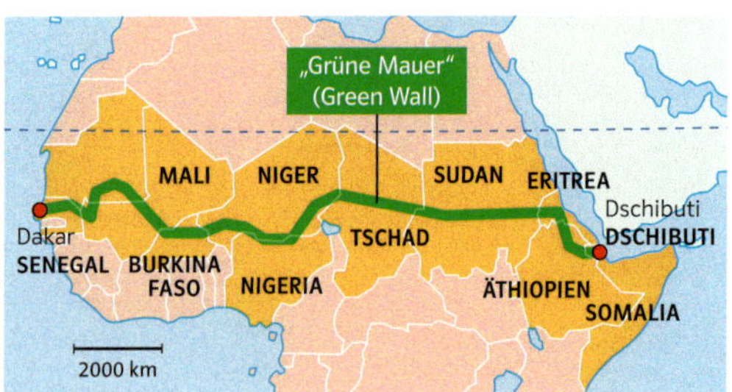

15 Verlauf der Grünen Mauer

Auf der Suche nach dem richtigen Weg

Als Therapie gegen die Desertifikation, und damit das **Sahel-Syndrom**, haben die UN 2010 die „Dekade für Wüsten und die Bekämpfung der Wüstenbildung“ ausgerufen. Es wurden verschiedene Maßnahmen beschlossen, die in nationale Aktionsprogramme umgesetzt werden sollen. Diese Herangehensweise, der sogenannte Bottom-up-Ansatz, beruht darauf, dass betroffene Länder gemeinsam Pläne entwickeln. Bis 2025 soll das Vordringen der Sahara aufgehalten werden. So jedenfalls sieht es ein Projekt aus dem Jahr 2007 vor. Mittels einer bis zu 15 Kilometer breiten und rund 7100 Kilometer langen Barriere aus Bäumen wollen die elf afrikanischen Länder Senegal, Mauretanien, Burkina Faso, Mali, Nigeria, Niger, Tschad, Sudan, Eritrea, Äthiopien und Dschibuti der Wüstenausbreitung wirksam entgegentreten. Finanziell unterstützt wird das Projekt mit über zwei Milliarden US-Dollar von den Vereinten Nationen und der Weltbank.

Afrikas Grünstreifen

„[...] 2012 haben [...] französische Wüstenexperten [...] Fehleinschätzungen in dem ursprünglichen Plan für den Sahelwald aufgedeckt. Es sei falsch, die Wüste als eine Krankheit zu beschreiben, die ihre Umgebung anstecke und bekämpft werden müsse. Die Sahara sei vielmehr ein gesundes und wertvolles Ökosystem. Außerdem sei nicht ihr Sand die Ursache für die Wüstenbildung in der Sahelzone, verantwortlich seien vielmehr geringer Niederschlag, eine hohe Bevölkerungsdichte und unausgewogene Landwirtschaft. ‚Ein Gürtel von Bäumen kann Wüstenbildung nicht stoppen, besonders in einem Gebiet mit weniger als 400 Millimetern Niederschlag pro Jahr‘, sagt auch [Chris Reij vom World Resources Institute in Washington].
[...] Solch ein Plan funktioniert nur, wenn man die Menschen miteinbezieht sowie Rücksicht auf ihren Lebensstil und ihre Einkünfte nimmt. [...] Für den Agrarexperten Reij geht es daher weniger darum, massenhaft Bäume zu pflanzen, als vielmehr viele kleine, in den Dorfgemeinschaften verwurzelte Projekte zu unterstützen und existierende Baumbestände zu erhalten. Er selbst hatte ein Schlüsselerlebnis, als er [...] in die Maradi-Region des Niger reiste. Weitgehend unbemerkt vom Westen hatten die Farmer dort Abertausende Hektar mit jungen Bäumen bestückt. In ihrer Studie berichten Reij und Tappan, ‚dass die Kleinbauern in diesem dicht besiedelten Teil des Nigers Baumsprösslinge, die spontan auf ihrem Farmland wuchsen, aufzogen und kultivierten.‘ Über eine Periode von 20 Jahren hatten sie Reij zufolge dem Land rund 200 Millionen neue Bäume hinzugefügt – ‚ohne einen einzigen selbst zu pflanzen‘. Die Bodenqualität stieg, die Ernten erhöhten sich. ‚Die Kleinbauern haben keine große grüne Mauer geschaffen, sondern etwas Besseres: eine große grüne Landschaft‘, sagt Reij und bekräftigt, dass nur so der Wüstenbildung Einhalt geboten werden könne. [...]
Mittlerweile hat die Afrikanische Union ihr Programm angepasst. Offiziell heißt es zwar immer noch ‚Great Green Wall‘. Aber die Verantwortlichen sprechen mittlerweile lieber von einem Mosaik als von einer Mauer. [...] Die bisherigen Erfolge geben ihnen recht: Laut Projektkoordinator Tangem sind 15 Prozent der ursprünglich geplanten Bäume gepflanzt, etwa im Senegal und in Burkina Faso. [...]“

Roman Goergen: Afrikas Grünstreifen. In: Technology Review vom 07.06.2017, auf www.heise.de/tr/artikel/Afrikas-Gruenstreifen-3664743.html?seite=all, Okt. 2018

16

17 **Anlage von Steinmauern entlang der Höhenlinien in der Provinz Yatenga im Norden von Burkina Faso**

Einerseits soll verhindert werden, dass der Wind fruchtbaren Boden ausbläst. Andererseits soll die Feuchtigkeit in Luft und Boden erhöht werden, dadurch ist eine Verbesserung der landwirtschaftlichen Nutzung möglich. Langfristig sollen Nahrungsmittel sowie Arbeitsplätze und damit eine Zukunft für Millionen von Menschen geschaffen und somit Abwanderung verhindert werden.

Befürworter verweisen auf erste Erfolge im Norden des Senegals. Hier konnten 2013 bereits Tomaten und Auberginen geerntet werden. Hinter dem Projekt stehen zwar zahlreiche internationale und nationale Organisationen, von entscheidender Bedeutung ist jedoch, dass eine große Zahl lokaler Gruppen an den Entscheidungen und der Umsetzung der Vorhaben aktiv beteiligt wird. Es ist unstrittig, dass Bäume den Grundwasserspiegel anheben und **Bodenerosion** verhindern können; die Zahl der Kritiker hat dennoch zugenommen. Ihrer Ansicht nach ist die Grüne Mauer die Fortsetzung der Entwicklungshilfepolitik alter Prägung und wird als ökologischer Unsinn eingestuft, da beispielsweise nur jeder vierte Setzling die erste Trockenzeit überstehen würde.

Landwirte bezwingen die Wüste

„[...] Der Landwirt Yacouba Sawadogo [hat] eindrucksvoll demonstriert, wie auf totem Land neues Leben entstehen kann. Der Mittsiebziger aus dem Dorf Gourga im Norden von Burkina Faso hat in den letzten 30 Jahren ein blühendes Paradies erschaffen. Auf der 15 Hektar großen Fläche, die Mitte der 1980er-Jahre als völlig unfruchtbar galt, wachsen heute 60 verschiedene Bäume und Sträucher.

Sawadogo gilt spätestens seit der Dokumentation ‚The Man Who Stopped the Desert' des britischen Filmemachers Mark Dodd als Legende. Die Grundlage für Sawadogos Erfolgrezept bildet die traditionelle Anbautechnik Zaï. Dabei werden Löcher in den harten Boden gegraben, in denen sich während der Regenzeit Wasser sammelt und der Aussaat Feuchtigkeit spendet. Yacouba Sawadogo hat das Zaï-System entscheidend verbessert. Er gräbt größere Löcher und füllt sie mit Kompost auf, um die Feuchtigkeit besser speichern zu können. Die Qualität des Komposts wird durch den Einsatz von Termiten erhöht. Niedrige Steinreihen regulieren den Wasserfluss während der Regenzeit, damit das Oberflächenwasser besser aufgenommen werden kann.

Nach Angaben von Le Monde diplomatique wird die von Sawagodo entwickelte Technik in der Zwischenzeit von Hunderttausenden Bauern in der Sahelzone angewendet. In Burkina Faso und den Nachbarstaaten Niger und Mali wurden dadurch Millionen Hektar Ödland in fruchtbare Gebiete verwandelt. [...]"

Busani Bafana: Landwirte bezwingen die Wüste. In: afrika.info vom 22.06.2017, auf https://afrika.info/newsroom/simbabwe-burkina-faso-landwirte-bezwingen-die-wueste/, Okt. 2018

18

Neue Landnutzungsformen als Maßnahme gegen die Desertifikation

Phase 1: Anlegen von Steinwällen parallel zu den Höhenlinien, Errichtung eines Steindammes, Aufbau einer Abflussvorrichtung im mittleren Bereich.

Phase 2: Anpflanzung von Hecken entlang der Nutzergrenzen sowie entlang der Wege und Pfade. Schutz und Anpflanzung von Bäumen im Kulturland, schonende Bewirtschaftung des Buschlandes auf dem Plateau.

Phase 3: Anpflanzung von Hecken entlang der Parzellengrenzen, Einrichtung von Grünstreifen innerhalb der Parzellen.

Phase 4: Verbesserung der Kulturtechniken und der Rotation, Anbau von Futterpflanzen, Produktion von organischem Dünger.

Nach Thomas Krings: Probleme der Nachhaltigkeit in der Desertifikationsbekämpfung. In: Geographische Rundschau 1994, H. 10, S. 548

19

6 Beschreiben Sie den Verlauf der Grünen Mauer.

7 Erläutern Sie die traditionellen Methoden, die Ernten im Sahel ermöglichen.

8 Erörtern Sie, ob und inwiefern ein Schutzwall aus Bäumen eine sinnvolle Maßnahme zur Bekämpfung der Desertifikation ist.

4.3 Landgrabbing – eine moderne Form des Landraubs?

Auszug aus einem Informationsprospekt für Wertpapieranleger
„Agrarsektor – Geldspeicher mit Wachstumsperspektive:
Unabhängig von einem möglichen Anstieg der Inflationsraten und dem damit verbundenen Wertsteigerungspotenzial der Sachwerte ist für den landwirtschaftlichen Sektor von einem deutlich ansteigenden Preisniveau für Agrarflächen auszugehen. Analysten sprechen bereits von einem ‚Megatrend Landwirtschaft'. Diese Einschätzung kann durch verschiedene globale Entwicklungen unterlegt werden:
- weiterer Anstieg der Weltbevölkerung [...],
- Reduzierung der verfügbaren landwirtschaftlichen Flächen [...],
- steigende Nachfrage nach Fleisch [...],
- Bedeutung der Biomasse als Energieträger steigt [...].

Deutlicher Wertzuwachs erwartet:
Angesichts der steigenden Nachfrage nach Ackerflächen, bei gleichzeitig abnehmendem Angebot, ist von einer hohen Preisstabilität landwirtschaftlicher Flächen auszugehen. Agrarspezialisten prognostizieren aufgrund der vorgenannten Rahmenbedingungen überproportionale Wachstumsperspektiven. [...]"

Realkapital KGaA: Reale Werte für reales Wachstum.
Braunschweig: Realkapital KGaA o.J., S.10

20

TOP 20 der weltweit in Landwirtschaftsflächen investierenden Staaten

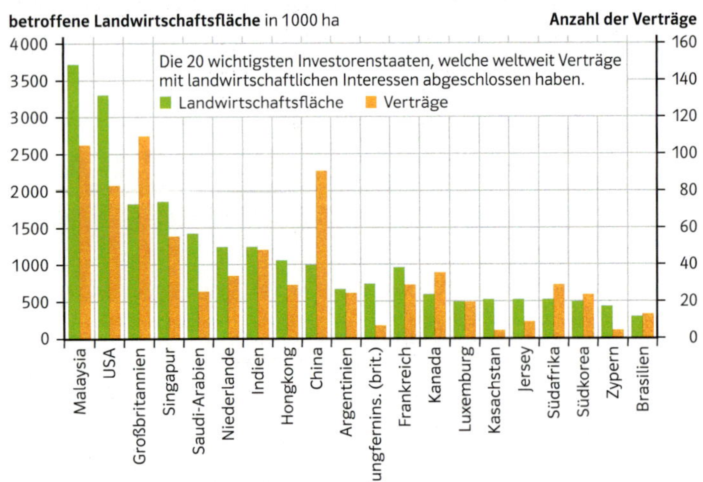

Kerstin Nolte, Wytske Chamberlain, Markus Giger: International Land Deals for Agriculture. Fresh Insights from the Land Matrix: Analytical Report II. Bern, Montpellier, Hamburg, Pretoria: Centre for Development and Environment, University of Bern; Centre de coopération internationale en recherché agronomique pour le développement; German Institute of Global and Area Studies; University of Pretoria 2016, S. 22

21

Seit der Finanzkrise 2008 interessieren sich Investoren, ausländische Unternehmen und lokale Eliten verstärkt für neue Geschäftsfelder. Einerseits haben steigende Nahrungspreise und der Anbau von Energiepflanzen, Getreide, Kaffee oder Nutzhölzern den Landkauf begünstigt, andererseits sehen Spekulanten in den Landwirtschaftsflächen lukrative Anlagemöglichkeiten. Eine Studie der Weltbank geht davon aus, dass allein in Afrika fast fünf Prozent der landwirtschaftlichen Nutzfläche von ausländischen Investoren aufgekauft worden ist, was der Fläche Kenias entspricht. Allerdings ist das wahre Ausmaß nur schwer einzuschätzen.

Die Verträge werden über die Köpfe der Dorfbewohner hinweg mit den staatlichen Behörden geschlossen. **Landgrabbing** verursacht ökonomische, soziale und ökologische Probleme. Industrialisierte, auf Monokulturen ausgerichtete landwirtschaftliche Produktionsformen führen zur Rodung von Wäldern, zu einem erhöhten Wasserverbrauch, dem Einsatz von Chemikalien sowie oft auch dem Einsatz gentechnisch veränderten Saatguts.

Neben den kritischen Stimmen, die Landgrabbing als neue Welle des Kolonialismus bezeichnen, gibt es aber auch Fürsprecher sogenannter Landinvestitionen. Diese verweisen auf mögliche Vorteile, wie z. B. die Schaffung von Arbeitsplätzen für die lokale Bevölkerung, was zur Reduzierung der Armut führen könnte. Durch einen Know-how-Transfer sowie die Einführung neuer Technologien gäbe es Verbesserungen in der Qualität der landwirtschaftlichen Produktion und damit könnte die Nahrungsmittelversorgung gewährleistet werden. Innovationen ermöglichten eine höherwertige Verarbeitung der Produkte. Die Regierungen erhielten Einnahmen, die sie reinvestieren könnten. Befürworter sprechen somit von einer Win-win-Situation, sowohl für die Investoren als auch für die Bevölkerung.

22 **„Chinesische Investitionen"**

Sambia: Landraub als Entwicklungshilfe

„[...] Sambias Regierung vergibt seit Jahren große Stücke Ackerland an einheimische und ausländische Investoren, um die Exporteinnahmen zu erhöhen. Als Folge davon werden Bewohner von ihrem Land vertrieben, weil es an große Agrarkonzerne verkauft wurde. Oft ohne Kompensation, wie es das Gesetz vorsieht, gelegentlich sogar ohne Vorwarnung. Europäische Organisationen und Konzerne beteiligen sich an diesem Landraub, hat die Non-Profit-Organisation FIAN dokumentiert.

Die Kleinbauern werden obdachlos, leben in Zelten oder bekommen ein minderwertiges Stück Land zugewiesen. Einige wandern sogar ins Gefängnis, weil sie weiter auf dem Land leben, auf denen schon ihre Eltern gewirtschaftet haben.

Neben Bergbau ist die Landwirtschaft der wichtigste wirtschaftliche Pfeiler Sambias. Ein Großteil der Bevölkerung lebt vom und auf dem Land. 60 Prozent der landwirtschaftlichen Betriebe sind Klein- und Kleinstbetriebe. Zusammen produzieren sie 85 Prozent der Nahrungsmittel, vor allem Hirse und Mais, aus dem das Nationalgericht Nshima hergestellt wird. Der Maisbrei ist die Grundlage der meisten Mahlzeiten. Tabak, Zuckerrohr, Erdnüsse und Baumwolle werden zum Verkauf angebaut, Gemüse wird auf dem Markt verkauft, wenn es Überschüsse gibt. Traditionell wird das Land kollektiv bewirtschaftet.

Um konkurrenzfähig zu werden, will das Land mechanisierte Landwirtschaft im großen Stil. Die Entwicklung großer Farmen mit mehreren Hundert oder Tausend Hektar wird massiv gefördert. Im Zuge einer Landreform werden große Gebiete in Staatseigentum überführt und an einheimische wie ausländische Investoren verkauft. Der Käufer verpflichtet sich im Gegenzug die Übernahme einvernehmlich zu regeln und die Bewohner zu entschädigen. [...] Bewohner, die zwangsumgesiedelt wurden, bekamen minderwertige Flächen zugewiesen und können sich nicht mehr selbst ernähren. Sie leben weit entfernt von Wasserstellen oder Schulen, obwohl es in Sambia eine Schulpflicht gibt. [...]"

Infosperber: Sambia: Landraub als Entwicklungshilfe. In: Infosperber vom 06.11.2017, auf www.infosperber.ch/Wirtschaft/Sambia-Landraub-als-Entwicklungshilfe, Okt. 2018

23

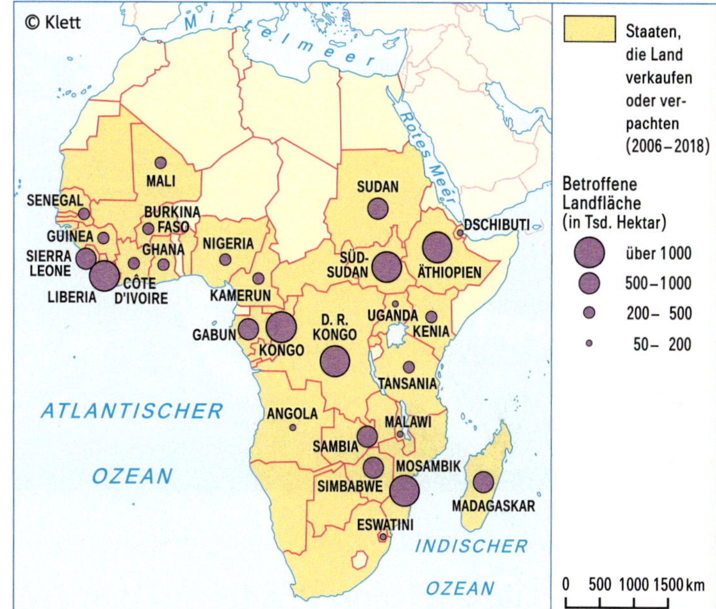

24 **Landgrabbing in Subsahara-Afrika** LANDMATRIX.ORG: Web of transnational deals, auf https://landmatrix.org/en/get-the-idea/web-transnational-deals/, Okt. 2018

FAO bekämpft Landgrabbing

„[...] Die „Freiwilligen Richtlinien" behandeln u. a. folgende Bereiche:
- die Anerkennung und den Schutz von legitimen Bodenrechten, auch informeller Natur;
- Musterlösungen von rechtlichen Registrierungsverfahren bei der Übertragung von Landrechten;
- die Gewährleistung, dass die Landverwaltungssysteme für alle wirtschaftlich leistbar und faktisch zugänglich sind;
- die Behandlung von Enteignungen und die Rückgabe von Land an Personen, die in der Vergangenheit unrechtmäßig enteignet worden sind;
- die Sicherung der Rechte der indigenen Bevölkerung sowie
- die Sicherstellung, dass Investitionen in Land und Boden auf eine verantwortungsvolle und transparente Weise erfolgen;
- Streitbeilegungsmechanismen und
- den Umgang mit der Ausdehnung der Städte in umliegende ländliche Gebiete.

Im Rahmen der Freiwilligen Richtlinien wird auch explizit auf die Rolle der Frauen und deren Rechte eingegangen, da sie einerseits mit vermehrten Hindernissen bei der Erlangung von Landrechten zu kämpfen haben und andererseits eine zentrale Rolle für die Ernährungssicherung im ländlichen Raum ausüben. [...]"

Bundesministerium für Nachhaltigkeit und Tourismus: FAO bekämpft Landgrabbing, vom 15.10.2014, auf www.bmnt.gv.at/land/eu-international/fao/guidelineslandtenure.html, Nov. 2016

25

9 Analysieren Sie die Folgen des Landgrabbing.

10 Erörtern Sie, unter welchen Bedingungen die „Freiwilligen Richtlinien" (Text 25) umsetzbar sind.

11 Nehmen Sie Stellung zu der Behauptung, Landgrabbing könne die Sicherung der Welternährung ermöglichen.

12 Beurteilen Sie, inwiefern die Karikatur 22 das Problem des Landgrabbing widerspiegelt.

26 Grüne Lunge der Erde

Klimadiagramm Kisangani (D.R. Kongo)

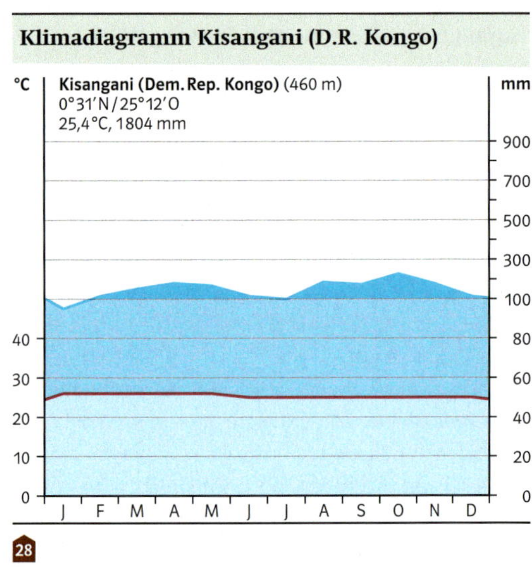

28

4.4 Ökologische Probleme des Tropischen Regenwaldes

In keiner anderen Landschaftszone ist die Vegetation so üppig, die Artenvielfalt so groß - auf einem Hektar sind bis zu 400 verschiedene Gehölzarten vertreten - und die Produktion an **Biomasse** mit 30 Tonnen je Hektar und Jahr so hoch wie im Tropischen Regenwald. Ursächlich dafür sind die hohen Temperaturen in Verbindung mit den starken Niederschlägen. Während das Klima ein Gunstfaktor ist, gilt für die Böden unter dem Nutzungsaspekt das Gegenteil.

Etwa 50 Prozent der Tropischen Regenwälder stehen auf Latosolen oder Roterden. Diese sind unter den tropischen Klimabedingungen aus dem anstehenden Silikatgestein entstanden. Sie haben eine hohe Bodenacidität (ph-Wert 3,5 - 5), sodass große Mengen an Wasserstoff- und Aluminiumionen an die Austauscher gelangen, wodurch die Aufnahme der Nährelemente durch die Wurzeln gehemmt wird. Außerdem führen ungünstige Gefügeeigenschaften, Verdichtung, periodische Vernässung sowie Eisen- und Aluminiumoxidanreicherungen im Oberboden (A-Horizont) zu krustenartigen Verhärtungen.

Für die natürliche Vegetation ergeben sich daraus keine Einschränkungen, denn der Wald wächst nicht aus, sondern auf dem Boden. Das Geheimnis ist der kurzgeschlossene **Nährstoffkreislauf**. Das komplexe **Ökosystem** reagiert allerdings empfindlich auf Störungen.

Vergleich der Nährstoffkreisläufe im Tropischen Regenwald und im Laubwald der gemäßigten Breiten

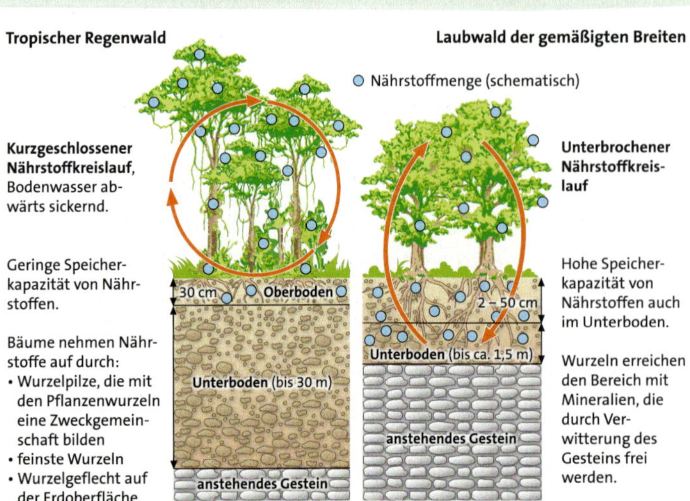

27

13 Beschreiben Sie Lage und Verbreitung des Tropischen Regenwaldes in Afrika südlich der Sahara.

14 Beschreiben Sie das Klima in der Zone des Tropischen Regenwaldes.

15 Vergleichen Sie den Tropischen Regenwald mit dem Wald der gemäßigten Breiten.

Regenwald im Herzen von Afrika in Gefahr

„Im Kongo-Becken wachsen nach Amazonien die zweitgrößten zusammenhängenden Regenwälder der Erde. Sie erstrecken sich von den Küstenländern Kamerun, Gabun, Äquatorial-Guinea und Kongo über die Zentralafrikanische Republik, die Demokratische Republik Kongo bis nach Uganda, Ruanda und Tansania. Die Demokratische Republik Kongo (DRK) hat an diesen Wäldern immer noch den größten Anteil. Die Gesamt-Waldfläche des Landes inklusive der trockeneren Waldformationen beträgt nach neueren Forschungsergebnissen etwa eine Million Quadratkilometer [...]. Nach Jahren des Bürgerkriegs ist das Land total verarmt. Wirtschaft, Verwaltung und politische Institutionen liegen danieder und müssen mühsam wiederaufgebaut werden. Immerhin konnten im Juli 2006 die ersten freien Wahlen abgehalten werden. Angesichts der katastrophalen humanitären Situation [z. B. Unterernährung und Hunger großer Bevölkerungsteile, Bildungsnotstand] und der unbefriedeten Sicherheitslage in den östlichen Provinzen stellt sich die Frage, welche Rolle dem Naturschutz in diesem zerrütteten Land zukommt.

Die Wälder der DRK sind unbestreitbar die größte natürliche Ressource des Landes. Die wertvollen Edelhölzer sind allerdings nur ein Teil dieser Ressource. Diese Wälder sind generell als Rohstofflieferant und Wasserspeicher für das Leben großer Teile der Bevölkerung wichtig. Doch vielerorts ist der Druck auf diese Wälder sehr groß geworden, denn die verarmte Landbevölkerung braucht immer mehr Ackerland, das durch Brandrodung gewonnen wird. Wildtiere werden zur Fleischversorgung gejagt. Eine weitere Gefahr droht diesen Wäldern durch Investoren aus dem Bergbau- und Holzsektor. So besitzen Konzessionäre Einschlaglizenzen für sehr große Waldflächen. Bewirtschaften solche Firmen ihre Konzessionen planlos und ohne verbindliche Vorgaben für eine schonende Nutzung, führen auch ihre Aktivitäten zu den typischen Problemen wie Wilderei, Buschfleischhandel und Übernutzung durch illegale und legale Einschläge."

WWF: Themen und Projekte: Kongo-Becken – Regenwald im Herzen Afrikas. Regenwälder Zentralafrikas: Zonierung gegen Raubbau, auf www.wwf.de/themen-projekte/projektregionen/kongo-becken/regenwaelder-zentralafrikas-zonierung-gegen-raubbau/, Jan. 2017

29

Stockwerkaufbau des Tropischen Regenwaldes

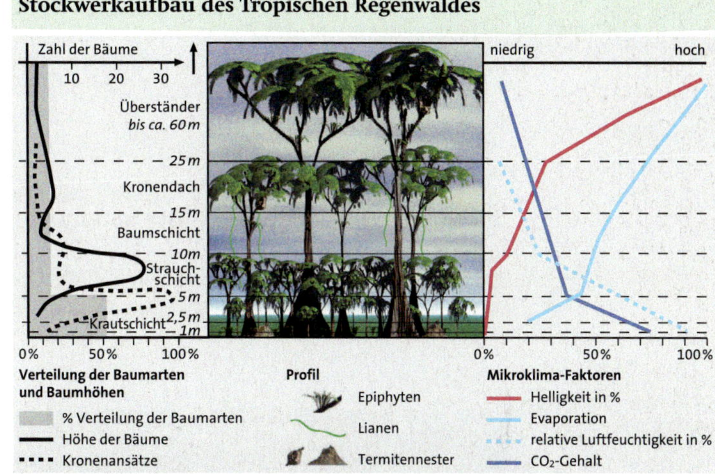

Nach Dieter Heinrich/Manfred Hergt: Atlas zur Ökologie. Gütersloh: Bertelsmann 1990, S. 106

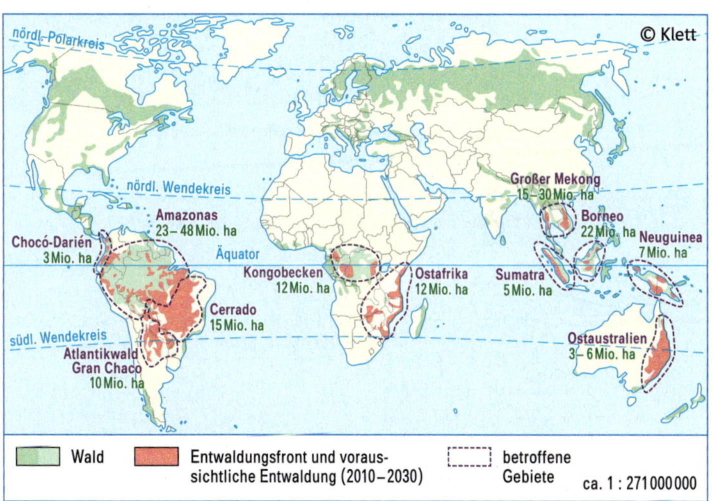

31 **Geplante Entwaldungen**

Nach WWF International: WWF Living Forest Report: Chapter 5 – Saving forests at risk. Gland: WWF 2015, S. 3

Anteil der Waldfläche an der Gesamtfläche in %

Staat	1990	2015	Staat	1990	2015
Benin	52,08	38,97	Guinea-Bissau	78,81	70,13
Kamerun	51,44	39,8	Liberia	51,17	43,39
Kongo	66,55	65,4	São Tomé	58,33	55,83
D. R. Kongo	70,74	67,3	Tansania	63,13	52
Äquatorial-Guinea	66,31	55,9	Sambia	71,03	65,42
Gabun	85,38	89,26	Simbabwe	57,29	36,35

Eigene Zusammenstellung nach Food and Agriculture Organization of the United Nations: FAO Forestry Statistics, auf www.fao.org/forestry/46203/en/, Okt. 2018

16 Erläutern Sie, warum die Biomasseproduktion im Tropischen Regenwald so hoch ist.

17 Stellen Sie die Gefahren dar, denen der Tropische Regenwald ausgesetzt ist.

18 Begründen Sie, warum das Ökosystem des Tropischen Regenwalds als „gefährdet" bezeichnet werden kann.

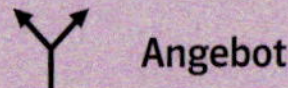

TERRA
DIFFERENZIERUNG

Auf dieser Doppelseite finden Sie zwei Beispiele, die Ihnen eine vertiefte Auseinandersetzung mit der agrarischen Nutzung des Tropischen Regenwaldes ermöglichen. Dabei thematisiert das erste Beispiel eine traditionelle Landnutzungsform.

Angebot 1

Shifting Cultivation: angepasste Landnutzungsform?

19 Erläutern Sie Probleme, die sich durch die Landnutzungsform Shifting Cultivation ergeben.

20 Erörtern Sie, ob und inwiefern Shifting Cultivation eine an das Ökosystem angepasste Form der Landnutzung ist.

33 Brandrodung im Norden von Tansania

36 Burundi: Feldarbeit mit der Hacke – überwiegend Frauenarbeit

Modellhafte Darstellung des Systems Shifting Cultivation

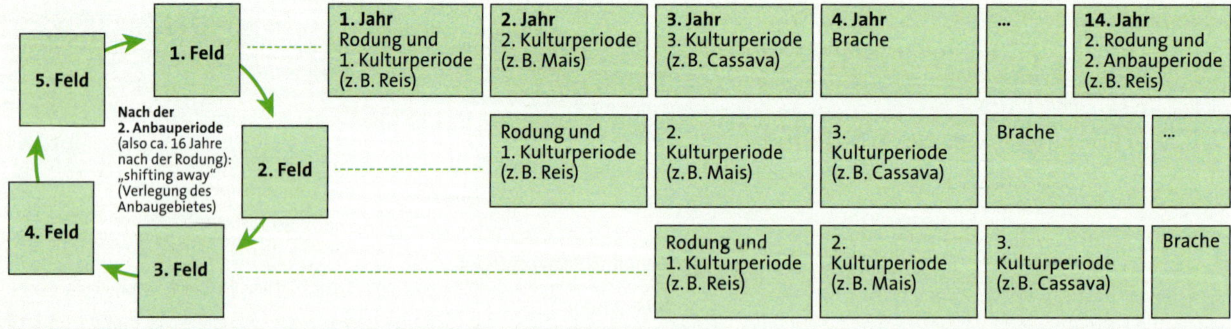

34

Shifting Cultivation

Shifting Cultivation bzw. **Wanderfeldbau** gehört zu den ältesten Formen der Landnutzung in den Tropen. Mittels **Brandrodung** werden Flächen für die Landwirtschaft gewonnen. Allerdings sind ausreichende Erträge nur von kurzer Dauer, da die Böden infolge der starken Niederschläge nach ein bis zwei Jahren degradiert bzw. erodiert sind, sodass neue Felder angelegt werden müssen. Durch das Einfügen von Brachezeiten lässt sich die Nutzungsdauer ausweiten. An den Brachflächen entsteht ein **Sekundärwald**, der jedoch artenärmer als der Primärwald ist. Bei einer geringen Bevölkerungsdichte und der Ausrichtung auf die Selbstversorgung ist die Shifting Cultivation an das Ökosystem angepasst. Steigt die Bevölkerungsdichte oder wird Marktproduktion angestrebt, kommt es zu einer Verkürzung der Brachezeiten, sodass die Flächen keine ausreichende Regenerationszeit haben.

35

37 Wortwolke zum Thema Shifting Cultivation

Das zweite Beispiel lenkt den Blick auf eine Plantage. Am Beispiel Kameruns werden die zwei Seiten dieser Betriebsform beleuchtet, die oft von ausländischen Investoren und fremdem Kapital sowie vom Weltmarkt abhängig ist.

Angebot 2 

Die Plantage: Betriebsform ohne Zukunft?

21 Erläutern Sie Probleme, die sich durch die Plantagenwirtschaft für Kamerun ergeben.

22 Nehmen Sie Stellung zu der Frage, ob und inwiefern die Plantage eine Betriebsform ohne Zukunft ist.

TOP 3 der Bananenexport-Länder Subsahara-Afrikas 2016

	Anbaufläche (ha)		Produktion (t)	
	2000	2016	2000	2016
Elfenbeinküste	7800	7355	305300	330946
Kamerun	86303	72359	626330	1187547
Tansania	303500	468470	700900	3559639
Zum Vergleich:				
Ecuador	252571	180337	5453220	6529676

Nach Food and Agriculture Organization of the United Nations: FAOSTAT, auf www.fao.org/faostat/en/#data/TP, Nov. 2018

Beispiel: Wer verdient wieviel am Bananenverkauf?

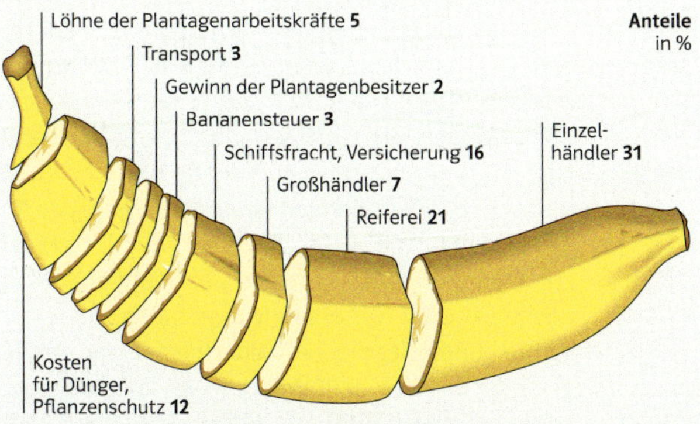

Eigene Zusammenstellung nach verschiedenen Quellen

40 **Warnung vor Fungiziden auf einer Plantage bei Tiko (Kamerun)**

Wachstum ohne Mehrwert

„Das ist eine koloniale Wirtschaftsform, die die alten Abhängigkeiten und Formen der Erniedrigung fortsetzt", sagt der einstige Chefredakteur der kamerunischen Tageszeitung Le Messager. [...] Diese Firmen kommen meistens aus dem Ausland und haben in Kamerun Tochterunternehmen. [...] Der Staat hat davon allerdings wenig: Die Tochterunternehmen deklarieren ihre Produktionsstätten in Kamerun als [...] landwirtschaftliche Kooperative. Diese Organisationsform fällt in den Bereich der Entwicklungshilfe – und ist deshalb in Kamerun von Steuern befreit. [...] „Die Bananenproduktion ist mit 46000 Arbeitsplätzen einer der wichtigsten Arbeitgeber in der Landwirtschaft. Das, was sich ändern muss, sind die Produktionsbedingungen, die Steuerflucht und die korrupten Doppelrollen der lokalen Politiker [...]."

Katharina Lipowsky: Bananenanbau in Kamerun: Wachstum ohne Mehrwert. In: taz vom 23.01.2017, auf www.taz.de/!5373332/, Okt. 2018

"The Big Banana".

Cameroon, 2011, 85 min, Doc. in French with English subtitles, directed by Franck Bieleu

"[...] A film that addresses issues of banana exploitation in a small coastal region of Cameroon called Njombe by a French/American multinational. The company called PHP, which stands for Plantation Haut Penja, produces over 60% of the Cameroonian banana export sold in the European market. This banana exploitation should be a great asset for the region and the country as it provides jobs and salaries to over 10000 people, but jobs at PHP are notoriously precarious, workers are underpaid, making less than $52/month for sometimes 14h of work without overtime compensation. The film gives the voice to the locals that are suffering from that exploitation, people who loose their land because of the greediness of the company which needs to expand their exploitations to increase their production and satisfy the European market demand, people who suffer from intensive agrochemical product use necessary for the banana production. [...]"

ArtMattan Productions: Films, auf www.africanfilm.com/TheBigBanana.htm, Okt. 2018

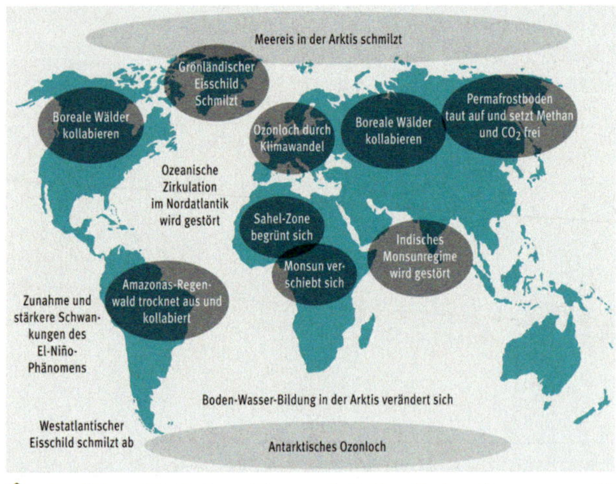

43 Mögliche globale Auswirkungen bei einer Erderwärmung um 2 K

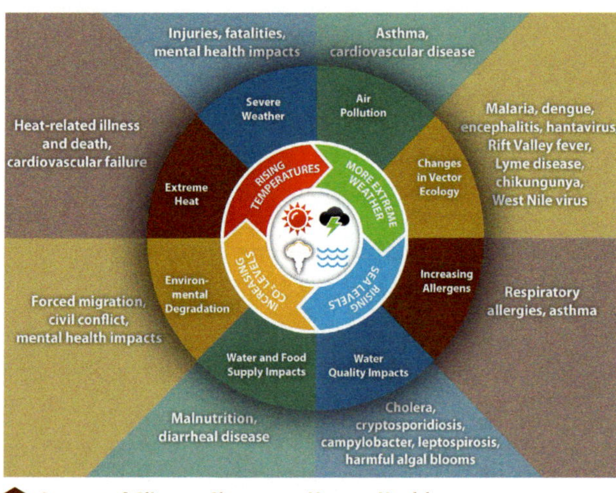

45 Impact of Climate Change on Human Health

4.5 Klimawandel: Subsahara-Afrika besonders betroffen?

Direkte und indirekte Auswirkungen des Klimawandels

- Seit den 1960er-Jahren ist für Afrika ein deutlicher Erwärmungstrend festzustellen: Höhere Temperaturen im westlichen Indischen Ozean führen zu höheren Niederschlägen, insbesondere im Norden Ostafrikas und zu einer Abnahme der Niederschläge in den südlichen Staaten Ostafrikas.
- Überschwemmungen vernichten die Ernten.
- Verzögert sich der Beginn der Regenzeit, verkürzt sich die Wachstumszeit für Mais.
- Gebiete, die regelmäßig von Dürren betroffen sind, könnten sich bis 2050 verfünffachen.
- Der Weltklimarat prognostiziert für das Jahr 2020 einen Rückgang der landwirtschaftlichen Produktion um 50 %, was zwangsläufig zu einer Erhöhung von Nahrungsmittelimporten führt. Darüber hinaus sollen 75 bis 200 Millionen Afrikaner unter Wasserknappheit leiden.
- Durch den Anstieg des Meeresspiegels könnten z.B. die Millionenstädte Kapstadt und Lagos teilweise unter Wasser stehen.
- Ansteigende Temperaturen und ausbleibende Niederschläge können zum Austrocknen von Seen und Flüssen führen.
- Auf dem Kilimandscharo werden die Gletscher abschmelzen.
- Schätzungen zufolge wird bis 2080 ein Drittel der Tier- und Pflanzenarten verschwunden sein.

Somit werden die entscheidenden Entwicklungshemmnisse wie Armut, Hunger und Mangelernährung verstärkt. Steigende Armut kann aber auch eine Zunahme von Bürgerkriegen bedeuten. Erforderlich ist daher ein Konzept, das agrarökologisch-technische, wirtschaftliche, sozialpolitische und politisch-institutionelle Innovationen miteinander in Einklang bringt. Reicht dafür aber die Zeit?

44

Afrikas Situation im Rahmen des **Klimawandels** könnte in der Sprache der Ökonomen definiert werden als „typischer Fall von negativen externen Effekten, einer Externalisierung von Kosten“. Übersetzt heißt das: Ein Unbeteiligter trägt die Kosten für die Handlungen anderer.

Subsahara-Afrika hat bereits heute mit schwierigen Klimabedingungen zu kämpfen, um die Ernährung der Bevölkerung sicherzustellen. Zukünftig wird sich nach Expertenmeinung das Problem dramatisch verschärfen, weil die Auswirkungen des Klimawandels die Lebensgrundlagen in der Landwirtschaft durch eine zunehmende Wüstenbildung und Überschwemmungen beeinträchtigen. Der Anbau vieler Nutzpflanzen wird erschwert. Prognosen zufolge sollen rund 15 Prozent der heutigen Anbaufläche bis 2100 sukzessive weggefallen, wobei die verbleibende Restfläche weiterhin für den Anbau geeignet bleiben soll. Während es zu Problemen beim Anbau von Bananen, Mais und Bohnen kommen soll, sind die Prognosen für den Anbau von Maniok, Yams, Erdnüssen und Hirse positiv.

Eine Verschärfung der humanitären Belastungen gilt aber auch als Auslöser von Unruhen, trägt zum Aufbrechen latent vorhandener Konflikte bei und erhöht zudem den Migrationsdruck.

Erschwerend kommt hinzu, dass die klimatischen Veränderungen regional unterschiedlich ausfallen.

Material
Infoblatt Klimawandel
x558ye

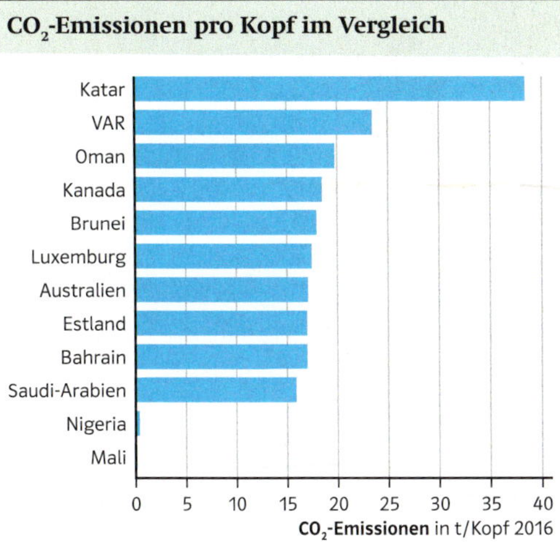

CO_2-Emissionen pro Kopf im Vergleich

Nach Europäische Kommission: EDGAR - Emissions Database for Global Atmospheric Research, auf http://edgar.jrc.ec.europa.eu/overview.php?v=CO2andGHG1970-2016&dst=CO2pc, Nov. 2018

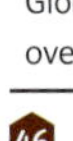

46

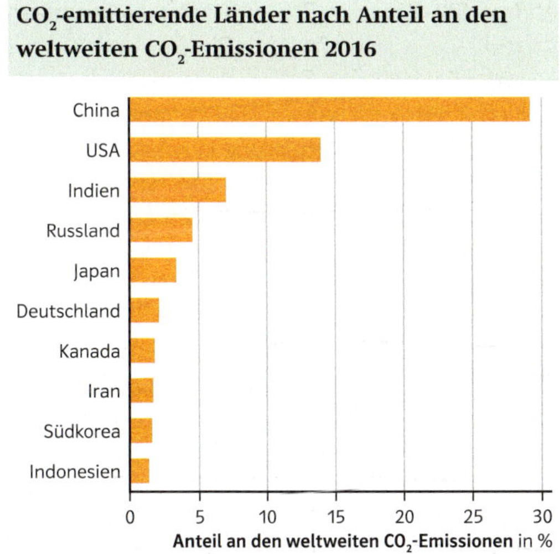

CO_2-emittierende Länder nach Anteil an den weltweiten CO_2-Emissionen 2016

Nach Europäische Kommission: EDGAR - Emissions Database for Global Atmospheric Research, auf http://edgar.jrc.ec.europa.eu/overview.php?v=CO2andGHG1970-2016&dst=CO2pc, Nov. 2018

47

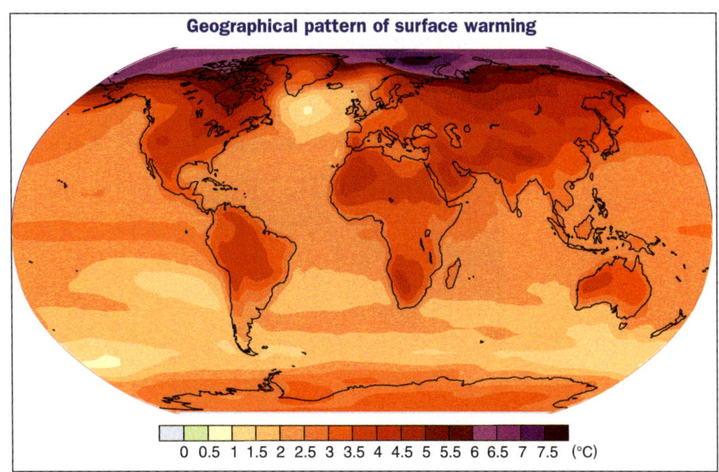

48 Szenario des IPCC zur Veränderungen der Jahresdurchschnittstemperaturen in der Periode 2090-2099 gegenüber der Periode 1980-1999

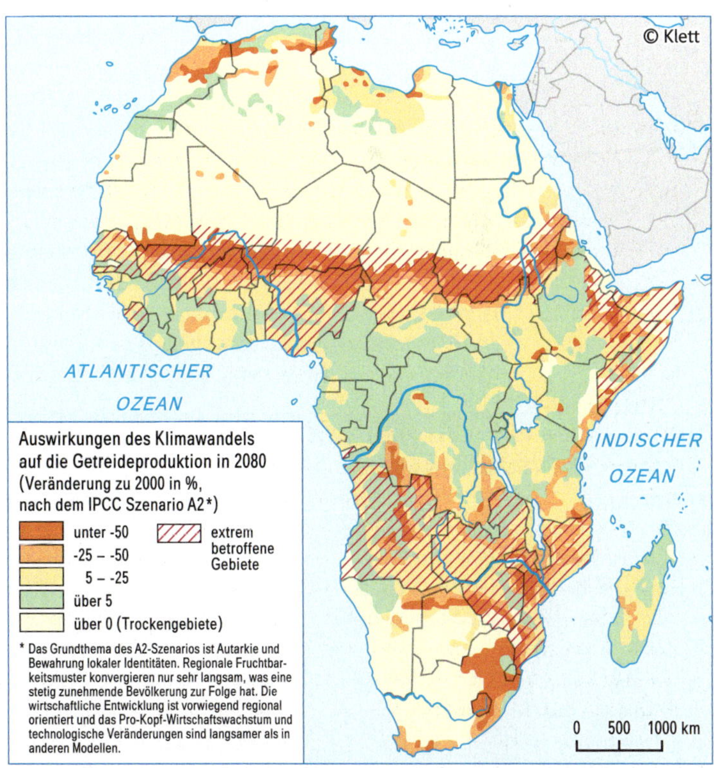

49 Szenario zum Wandel der Produktivität des Getreideanbaus in Afrika
Fischer u.a. in: United Nations Development Programme (UNDP): Human Development Report 2006. New York: UNDP 2006, S.164

51 Überflutete Siedlung am Fluss Niger (Nigeria)

52 Nigeria: Bauern und Milizen kämpfen um Acker- und Weideland

Nigeria und der Klimawandel

Der Klimawandel macht Nigeria schwer zu schaffen: Bereits jetzt fallen Ernten wegen zunehmender Dürre aus. 2050 sollen in dem Land laut Schätzungen 440 Millionen Menschen leben. Das bedeutet, den überwiegend muslimischen Hirten stehen weniger Weideflächen und den Bauern, die zumeist Christen sind, weniger Äcker zur Verfügung. Nutzungskonflikte werden zunehmen. Prognosen für Lagos lassen überschwemmte Siedlungsgebiete durch einen steigenden Meeresspiegel befürchten. Im Norden soll sich die Wüste ausbreiten.

Die Befolgung des **Kyoto-Protokolls** ist für Nigeria problematisch: Auf den Klimawandel dürfte sie sich langfristig positiv auswirken, auf seine wirtschaftliche Entwicklung aber kurzfristig negativ. Nigeria ist neuntgrößter Öllieferant der Welt. Die Einnahmen aus dem Ölgeschäft würden sich um etwa 25 Prozent reduzieren. Investitionen in Bildung oder Infrastruktur müssten stark eingeschränkt werden.

Im nigerianischen Umweltministerium propagiert man den Einstieg ins Zeitalter der **erneuerbaren** (regenerativen) **Energien**. Bis 2030 will man durch den massiven Ausbau der Wind-, Sonnen-, Wasser- und auch Atomkraft auf eine CO_2-freie Energieversorgung umgestellt haben. Den Worten müssten allerdings auch Taten folgen. So schreibt der nigerianische Wissenschaftsjournalist Yahaya Ahmed beispielsweise: „Die Regierung kündigt immer viel für den Klimaschutz an. Am Ende weiß sie aber, dass ihr die Erdölförderung im Nigerdelta Millionen Dollar einbringt. Warum sollte sie da auf Solarkraft umsteigen?"

Wenn der Klimawandel zuschlägt

„Das bevölkerungsreichste Land Afrikas ist besonders stark vom Klimawandel betroffen. So könnten in Nigeria die Durchschnittstemperatur bis Ende des Jahrhunderts um drei bis sechs Grad Celsius steigen. […] Die Folgen des Klimawandels sind in Nigeria überall zu spüren: Sturmfluten werden häufiger, Weide- und Ackerflächen knapper und durch die Erwärmung des Meeres sinken die Fischbestände. […] Das verschärft nicht nur die Armut, sondern auch gewaltsame Landkonflikte und die Terrorgefahr, sagt der Sicherheitsberater Kabir Adamu: ‚Es erhöht die Armut und die Arbeitslosigkeit und das, gemeinsam mit dem hohen Analphabetismus in den Regionen, macht die Bevölkerung anfällig für die Rekrutierung durch gewalttätige, extremistische Gruppen.' […]

In Nigeria versuchen Umweltschützer und Wissenschaftler gegenzusteuern. Ako Amadi zum Beispiel spricht mit lokalen Führungspersonen über die Folgen des Klimawandels. Vonseiten der Regierung gebe es bisher kaum Anstrengungen, sich an den Klimawandel anzupassen. […] Das einzige große Projekt der Regierung ist die Einrichtung einer Nationalen Umweltmanagement Agentur, die Leute rettet, wenn es Probleme gibt. Aber das ist wie eine Feuerwehr. Priorität haben stattdessen Entwicklungsprojekte wie Eko Atlantic City, eine künstlich angelegte Halbinsel vor Lagos nach dem Vorbild Dubais. Ein Prestigeprojekt – das aber die Folgen des Klimawandels in der Region verschärft: ‚Die Meeresströme werden sich verändern. Und diese Ströme, vor denen sich Eko Atlantic City mit hohen Mauern schützt, treffen an anderen Stellen auf die Küste. Das wird diese Küstenzonen zerstören – völlig ohne Zweifel.'

Damit rechnet auch Dorfchef Yusuf Elegushi Atewolara. Umso mehr hofft er, dass es bei seiner Regierung bald ein Umdenken gibt. Für seine Gemeinde gebe es nur eine Lösung, um dem Klimawandel dauerhaft zu entkommen: ‚Die Regierung hat es in der Hand, uns umzusiedeln. Die Regierung hat Land. Aber wir? Wir können hier nicht weg.'"

Katja Scherer: Wenn der Klimawandel zuschlägt. In: Deutschlandfunk vom 09.04.2018, auf www.deutschlandfunk.de/nigeria-wenn-der-klimawandel-zuschlaegt.697.de.html?dram:article_id=415137, Nov. 2018

50

Kyoto-Protokoll

„In dem Abkommen von 1997 – unterzeichnet in der japanischen Stadt Kyoto – wurde vereinbart, dass die Industriestaaten ihren Ausstoß an Treibhausgasen bis 2012 (dann verlängert auf 2020) um insgesamt 5,2 Prozent gegenüber dem Stand von 1990 verringern. Entwicklungsländer haben das Abkommen ebenfalls unterzeichnet, sind aber von den Verpflichtungen befreit."

Landeszentrale für politische Bildung Baden-Württemberg: Kyoto-Protokoll, auf www.lpb-bw.de/kyoto_protokoll.html, Nov. 2018

53

Klimawandel erfordert Anpassung

Nach Expertenmeinung dürfte der technische Fortschritt mit den Folgen des Klimawandels aller Voraussicht nach kaum Schritt halten können. Empfohlen werden Gegen- bzw. Anpassungsmaßnahmen in den bisher zu wenig effizienten kleinbäuerlichen Produktionssystemen Afrikas. Dazu gehören zum Beispiel „weiche" Maßnahmen wie eine Verbesserung des Wassermanagements zusätzlich zu den „harten" Anpassungsstrategien, wie der Zugang zu sauberem Trinkwasser und effizientere Bewässerungssysteme sowie ein Wechsel der angebauten Nutzpflanzen. Bis zu einer erfolgreichen und flächendeckenden Übernahme dürften nach Expertenmeinung mindestens zehn Jahre vergehen. Der Ausbau regenerativer Energien ist angesichts des vorhandenen Potenzials ein Schritt in die richtige Richtung.
Gegenwärtig arbeiten Experten im „Wissenschafts-Zentrum für Klimawandel und alternative Landnutzung im südlichen Afrika" daran, solide Datengrundlagen zu schaffen, um gezielte Maßnahmen gegen die Auswirkungen des Klimawandels ergreifen zu können.
Allerdings ergeben sich unter Finanzierungsaspekten Probleme. Die finanzielle Unterstützung durch die Länder, die maßgeblich für die Klimaveränderungen verantwortlich sind, reicht nicht aus. Bi- und multilaterale Zahlungen wurden nicht im versprochenen Umfang geleistet.

54 **Grüne Energie – Windräder in Äthiopien**

Indexversicherungen gegen Klimawandel

„Seit Ende der 2000er-Jahre hat es in Subsahara-Afrika vermehrt Projekte zur Entwicklung von sogenannten Indexversicherungen gegeben, die auf Wetterindizes wie Niederschlag oder Temperatur basieren. [...]
Die Maßnahmen sollen Landwirte vor den Auswirkungen ungünstiger klimatischer Bedingungen schützen, indem sie ihnen eine Entschädigung zahlen, bevor dieses Risiko tatsächlich eintritt. Somit sind sie keine klassischen Versicherungen, bei denen die Entschädigung auf der Grundlage der gemeldeten Ernteausfälle festgelegt wird.
Indexversicherungen werden als direkte Antwort auf den Klimawandel präsentiert, der sich in Subsahara-Afrika besonders in der Häufung von Dürren manifestiert.
Außerdem haben diese Ernteversicherungen den Vorteil, dass sie relativ billig und damit für die Kleinbauern, die in den Ländern der Region die Mehrheit unter den Landwirten ausmachen, leichter zugänglich sind. [...]"

Claire Guyot: Subsahara-Afrika: Indexversicherungen gegen den Klimawandel, übers. von Tim Steins. In: EURACTIV vom 28.02.2018, auf www.euractiv.de/section/eu-aussenpolitik/news/subsahara-afrika-indexversicherungen-gegen-den-klimawandel, Nov. 2018

55

23 Beschreiben Sie die Auswirkungen des Klimawandels auf die Staaten Afrikas südlich der Sahara.

24 Erläutern Sie, inwiefern die Befolgung des Kyoto-Protokolls für Nigeria ein zweischneidiges Schwert ist.

25 Stellen Sie die durch den Klimawandel bedingten Einschränkungen für die Landwirtschaft in Nigeria dar.

26 „Klimawandel in Nigeria ist eine tickende Zeitbombe und es gibt wenig oder nichts, was zur Milderung seiner Folgen getan wird!" Nehmen Sie Stellung zur Aussage des nigerianischen Dichters und Umweltschützers Nnimmo Bassey.

27 „Komplexe Probleme erfordern keine einfachen Lösungen". Erläutern Sie die Behauptung im Zusammenhang mit den Strategien gegen den Klimawandel in Subsahara-Afrika.

4.6 Rohstoffe oder Entwicklung?

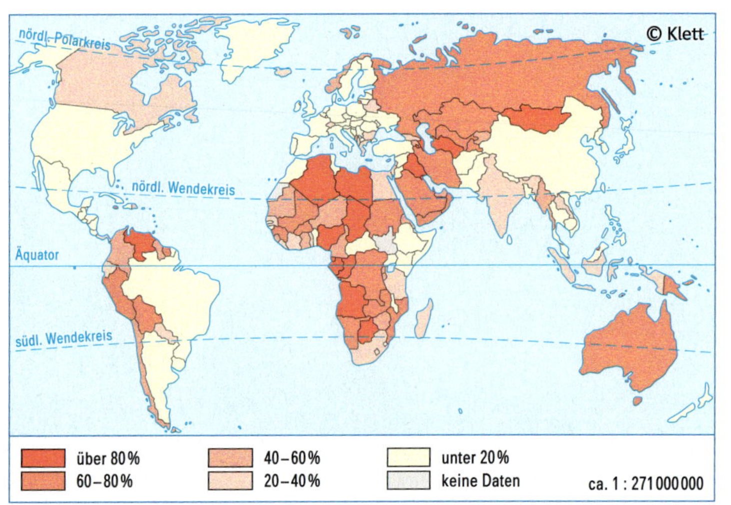

56 Anteil der Rohstoffexporte an den Güterausfuhren
Nach UNCTADSTAT: International trade in goods and services 2016, auf: https://unctadstat.unctad.org/wds/ReportFolders/reportFolders.aspx, Jan. 2019

Rohstoffreichtum hat zwei Gesichter: Das eine strahlt, weil es häufig mit Wirtschaftswachstum und Wohlstand verbunden ist. Das andere Gesicht wirkt eher bedrückt. Afrika verfügt zwar über eine breite Palette an bedeutenden **Rohstoffen**, der Chance zur Entwicklung stehen aber Hindernisse im Weg: die in vielen Staaten verbreitete Korruption, autoritäre Regime, Menschenrechtsverletzungen, ein hohes Maß an Umweltzerstörungen und politische Konflikte, aber auch die Abhängigkeit von nur einem oder wenigen Rohstoffen. Oft erreichen die aus dem Export erzielten Gewinne die Wirtschaft der jeweiligen Länder gar nicht, da nur wenige Menschen im Land sowie multinationale Konzerne davon profitieren.
Ökonomen sprechen in diesem Zusammenhang von der „Holländischen Krankheit“: dem erfolgreichen Export von Rohstoffen, der einerseits Geld ins Land spült, andererseits die anderen Sektoren der Volkswirtschaft beeinträchtigt.

Armut trotz Reichtum

„[…] „Das Problem des **Ressourcenfluchs** ist, dass der Abbau der Rohstoffe nicht das ist, womit man Geld verdient. Das Geld wird verdient mit der Verarbeitung der Rohstoffe und der Produktionsschritt findet nicht in den armen Ländern statt. Das heißt: Sie haben die ökologischen Folgen am Hals und ihre Umwelt wird durch den Tagebau zerstört, aber sie profitieren nicht von der Wertschöpfung, die damit verbunden wäre.“

Britta Fecke: Bodenschätze und bittere Armut. In: Deutschlandfunk vom 25.08.2017, auf www.deutschlandfunk.de/sommerserie-gerechtigkeit-bodenschaetze-und-bittere-armut.769.de.html?dram:article_id=394308, Nov. 2018

57

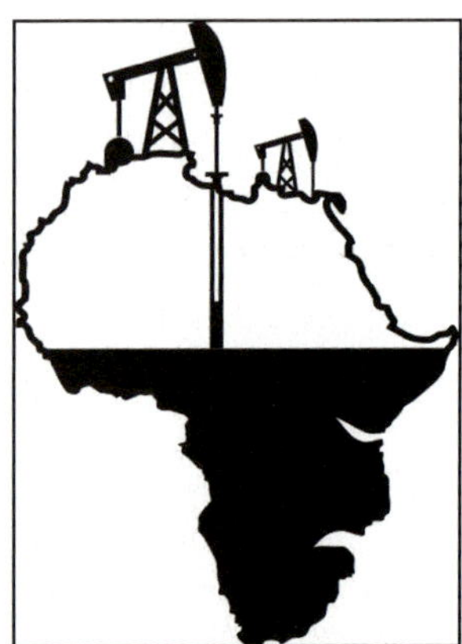

58 Rohstofflieferant Afrika

Rohstoffe als Herausforderung

„In vielen Entwicklungsländern machen Rohstoffe bereits heute einen großen Teil der Exporteinnahmen aus. Das ist auch mit Risiken verbunden: Hohe Deviseneinnahmen führen zu einer Aufwertung der lokalen Währung und damit oft zu einer ungewollten Schwächung der heimischen Industrie und zu nachlassender Kaufkraft. Es droht eine einseitige Abhängigkeit von den Rohstoffausfuhren und damit auch von der Weltwirtschaftslage.“

Bundesministerium für wirtschaftliche Zusammenarbeit und Entwicklung: Chancen und Herausforderungen für rohstoffreiche Entwicklungsländer, auf www.bmz.de/de/themen/rohstoffe/hintergrund/chancen_und_risiken/index.html, Nov. 2018

59

Rohstoffe und Entwicklung

„[…] Allein in finanzieller Hinsicht ist die Relevanz der Rohstoffwirtschaft also riesig. Auch wenn keines der UN-Millenniums-Entwicklungsziele extraktive oder sonstige Rohstoffe thematisiert, ist die Gestaltung dieses Wirtschaftszweigs entscheidend für die Erreichung dieser globalen Ziele […].
Bei der Erklärung von Unterentwicklung und Armut in Rohstoffländern wird landläufig rasch von einem Rohstofffluch gesprochen. Der ‚Fluch‘ ist jedoch nicht automatisch an einen bestimmten Rohstoff oder eine bestimmte Produktionsweise gebunden, und er ist auch nicht unausweichlich. […] Wenn Rohstoffe entdeckt und produziert werden, entsteht für jedes Land und für jeden Ressourcentyp ein spezifisches Wechselspiel. […] Mechanismen, die von Rohstoffen zu Entwicklung führen können, orientieren sich an dem Konzept der Rohstoff-Entscheidungskette. Diese reicht von dem Vorhandensein und der Anwendung von geologischen Kenntnissen der Rohstoffvorkommen über das Konzessionsmanagement bis hin zur Umsetzung gemeinwohlorientierter öffentlicher Investitionen im Rahmen einer entwicklungsorientierten Regierungspolitik. Rohstoffländer sind nur dann erfolgreich, wenn sie sämtliche Phasen dieser Entscheidungskette berücksichtigen und kontrollieren.“

Lutz Neumann: Rohstoffe und Entwicklung. In: E+Z Entwicklung und Zusammenarbeit, Ausgabe 2012/06, S. 250, auf www.dandc.eu/de/article/sammelrezension-publikationen-ueber-rohstoffe-und-entwicklung, Jan. 2014

60

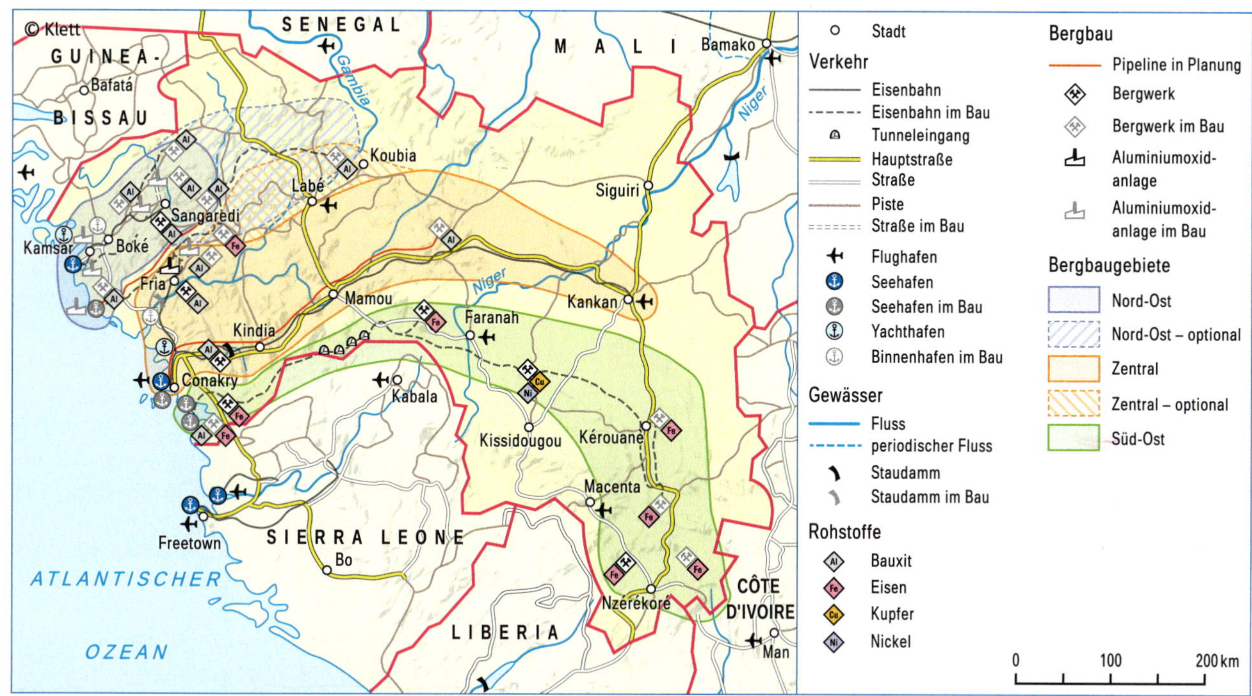

61 Masterplan Bergbauinfrastruktur in Guinea
Republic of Guinea – Ministry of Mines and Geology: Maps – Growth corridors, auf http://mines.gov.gn/en/media/maps/, Nov. 2018

Guinea – Hoffnung Bauxit

Seit 2015 ergab sich für Aluminium eine Preissteigerung von etwa 1450 US-Dollar auf über 2100 US-Dollar je Tonne im Jahr 2018. Das macht die Gewinnung des Rohstoffs attraktiv. Mit einem Gesetz will sich die Regierung in Guinea 30 Prozent der Anteile an den Minen im Land sichern. Das ist rechtlich nicht einfach, da die meisten Minen ausländischen Konzernen gehören. So baut beispielsweise Emirates Global Aluminium (EGA) aus Dubai in Boké im Westen Guineas eine Bauxitmine mit einer Kapazität von zwölf Millionen Tonnen pro Jahr auf. Sie soll 2019 mit der Produktion beginnen. Damit das Bauxit verschifft werden kann, soll der Hafen in Kamsar ausgebaut werden. Geplant ist ferner der Bau einer Raffinerie nahe der Mine.

Guineas Regierung verhandelt derzeit mit der Weltbank und dem Internationalen Währungsfonds über Möglichkeiten, das Gesetz umzusetzen, ohne internationales Recht zu verletzen und ausländische Investoren abzuschrecken.

Bauxitproduktion und Bauxitreserven 2017 im weltweiten Vergleich

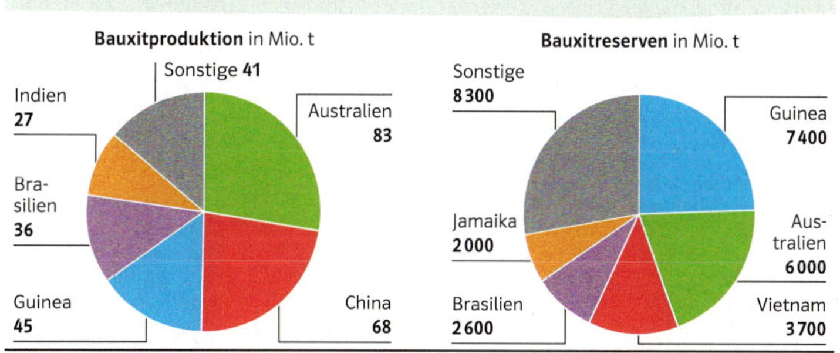

U.S. Department of the Interior, U.S. Geological Survey: Mineral Commodity Summaries 2018. Reston, Virginia: U.S. Geological Survey 2018, S. 31

62

Strukturdaten Guinea 2017

„BIP/Kopf (US-$): 2000; BIP-Wachstum: 6,7 %; Analphabetenrate: 69,6 %; Einwohner unterhalb der Armutsgrenze: 47 %; HDI-Rang: 175; HDI-Wert: 0,459"

Central Intelligence Agency: The World Factbook, auf www.cia.gov/library/publications/the-world-factbook/geos/gv.html, Nov. 2018; United Nations Development Programme: Human Development Report, auf http://hdr.undp.org/en/countries/profiles/GIN, Nov. 2018

63

28 Erläutern Sie die Begriffe „Ressourcenfluch" und „Holländische Krankheit".

29 Charakterisieren Sie den Masterplan zur Entwicklung der Bergbauinfrastruktur in Guinea.

30 Erörtern Sie, ob und inwiefern der Rohstoff Bauxit zur Entwicklung Guineas beitragen kann.

4.7 Blutige Diamanten?

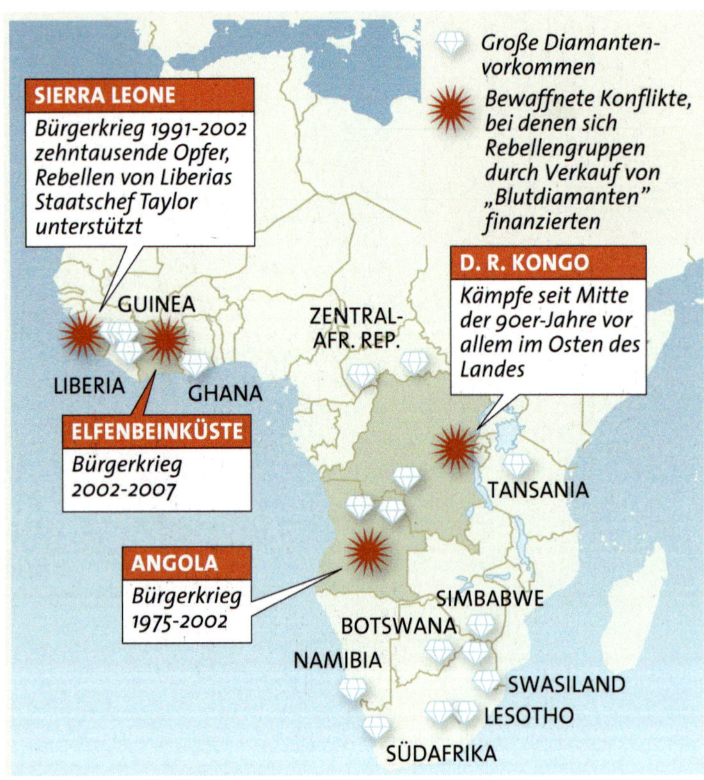

64 Blutdiamanten und Bürgerkriege

Größte Diamantenproduzenten Afrikas 2016

Diamantenproduktion in Mio. Karat

0, 4, 8, 12, 16, 20

Botsuana, D.R. Kongo, Angola, Süd-afrika, Simbabwe, Namibia, Sierra Leone, Lesotho, Tansania, Ghana, Guinea

British Geological Survey: World Mineral Production 2012 – 2016. Keyworth, Nottingham: BGS 2018, S. 22

In Afrika südlich der Sahara befinden sich über 50 Prozent der weltweiten Diamantenvorkommen, der Großteil davon in Westafrika, im südlichen Afrika und in Zentralafrika. Obwohl einige Staaten wie z. B. Botsuana einen großen Teil ihres Bruttoinlandsprodukts (**BIP**) aus Diamantenverkäufen generieren, sind die Diamantenvorkommen für viele Länder auch ein Fluch.

Schon beim Diamantenabbau werden sowohl die Menschen als auch die Umwelt in Mitleidenschaft gezogen. Zunächst werden die Bewohner von ihrem Grundbesitz vertrieben, um in den Besitz der Fördergebiete zu gelangen. Fast immer erhalten sie keine oder bestenfalls unangemessene Entschädigungen. Durch den Verlust ihrer Landwirtschaftsflächen müssen sich die Menschen dann als Bergarbeiter verdingen. Beim Schürfen in den einsturzgefährdeten Minen begeben sie sich ungesichert und ohne entsprechende Ausrüstung täglich in Lebensgefahr. Unfälle sind an der Tagesordnung.

Blutdiamanten

Viele Rebellen und Unrechtsregime finanzierten mit Diamanten Bürgerkriege in Afrika. Die deswegen als Blutdiamanten bezeichneten Steine wurden in Minen gewonnen, über die die Rebellen die Kontrolle übernommen hatten. Oft wurden den Einheimischen Arme oder Beine abgeschlagen, wenn sie den Rebellen ihr Land nicht übertragen oder für sie schürfen wollten.

Mit dem Erlös aus dem illegalen Diamantenverkauf finanzierten die Rebellen Waffen, die in lokalen Konflikten und Bürgerkriegen Millionen das Leben kosteten.

Um den Rebellen den Geldhahn zuzudrehen, beschloss die UNO im Jahr 2000 die Einführung eines Zertifizierungssystems in allen Ländern, die an Förderung und Handel von Diamanten beteiligt sind. Das Kimberley-Prozess-Zertifikat bescheinigt seit 2003 die Herkunft aller Rohdiamanten, was den illegalen Handel einschränkte. Nach ersten Erfolgen mehrt sich die Kritik an dem System: Nur Rohdiamanten werden so registriert; sobald sie geschliffen sind, kann ihre Herkunft nicht mehr nachvollzogen werden. Und gefälschte Zertifikate sowie der Schmuggel blühen auf …

Folgen des illegalen Diamantenabbaus in Konfliktregionen

Illegaler Handel:
Der illegale Handel fördert die Korruption. Außerdem gehen den Regierungen wichtige Steuereinnahmen verloren, die letztlich dann auch der Allgemeinheit fehlen.

Gewalt und Bürgerkriege:
Durch die Einnahmen aus dem illegalen Diamantenabbau werden Waffenkäufe und Soldzahlungen für Milizen finanziert. Gewalttaten und Bürgerkriege werden so ermöglicht oder gefördert.

Umweltschäden:
Da der Abbau keiner Aufsicht unterliegt, spielen Umweltstandards keine Rolle. Durch Massenbewegungen, Eingriffe in den Wasserhaushalt und den Einsatz von Chemikalien werden die lokalen Ökosysteme stark beeinträchtigt oder zerstört. Renaturierungs- oder gar Umwelt-Ausgleichsmaßnahmen finden nicht statt.

Illegaler Bergbau in den Marange-Diamantenfeldern (Simbabwe)

Nichtbeachtung von Menschenrechten:
Die ansässige Bevölkerung wird von den vom Bergbau betroffenen Flächen oft mit Gewalt vertrieben. Standards für den Arbeits- und Gesundheitsschutz der Minenarbeiter gibt es nicht. Unfälle oder berufsbedingte Krankheiten sind an der Tagesordnung. Oft findet Kinder- oder gar Zwangsarbeit statt.

66

Botsuana: viel Transparenz, mehr Wertschöpfung

Botsuana ist der größte Diamantenproduzent Afrikas und gilt in vielerlei Hinsicht als Musterland für den Umgang mit Gewinnen aus dem Rohstoffexport. Für Afrika noch untypisch behält Botsuana die Wertschöpfungskette möglichst lange im eigenen Land: So werden hier die Diamanten geschürft, anschließend weiterverarbeitet und schließlich auch in der Landeshauptstadt Gaborone gehandelt. De Beers, größter Diamantenhändler der Welt, verlagerte zunächst seine Qualitätsprüfung nach Gaborone, die Verlagerung des Handelsstützpunktes von London folgte ein Jahr später. Seit 2013 finden alle Diamantenverkäufe De Beers' in Botsuana statt.

Nachhaltige Investitionen. Etwa ein Drittel des BIP und die Hälfte der Staatseinnahmen stammen aus dem Handel mit Rohdiamanten. Der Reichtum sorgte in Botsuana für eine stabile Demokratie und geringe Korruption. Mit den Gewinnen aus dem Diamantenverkauf wurde sorgsam umgegangen: Die Regierung beglich internationale Schulden und finanzierte Sozialprogramme wie ein kostenloses Schul- und Gesundheitssystem. Ferner wurde die Infrastruktur ausgebaut, sodass die Straßen-, Telefon- und Internetnetze Botsuanas heute zu den besten in ganz Afrika gehören. Auch die Arbeiter profitieren durch faire Löhne, sichere Minen und kleine Renten. Mittelfristig muss der Aufbau einer von Diamanten unabhängigen Industrie erfolgen, auch wenn die Deviseneinkünfte durch die Diamantenvorkommen noch für mindestens 50 Jahre gesichert sind.

31 Stellen Sie den Zusammenhang zwischen Diamantenvorkommen und Bürgerkriegen dar.

32 Charakterisieren Sie die Bedeutung der Diamantenvorkommen für die Staaten Subsahara-Afrikas.

33 Erörtern Sie Chancen und Risiken des Diamantenabbaus.

34 Beurteilen Sie die Erfolgschancen des Kimberley-Prozess-Zertifikats.

35 Nehmen Sie zu Botsuanas Investitionen aus dem Diamantverkauf Stellung.

67 Agbogbloshie (Ghana): größter Sammelplatz für Elektroschrott in Afrika

Aus Dreck entsteht „Gold"

„Der Schrottplatz von Agbogbloshie gilt als einer der verseuchtesten Orte der Welt. Auf dieser Deponie am Rande der ghanaischen Hauptstadt Accra wird vor allem Elektromüll entsorgt. Der Boden ist schwarz, durchtränkt von Altöl und Autobatterie-Säure, übersät von Scherben und spitzen Metallteilen. Immer wieder wehen schwarze Rauchschwaden vorbei. Sie stammen von den brennenden Elektrokabeln. Um das isolierende Plastik von den Kupferkabeln zu entfernen, werden sie zu einem Knäuel geformt, das man dem Feuer überantwortet. Als Brandbeschleuniger dient der gelbe Isolierschaum auf der Hinterseite der Kühlschränke, der das gefährliche Treibgas FCKW enthält. Die Jugendlichen, die diese Arbeit verrichten, werden ‚Burner' genannt. Sie stehen ganz unten in der Hierarchie der 4000 Leute, die auf der Deponie arbeiten. Die meisten von ihnen leiden an Kopfschmerzen, Schlaflosigkeit, geröteten Augen, Husten oder sogar an Asthma und Gedächtnisschwund. […]

Obwohl der Schrottplatz von außen höchst chaotisch wirkt, ist er in […] Wahrheit hochgradig strukturiert. Es herrscht eine penible Arbeitsteilung und wer nicht dazugehört, kommt nicht hinein. Die Beschäftigten bilden eine Art Gewerkschaft, die Scrap Dealers Association. […]

Oft wird Agbogbloshie in apokalyptischen Tönen als Hölle beschrieben, als dunkle Kehrseite der westlichen Dekadenz. Man kann aber auch bewundern, mit welchem Einsatz hier selbst aus scheinbar wertlosem Müll noch Verwertbares extrahiert wird – Alchimisten, die versuchen, aus Dreck Gold zu machen. Hier wird ein Recycling praktiziert, das wegen der hohen Lohnkosten in Europa nie und nimmer rentabel wäre.

In einer Ecke der Deponie werden beispielsweise aus Kühlschrankblech kleine Kohleöfen hergestellt. […] Am Rand des Schrottplatzes gibt es sogar Blechhütten aus Kühlschrankumhüllungen. In einer Werkstatt werden Aluminiumteile geschmolzen und zu Kochtöpfen gegossen. […]"

David Signer: Hätte man nur den Umweltschutz im Auge, müsste man Agbogbloshie sofort schliessen. In: Neue Zürcher Zeitung vom 09.04.2017, auf www.nzz.ch/wirtschaft/recycling-in-ghana-die-alchimisten-von-agbogbloshie-ld.939577, Nov. 2018

Müllaufkommen in Staaten Subsahara-Afrikas

	2012	
	kg/pro Kopf/Tag	**t/Tag**
Südafrika	2,00	53425
Nigeria	0,56	40959
Sudan	0,79	10000
D.R. Kongo	0,50	9425
Kamerun	0,77	6082
Elfenbeinküste	0,48	4356
Angola	0,48	4329
Äthiopien	0,30	3781
Madagaskar	0,80	3734
Mali	0,65	2534
Subsahara-Afrika	0,65	169119
Welt	1,20	3532525

Nach Daniel Hoornweg, Perinaz Bhada-Tata: What a Waste – A Global Review of Solid Waste Management. Washington, DC: World Bank 2012, S. 80 – 83

4.8 Müll – gefährlich und hoffnungsvoll

Agbogbloshie, ein Stadtteil von Accra, der Hauptstadt Ghanas, wird von seinen Bewohnern „Sodom" genannt. Rund 4000 Frauen, Männer und Kinder leben und arbeiten hier. Jährlich werden rund 250000 Tonnen Elektroschrott aus aller Welt illegal hierher verschifft. Das ehemalige Sumpfland am Stadtrand von Accra ist heute ein mit Umweltgiften belasteter digitaler Friedhof riesigen Ausmaßes.

Wenn die Menschen ihr Verhalten nicht grundlegend ändern, werden im Jahr 2100 täglich mehr als elf Millionen Tonnen Müll produziert. Prognosen zufolge werden die Subsahara-Staaten dabei zwar weit unter dem Durchschnitt liegen, dennoch stellt die Entstehung von Abfällen eine große Herausforderung für Menschen, Umwelt und eine nachhaltige Entwicklung dar. Einerseits birgt eine unsachgemäße Abfallwirtschaft große Gefahren, andererseits ist Müll eine wichtige Ressource.

Angesichts dieser weltweiten Müllströme muss die Bevölkerung sowohl im Globalen Norden als auch im Globalen Süden so früh wie möglich sensibilisiert werden, um ein nachhaltiges Abfallwirtschaftskonzept zu entwickeln, das auf Abfallreduzierung, **Recycling** sowie Kompostierung aufbaut und Gesundheitsgefahren minimiert.

Müll schafft auch Arbeitsplätze und kann zur Sicherung des Lebensunterhalts beitragen.

Müllaufkommen … Prognose 2025

	kg/pro Kopf/Tag	t/Tag
Südafrika	2,00	72 146
Nigeria	0,80	101 307
Sudan	1,05	32 467
D. R. Kongo	0,75	36 735
Kamerun	1,00	17 194
Angola	0,70	13 203
Äthiopien	0,65	19 690
Madagaskar	1,10	12 485
Subsahara-Afrika	0,85	441 840
Welt	1,40	6 069 703

Nach Daniel Hoornweg, Perinaz Bhada-Tata: What a Waste – A Global Review of Solid Waste Management. Washington, DC: World Bank 2012, S. 80 – 83

70

Es stinkt erbärmlich

„[…] Am Anfang stand die spontane Aktion, Marktplätze von Müllbergen zu befreien. Es folgte der Kauf von zwei Lastwagen, die nun jeden Tag die Sammelstelle sowie Marktplätze im Großraum Banjul anfahren und den Unrat abtransportieren. Somit sollen neue wilde Müllkippen vermieden werden.
Doch es soll nicht dabei bleiben. ‚Es kann nicht sein, dass wir den Müll nur von A nach B fahren. Erster Schritt ist nun, den organischen Abfall direkt herauszusortieren', sagt Martin Eller, der aus der Nähe von Stuttgart kommt. Sortieren klappt bislang nicht immer. Aber Trennen ist wichtig für die weitere Verwertung.
Eller wird das Projekt ein Jahr lang begleiten und dafür sorgen, dass die organischen Abfälle zu Kompost für Bauern oder Gärtner werden. Dafür hat die Regierung im April eine Fläche von 10 000 Quadratmetern zur Verfügung gestellt. ‚Der Bedarf ist riesig', sagt Eller. 70 Prozent der Einwohner Gambias arbeiten in der Landwirtschaft.
Für Oladele Oyelakin fehlt es im Land an Umweltbewusstsein. ‚Früher gab es ein Gesetz, das verhindern sollte, dass Abfälle einfach auf der Straße landen', sagt der Chemiker. ‚Doch heute kümmert sich niemand mehr darum. Leute lassen ihren Müll beispielsweise im Taxi und hoffen, dass der Fahrer ihn am Ende des Tages entsorgt. Doch der schmeißt ihn auch nur irgendwohin.'"

Katrin Gänsler: Es stinkt erbärmlich. In: taz vom 02.09.2017, auf www.taz.de/!5443713/, Nov. 2018

71

72 **Kenia: Aus Flip-Flops werden bunte Gummitiere**

Wo sogar Kühe Plastik fressen

„[…] Das weltweit krasseste Plastikverbot hat Kenia vergangenes Jahr verabschiedet. Vier Jahre Gefängnis steht da im Gesetz. Der Grund: In kenianischen Schlachthäusern wurden vermehrt Kühe zerlegt, deren Mägen von Plastiktüten verstopft waren. Das führte zu einem Aufschrei. Dennoch hat Kenias Parlament zehn Jahre über dem Gesetzesentwurf gebrütet, bis er endlich durchkam. Denn auch in Afrika hat die Plastikindustrie einflussreiche Lobbyisten. Deswegen ist in Uganda das Plastiktütenverbot nie verabschiedet worden, obwohl der Gesetzesentwurf seit 2009 auf dem Tisch liegt.
Doch selbst afrikanischen Vorbildländern wie Ruanda und Kenia gelingt es nicht, den Plastikverbrauch auf null zu reduzieren. Ruandas Regierung sucht schon lang nach ausländischen Investoren, um eine nachhaltige Recyclinganlage zu errichten, die nicht nur Plastik, sondern auch Batterien und anderen Giftmüll entsorgt. Vielleicht sollten Deutschland und Europa darüber nachdenken, diesen afrikanischen Ländern unter die Arme zu greifen, damit Plastik nicht weiter im großen Stil in die Weltmeere gespült wird. Es könnte mehr bringen als ein Verbot von Wattestäbchen in Europa."

Simone Schlindwein: Wo sogar Kühe Plastik fressen. In: ntv.de vom 05.06.2018, auf www.n-tv.de/politik/Wo-sogar-Kuehe-Plastik-fressen-article20464563.html, Nov. 2018

73

Kenia – Mülltrennung als Erfolgsmodell

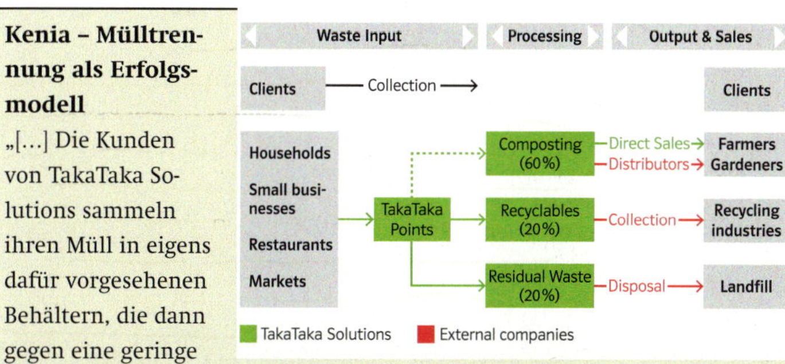

„[…] Die Kunden von TakaTaka Solutions sammeln ihren Müll in eigens dafür vorgesehenen Behältern, die dann gegen eine geringe Gebühr abgeholt und getrennt werden. […] Mithilfe des TakaTaka-Systems wird derzeit eine Recycling-Rate von bis zu 80 Prozent erzielt."

Simon Dupree: Wie Recycling Kenias Hauptstadt sauber macht. In: RESET vom 23.03.2017, auf https://reset.org/blog/wie-recycling-kenias-hauptstadt-sauber-macht-03232017, Nov. 2018 (Grafik nach Takataka Solutions)

74

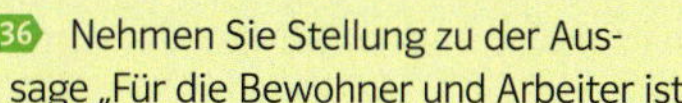
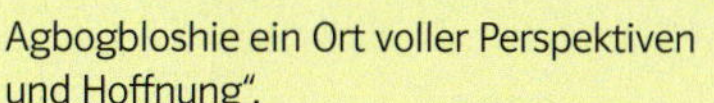

36 Nehmen Sie Stellung zu der Aussage „Für die Bewohner und Arbeiter ist Agbogbloshie ein Ort voller Perspektiven und Hoffnung".

37 Erörtern Sie, inwiefern Kenia als Vorbild im Kampf gegen den Müll gelten kann.

5 Außenwirtschaftliche Beziehungen

In Subsahara-Afrika gibt es aufstrebende Wirtschaften wie Ruanda oder Senegal, aus denen Erfolgsmeldungen kommen und deren stabile Demokratien Investoren anlocken, da diese Sicherheit bieten. Staaten wie Mali oder Tschad hingegen verzeichnen weniger ausländische Investitionen.

Aber Investoren sind keine Heilsbringer. Vielmehr verfolgen sie eigene wirtschaftliche Interessen. Ein Wirtschaftsaufschwung wirkt nur dann positiv, wenn er nachhaltig ist und der einheimischen Bevölkerung nützt. Das beinhaltet neben fairen Handelsbeziehungen auch die Beschäftigung der Einheimischen sowie die Investition staatlicher Einnahmen zum Wohl der Zivilgesellschaft.

Umstritten ist, inwiefern die einstige Kolonialherrschaft über Subsahara-Afrika auch heute noch als Hemmschuh der wirtschaftlichen Entwicklung anzusehen ist. So ist beispielsweise der senegalesische Wirtschaftswissenschaftler Felwine Sarr der Ansicht, dass koloniale Benachteiligungen in Form von wirtschaftlichen, politischen und kulturellen Abhängigkeiten zum Teil bis heute anhalten.

„[…] Tatsächlich wuchsen Afrikas Volkswirtschaften im vergangenen Jahrzehnt um durchschnittlich rund sechs Prozent. In dieser Zeit vervierfachten sie ihr Handelsvolumen, zogen siebenmal mehr Privatinvestitionen an und reduzierten die Staatsverschuldung um ein Viertel. Sieben der zehn am schnellsten wachsenden Volkswirtschaften der Welt sind heute in Afrika zu finden. Von einem kräftigen Bevölkerungswachstum angefeuert, soll das Bruttoinlandsprodukt des Kontinents bereits Mitte des Jahrhunderts sowohl jenes der EU als auch das der USA überholen, prophezeien Optimisten.

Skeptiker wenden allerdings ein, dass die Basis für die beeindruckenden Wachstumszahlen kümmerlich ist: Noch immer trägt der zweitgrößte Kontinent der Erde weniger als drei Prozent zum weltweiten Sozialprodukt bei – weniger als Frankreich. In vielen Fällen scheint sich der Boom auch ausschließlich auf höhere Rohstoffpreise oder die Entdeckung neuer Erdölvorkommen zu gründen. Und schließlich erweist sich der kontinentale Frühling auch als höchst labil […].“

Johannes Dieterich: Blütenträume. In: brand eins 2013, auf www.brandeins.de/magazine/brand-eins-wirtschaftsmagazin/2013/fortschritt-wagen/bluetentraeume, Nov. 2018

1

2

Kompetenzen erwerben

- Chancen und Risiken beurteilen, die die Globalisierung für Subsahara-Afrika bietet;
- zur Rolle Subsahara-Afrikas im Welthandel Stellung nehmen;
- mangelnde Infrastruktur als ein Entwicklungshemmnis beschreiben;
- Chancen und Risiken des Ausbaus des Internets in Subsahara-Afrika erörtern;
- selbstständig erarbeitete komplexe Zusammenhänge und Problemstellungen des fairen Handels fach- und adressatengerecht darstellen;
- Probleme der Stadtentwicklung anhand der Beispiele Nairobi und Lusaka in Kurzvorträgen mit angemessener Medienunterstützung präsentieren.

Material
Infoblatt Globalisierung
57ck6a

5.1 Afrikas Rolle(n) im Globalisierungsprozess

Afrika – neues Ziel der Globalisierung?
„Die für Investoren wichtigen Themen wie Infrastrukturen und etablierte institutionelle Rahmenbedingungen wie zum Beispiel Rechtssicherheit, verlässliche Zahlungsverkehr-Systeme oder ein funktionierendes Steuerwesen sind in vielen afrikanischen Ländern, insbesondere in denen der Subsahara-Region, sehr unterschiedlich ausgeprägt. Und selbst wenn relativ fortgeschrittene wirtschaftliche Rahmenbedingungen wie in Südafrika, Kenia, Tansania und teilweise in Nigeria geschaffen sind, scheinen hohe Wechselkursschwankungen und insbesondere Korruptionsskandale internationale Investitionen abzuschrecken.
Dennoch, die westliche Welt tut gut daran, den Teil des Kontinents südlich der Sahara genauer und mit Interesse zu betrachten […]

Entwicklungshemmnisse. Auch wenn die Länder Subsahara-Afrikas noch sehr heterogen in ihren Entwicklungsstadien sind und weiterhin vor der Bewältigung großer grundlegender Themen wie Gesundheit, Sicherheit und Bildung stehen, ist offensichtlich, dass diese Märkte einerseits einen enormen Investitionsbedarf aufweisen, andererseits auch immense Absatzchancen bieten.

Joint Ventures als Lösung. Zentrale Infrastruktur- und Energiefragen vor Ort lassen sich selten ohne wirtschaftliche Partner aus dem Ausland lösen. Bereits jetzt beschäftigt sich Subsahara-Afrika mit dem Auf- und Ausbau von Transport- und Mobilfunknetzen, der Nutzung von erneuerbaren Energien wie Wind- und Solarenergie, der Müllentsorgung und -verarbeitung oder der Rohstoffverwertung. Afrika steht bei vielen dieser Themen noch am Anfang. Eine große Chance für Wirtschaft und Gesellschaft."

Nach Joseph Mbuyi: Afrika im Aufbruch. In: KfW Stories vom 26.06.2017, auf www.kfw.de/stories/wirtschaft/infrastruktur/kfw-ipex-bank-bueroleiter-mbuyi-ueber-wirtschaftliche-entwicklung-in-afrika/, Nov. 2018

3

Entwicklung der Gesamtausfuhren und -einfuhren der Staaten Afrikas südlich der Sahara

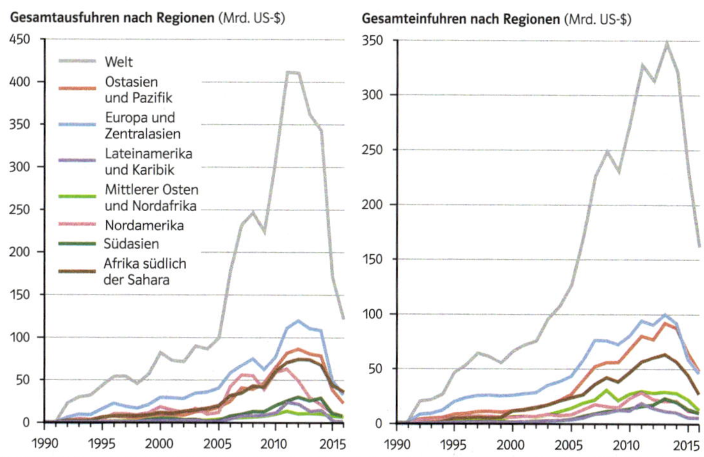

Nach World Bank: World Integrated Trade Solution, auf https://wits.worldbank.org/CountryProfile/en/Country/SSF/StartYear/1990/EndYear/2016/TradeFlow/Import/Indicator/MPRT-TRD-VL/Partner/BY-REGION/Product/Total#, Nov. 2018

EPA – zweifelhafte Chance
„[…] Bislang wurde nur das Wirtschaftspartnerschaftsabkommen (EPA) mit dem südlichen Afrika ratifiziert und ist am 10. Oktober 2016 in Kraft getreten.
Viele der afrikanischen Länder sehen die EPAs als Ausdruck der Vorherrschaft europäischer Wirtschaftsinteressen und Einschränkung ihres politischen Handlungsspielraums.
Durch die Öffnung für europäische Importe wird der Druck auf die Landwirtschaft und die wenig entwickelte verarbeitende Industrie in Afrika deutlich steigen. Angesichts der geringen Wettbewerbsfähigkeit der afrikanischen Wirtschaften erscheint die geplante Übergangsphase von 15 bis 20 Jahren utopisch, um internationale Standards zu erreichen.
Eine brachiale Umsetzung der EPAs ohne eine beidseitig gestützte massive Anpassungs- und Kompensationsstrategie kann die verletzlichen Ökonomien vieler afrikanischer Länder deutlich schwächen. […]"

Lena Giesbert, Birte Pfeiffer, Simone Schotte: Umstrittene Freihandelsabkommen mit der EU: Afrika unter (Handels-)Druck. In: GIGA Focus Afrika, Nr. 7/12.2016, auf www.giga-hamburg.de/de/publikation/umstrittene-freihandelsabkommen-mit-der-eu-afrika-unter-handels-druck, Nov. 2018

1 Charakterisieren Sie die Rolle Subsahara-Afrikas innerhalb des Welthandels.

2 Beurteilen Sie die Chancen des Wirtschaftspartnerabkommens (Text 5).

3 Entwickeln Sie Ideen, wie mehr Menschen von der Globalisierung profitieren können.

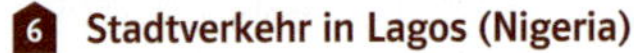
6 Stadtverkehr in Lagos (Nigeria)

9 Hauptstraße in Kamerun nach der Regenzeit

5.2 Verkehrsinfrastruktur

Afrikas Infrastruktur in Zahlen

„– 93 Mrd. Dollar benötigt Afrikas Infrastruktur-Finanzierung jährlich
- 45 Mrd. Dollar sind die aktuellen Ausgaben – davon die Hälfte von privaten Investoren
- 34 % der Bevölkerung haben Zugang zu befestigten Straßen
- 100 % höher sind die Transportkosten im Vergleich zu anderen sich entwickelnden Regionen.“

Nach Andy Baldwin: Africa needs an innovation revolution – here's how it can happen. In: World Economic Forum vom 24.05.2017, auf www.weforum.org/agenda/2017/05/africa-needs-an-innovation-revolution-here-s-how-it-can-happen/, Nov. 2018

7

Lagos vor dem Verkehrsinfarkt

„Der Verkehr in Lagos ist so monströs, dass selbst der geduldigste Besucher am Ende verzweifelt. Die Straßen sind permanent verstopft. Für die 15 km aus einem der Vororte in die Geschäftsviertel auf Lagos Island oder Victoria Island brauchen Zehntausende von Pendlern während der Stoßzeiten bis zu drei Stunden. Büroangestellte versuchen nach der schweißtreibenden Anfahrt oft vergeblich, am Schreibtisch nicht einzunicken. Aber selbst Manager können in der nigerianischen Wirtschaftsmetropole nie sicher sein, ihren Flug zu erreichen oder auch nur eine Verabredung einzuhalten. Viele von ihnen haben sich längst daran gewöhnt, ihr im Stau sitzendes Taxi zu verlassen und einen Motorradfahrer herbeizuwinken, auf dessen Soziussitz man oft Kopf und Kragen riskiert, während der Pilot zwischen den Kolonnen hupender Autos Slalom fährt. Lastwagen schaffen sich freie Bahn, indem der Beifahrer aus dem Fenster heraus mit einer Peitsche oder einem Stock auf die Dächer der zu nahe kommenden Autos eindrischt. […]“

Wolfgang Drechsler: Lagos spiegelt die Misere Afrikas. In: Handelsblatt vom 16.10.2010, auf www.handelsblatt.com/politik/konjunktur/laenderanalysen/eine-stadt-imchaos-lagos-spiegelt-die-misere-afrikas/3640228.html, Jan. 2014

8

Die größte Bremse für die boomende Wirtschaft Subsahara-Afrikas ist die schlechte **Infrastruktur**. In weiten Teilen fehlt ein überregionales und befestigtes Verkehrsnetz. In den anderen Regionen ist die Verkehrsinfrastruktur schlecht gewartet und den insgesamt steigenden Anforderungen nicht mehr gewachsen.

Was Infrastrukturinvestitionen ausmachen können, soll an folgendem Beispiel deutlich werden: Eine Straße wird gebaut. Der lokale Handel kann sich entwickeln, Arbeitsplätze entstehen, mehr Menschen haben ein höheres Einkommen und können vermehrt Güter nachfragen, was Handel sowie Produktion weiter beflügelt und die Immobilienpreise steigen. Somit kann der Infrastrukturausbau einen wichtigen Impuls für die Entwicklung der lokalen Wirtschaft geben.

Doch in vielen Staaten und Regionen auf dem afrikanischen Kontinent mangelt es an Straßen, Stromleitungen oder Eisenbahntrassen. Die dringend erforderliche Ausweitung des intra- und interregionalen Handels scheitert daran ebenso, wie die Wettbewerbsfähigkeit der lokalen Unternehmen darunter leidet. Beim Vergleich der Wettbewerbsfähigkeit in der Infrastruktur war Subsahara-Afrika 2017 erneut das Schlusslicht unter den Regionen. In vielen Staaten fehlt es an Geld, belastbaren Konzepten oder dem notwendigen politischen Willen.

Andererseits wächst die Sorge, dass die Staaten beim Versuch, mit prestigeträchtigen Verkehrsprojekten ihre Volkswirtschaften zukunftsfähig zu machen, sich finanziell übernehmen.

Erfolgsmodell Äthiopien

„Äthiopien setzt alles daran, eine moderne Verkehrsinfrastruktur aufzubauen, um das Land wirtschaftlich und nachhaltig voranzubringen. Aushängeschilder sind ein neues Eisenbahnnetz, eine Stadtbahn in Addis Abeba, Autobahnen und Schnellstraßen sowie ein geplanter neuer ‚Riesenflughafen'. Die ersten fertiggestellten Projekte sind beeindruckend. Das Nadelöhr für weitere Vorhaben ist derweil die Finanzierung. [...]

[Im Rahmen seines ersten Entwicklungsplans (2009/10 bis 2014/15)] konnte Äthiopien sein Fern- und Landstraßennetz um 14 800 Kilometer auf 63 600 Kilometer ausweiten. Hinzu kamen 46 810 Kilometer von befestigten, ganzjährig befahrbaren Pisten. Unter dem Strich ist das eine Verdoppelung des Straßennetzes in nur fünf Jahren. Brauchte ein Dorfbewohner früher fast vier Stunden, um eine ‚All-Wetter-Straße' zu erreichen, sind es heute nur noch eineinhalb Stunden.

[Im nächsten Entwicklungsplan (2015/16 bis 2019/20)] will Äthiopien nun sicherstellen, dass Menschen aus allen Dörfern binnen durchschnittlich einer Dreiviertelstunde eine All-Wetterstraße erreichen können. Zu diesem Zweck soll das bestehende Straßennetz erneut verdoppelt werden – auf 220 000 Kilometer. Der Anteil der asphaltierten Straßen soll dabei von 13 Prozent auf 16 Prozent steigen.

Das zweite Transportstandbein ist ein neues Eisenbahnnetz, das einmal das ganze Land durchziehen soll und von dem sich die Regierung erhebliche Kosten- und Zeiteinsparungen beim Massengütertransport verspricht. [Im ersten Entwicklungsplan wurden] nur die für den Außenhandel überaus wichtige Strecke zwischen der Hafenstadt im Nachbarland Dschibuti und Addis Abeba sowie eine prestigeträchtige Stadtbahn in der Hauptstadt gebaut [...]."

Germany Trade and Invest – Gesellschaft für Außenwirtschaft und Standortmarketing mbH: Äthiopien punktet mit neuem Eisenbahn- und Straßennetz. In: GTAI Germany Trade & Invest vom 20.11.2017, auf www.gtai.de/GTAI/Navigation/DE/Trade/Maerkte/suche,t=aethiopien-punktet-mit-neuem-eisenbahn-und-strassennetz,did=1818772.html, Nov. 2018

10

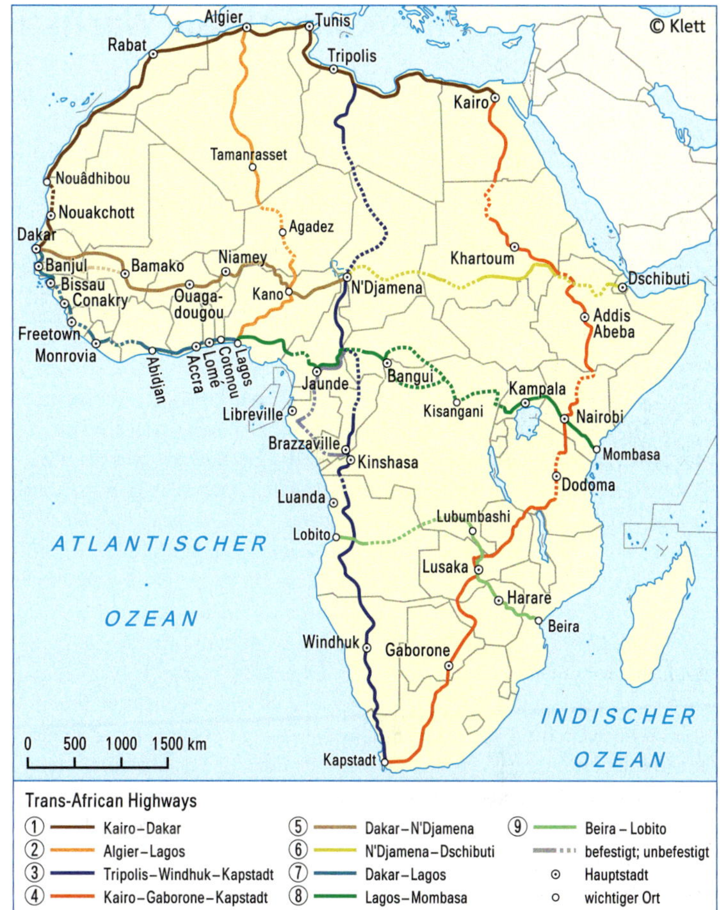

11 **Netz der Trans-African Highways**

12 **Stadtbahn in Addis Abeba (Äthiopien)**

4 Beschreiben Sie die wirtschaftliche Bedeutung einer guten Verkehrsinfrastruktur für die Staaten Subsahara-Afrikas.

5 Charakterisieren Sie die Verkehrsinfrastruktur in Subsahara-Afrika.

6 Vergleichen Sie mithilfe einer Internetrecherche die Verkehrsinfrastruktur Deutschlands mit der eines Staates Subsahara-Afrikas.

5.3 Internetökonomie als Wachstumsfaktor?

Internet und Mobilfunk helfen Afrika mehr als Entwicklungshilfe

„[…] Abdoulaye Wade, 2000 bis 2012 Präsident von Senegal, äußerte in einem Interview: „Ich habe noch nie erlebt, dass sich ein Land durch **Entwicklungshilfe** oder Kredite entwickelt hat. Länder, die sich entwickelt haben – in Europa, in Amerika oder auch in Japan oder asiatische Länder wie Taiwan, Korea und Singapur –, haben alle an den freien Markt geglaubt. Das ist kein Geheimnis. Afrika hat nach der Unabhängigkeit den falschen Weg gewählt."

[…]

In seiner Bedeutung unterschätzt wird häufig, was die Kombination aus Internet und Mobilfunk in afrikanischen Ländern bewirkt hat […]. Vor allem […] hat die Verbindung von Internet und Mobilfunk einen Gründerboom sondergleichen ausgelöst. […] Während europäische Unternehmer noch an Websites für Laptop oder Desktop hängen, haben afrikanische Unternehmer längst die Zukunft für sich entdeckt und wenden sich hauptsächlich an mobile Internetnutzer. […] Heute zählen Apps. Rund um diese Gründerzentren in Kenia haben sich Start-up-Finanziers, Venture-Capital-Funds und zahlreiche andere Dienstleister entwickelt. Und dieser Gründerboom ist stabiler als eine Wirtschaft, die vor allem auf dem Reichtum an Rohstoffen basiert. […] Dank Internet und Mobilfunk nahm der Durchgriff des Staates auf viele Branchen ab. Dadurch konnten sich Unternehmer etablieren, die nicht mehr nur vom Wohlwollen des Staates abhängig waren oder von direkten Beziehungen zur Politik profitierten. […] Früher mussten die Gemüseverkäuferinnen von Haus zu Haus gehen und fragen, wer welches Gemüse haben wollte. Heute nehmen sie die Bestellungen mit dem Mobiltelefon entgegen und die Kunden zahlen auch mit dem Mobiltelefon. Auch das ist heute Afrika. […]"

Rainer Zitelmann: Internet und Mobilfunk helfen Afrika mehr als Entwicklungshilfe. In: deutsche-startups.de vom 09.04.2018, auf www.deutsche-startups.de/2018/04/09/internet-und-mobilfunk-helfen-afrika-mehr-als-entwicklungshilfe/, Nov. 2018

Jobs in Afrika benötigt

„[…] Firmen mit rein digitalen Geschäftsmodellen schaffen relativ wenige Arbeitsplätze und suchen vor allem hoch qualifizierte Mitarbeiter. Die Google-Mutter Alphabet etwa beschäftigte Ende vergangenen Jahres weltweit rund 72 000 Mitarbeiter. General Motors dagegen 215 000 Mitarbeiter – und das, obwohl der Börsenwert des Autobauers nur ein Dreizehntel beträgt. ‚Afrika aber braucht vor allem eines: Jobs.' Deshalb müsse der Kontinent endlich darangehen, eine funktionierende Industrieproduktion und eine bessere Infrastruktur aufzubauen […]. Leider investiere der Staat dort viel zu wenig, ‚weil es in Afrika einen viel zu starken Glauben an die Macht des Marktes" gebe. „Der Staat erwartet […], dass private Investoren Straßen oder Krankenhäuser bauen – obwohl offensichtlich ist, dass das nicht funktionieren kann.' Schuld dafür trage auch der Westen: Institutionen wie die Weltbank haben die afrikanischen Länder lange Zeit dazu angehalten, ihre staatlichen Ausgaben zurückzufahren."

Katja Scherer: Digitalisierung für Afrika: „Viel zu starker Glaube an die Macht des Marktes". In: heise online vom 14.11.2017, auf www.heise.de/newsticker/meldung/Digitalisierung-fuer-Afrika-Viel-zu-starker-Glaube-an-die-Macht-des-Marktes-3889824.html, Nov. 2018

14

15 Afrika, wie es Künstler Igor Kondenko sieht

Wirtschaftsexperten setzen in Subsahara-Afrika auf die Potenziale des Entwicklungsmotors Handy angesichts der Tatsache, dass 75 Prozent der armen Menschen in ländlichen, infrastrukturschwachen Regionen leben. Sie gehen davon aus, dass durch Mobiltelefone die Entwicklung beschleunigt wird, Arbeitsplätze entstehen und die Wirtschaft wächst. Da Mobiltelefone billiger als Computer und wegen ihres geringen Strombedarfs auch universeller einsetzbar sind, bieten sich auch den Menschen mit niedrigem Einkommen Chancen, Anschluss an die moderne Informationstechnologie zu erhalten. Zudem steigt mit zunehmender Anzahl an Handy-Verträgen das BIP.

Problematisch ist allerdings, dass Regierungen in einigen Staaten die Kontrolle darüber haben, die Kommunikation der Bevölkerung via Internet und Telefon nach Belieben zu trennen. So wurde beispielsweise in der Republik Kongo im Juni 2017 die Online-Verbindung erst nach einer 15 Tage dauernden Abschaltung wiederhergestellt. Als Begründung wurde die Beschädigung des Unterseekabels durch ein Fischerboot genannt.

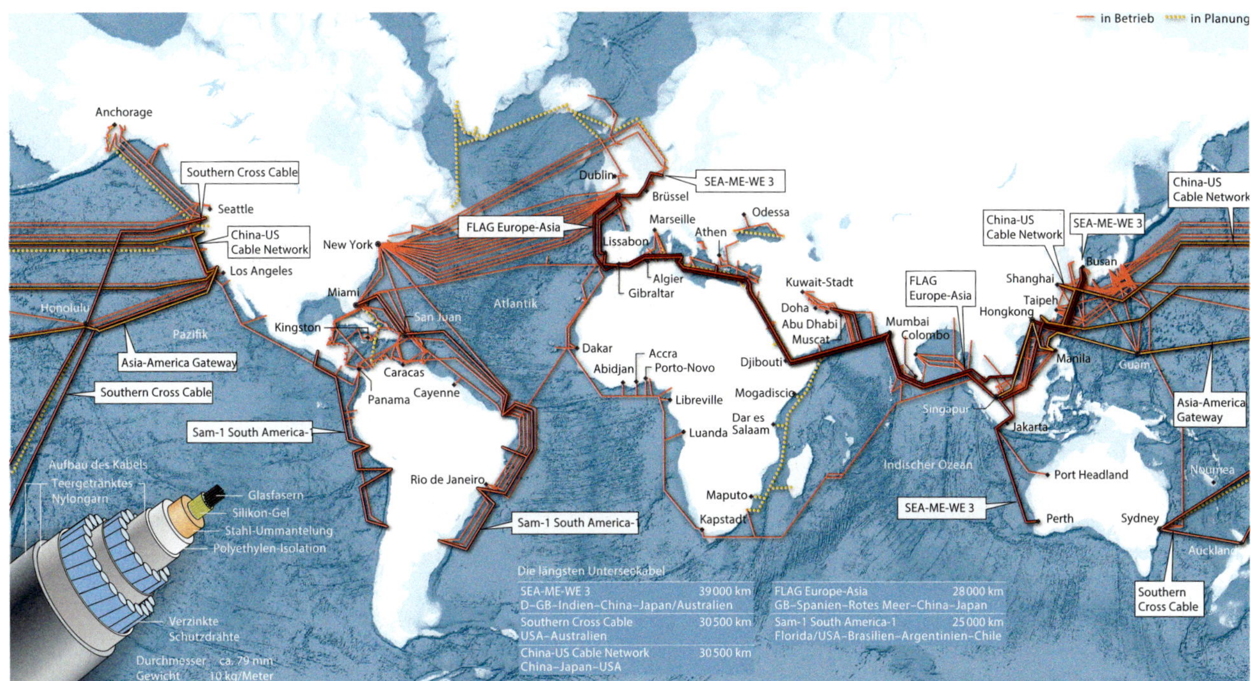

16 Tiefseekabel: Daten rasen über fragile „Autobahnen"

TOP 10 der Internetnutzer in Subsahara-Afrika 2016

	Weltrang	Internetnutzer (Mio.)	Einwohner (Mio.)
Nigeria	7	86,22	186,99
Südafrika	25	28,58	54,98
Kenia	29	21,25	47,25
Sudan	41	10,89	41,18
Ghana	47	7,96	28,03
Uganda	50	7,65	40,32
Angola	59	5,95	25,83
Elfenbeinküste	68	5,12	23,25
Kamerun	78	4,31	23,92
Zum Vergleich:			
Deutschland	8	71,02	80,68

Internet Live Stats: Internet Users by Country (2016), auf www.internetlivestats.com/internet-users-by-country/, Nov. 2018

18 Mobilfunkmasten in Sambia nahe der Victoriafälle

Globales Dorf (Global Village)
Mit dem aus der Medientheorie stammenden Begriff sind die elektronischen Vernetzungen gemeint, die die Welt zu einem „Dorf" zusammenwachsen lassen. Der Begriff wird als Metapher für das World Wide Web verwendet. Über das Internet kann jeder mit anderen Menschen auf der Welt Kontakt aufnehmen, ohne dass er dabei seinen Standort verändern muss.

7 Charakterisieren Sie die Situation Subsahara-Afrikas im globalen Netz.

8 Beurteilen Sie, inwiefern das Internet für die Staaten südlich der Sahara ein Entwicklungsmotor sein kann.

9 Analysieren Sie die Zeichnung 15.

Schwierigkeiten der Armen im Umgang mit Banken

Wie soll man sein Erspartes sichern?
Ein einfacher Arbeiter auf einer Plantage in Kenia hat am Ende des Jahres 30 US-$ übrig. Dieses Geld möchte er für die spätere Ausbildung seiner Kinder zurücklegen. Welche Möglichkeiten hat er?

Er könnte das Geld in seiner Matratze oder an einer anderen Stelle seiner kleinen Wohnung verstecken. Allerdings würde das aufbewahrte Geld durch die Inflation über die Jahre langsam an Kaufkraft verlieren. Auch ist es in der Wohnung nicht sicher. So könnte das Geld die Begehrlichkeiten der anderen Familienangehörigen wecken, die sich davon gerne etwas kaufen möchten.

Er könnte für das Geld eine Ziege kaufen. Diese könnte die Familie mit frischer Milch versorgen und später wieder verkauft werden. Die Ziege benötigt aber Wasser und Futter. Auch ist es nicht sicher, dass sie später wieder ohne Verlust verkauft werden kann.

Er könnte bei einer Bank ein Konto eröffnen und das Geld einzahlen. Das Geld wäre hier sicher und würde über die Jahre auch noch Zinserträge erwirtschaften. Allerdings ist die nächste Bank eine Tagesreise entfernt. Er müsste sich eine Mitfahrgelegenheit suchen und von einem Teil des Geldes die Fahrtkosten bezahlen. Für die Reise würde er mindestens zwei Tage benötigen, an denen er nicht arbeiten und kein Geld verdienen kann. Weiterhin sind die Banken an Kleinsparern kaum interessiert. Oft beträgt die Mindesteinlagesumme 50 US-$ und mehr.

20

5.4 M-Pesa – Vorbild aus Afrika

Entwicklung der Anzahl der Transaktionen über M-Pesa in Kenia

2011	430000
2012	500000
2013	745000
2014	920000
2015	1100000

African Business Central: Kenya's M-PESA mobile money has grown rapidly, auf www.africanbusinesscentral.com/2016/12/31/safaricoms-m-pesa-has-kenyas-government-worried-what-happens-in-the-event-of-a-crash-infographic/, Nov. 18

Mobile Geldtransaktionen in Kenia

„Die Idee, die Kenias Wirtschaft auf den Kopf stellen sollte, kam Nick Hughes in einem sterilen Konferenzsaal in Südafrika. Der Brite war 2003 an das Treffen von Entwicklungsexperten gereist, um nach neuen Geschäftsideen für seinen Arbeitgeber, die britische Vodafone-Gruppe, Ausschau zu halten. Ihm fiel auf, dass man zwar wiederholt von der Schwierigkeit sprach, Finanzdienstleistungen in Entwicklungsländern anzubieten. Dass aber niemand auf die Idee kam, hierfür auf Handys zu setzen, die sich bereits damals auch in den abgelegensten Winkeln der Welt auszubreiten begannen. Wenig später machte sich der umtriebige Hughes in Kenia daran, eine mobile Plattform für Kleinkredite zu etablieren. Das ostafrikanische Land bot sich dafür an, weil es im Handymarkt besonders hohe Wachstumsraten auswies und die Vodafone-Tochter Safaricom lokale Marktführerin war. Einfach war das Vorhaben gleichwohl nicht. ‚Es gab zu jener Zeit weltweit nichts Vergleichbares', erzählt der promovierte Umweltwissenschaftler. ‚Wir schufen einen Prototypen – und mussten ihn schon nach kurzer Zeit überarbeiten.' Bald merkten Hughes und sein Team nämlich, dass die 600 Testteilnehmer die Plattform nicht primär für Kreditgeschäfte nutzten, sondern für einfache Geldüberweisungen. Also passten sie die Plattform an und lancierten 2007 den mobilen Bezahl- und Geldtransferdienst M-Pesa.
Der Rest ist eine beispiellose Erfolgsgeschichte […].“

Fabian Urech: Weltweit findet heute jede zweite mobile Geldtransaktion in Kenia statt. In: Neue Zürcher Zeitung vom 16.01.2018, auf www.nzz.ch/international/der-weltmarktfuehrer-aus-afrika-ld.1338079, Nov. 2018

Während das Bezahlen mit dem Handy in Europa noch in den Kinderschuhen steckt, ist es in Kenia seit 2007 möglich und inzwischen zur Selbstverständlichkeit geworden. Der Mobilfunkbetreiber Safaricom bot seinen Kunden die Möglichkeit, Geldgeschäfte per SMS abzuwickeln, was billiger, schneller und ebenso sicher wie ein gewöhnlicher Banktransfer war. Dieser mobile Bezahldienst **M-Pesa** gilt als erfolgreichste Handy-Anwendung auf dem afrikanischen Kontinent. Die Bezeichnung M-Pesa setzt sich zusammen aus dem Kürzel „M" für „mobile" und dem aus der Suaheli-Sprache stammenden Wort „Pesa" für Geld.

Damit war es möglich, Geldbeträge auf dem Handy zu deponieren, per SMS Geld an andere Handynutzer zu verschicken und Güter sowie Dienstleistungen per Handy zu kaufen oder zu verkaufen. Vor allem für schwach erschlossene Gebiete, in denen zudem ein geringes Lohnniveau herrscht, war dies eine Chance. Wer sein Guthaben in Bargeld umtauschen oder sein Konto aufstocken will, kann dies bei einer der inzwischen über 120 000 Verkaufsstellen im Land tun.

Heute nutzen den Dienst 30 Millionen Menschen in zehn Ländern; 2016 wurden weltweit 6 Milliarden Transaktionen über M-Pesa abgewickelt und zu Spitzenzeiten über 500 pro Sekunde. Bei jeder Transaktion gehen 1,5 bis 2 Prozent des abgewickelten Geldbetrages als Nutzungsgebühr an den Mobilfunkanbieter Safaricom. Im Vergleich zu allen anderen Möglichkeiten, Geld von A nach B zu transferieren, ist diese die günstigste.

Die neue Form der Kommunikation hat vielen Afrikanern eine ganz neue Welt geöffnet: Durch den billigen Erwerb einer eigenen Telefonnummer kann der Kunde ohne eine feste Adresse oder finanzielle Sicherheiten Finanzdienstleistungen in Anspruch nehmen. Dadurch trauen sich mehr Menschen, kleine Beträge zu sparen und ein Unternehmen zu gründen. Da man für die Anwendung lesen können muss, wurde die Alphabetisierung vorangetrieben. Heute nutzen rund 70 Prozent der Erwachsenen in Kenia M-Pesa. Weltweit findet heute jede zweite mobile Geldtransaktion in Kenia statt.

23 M-Pesa-Schalter in Nairobi (Kenia)

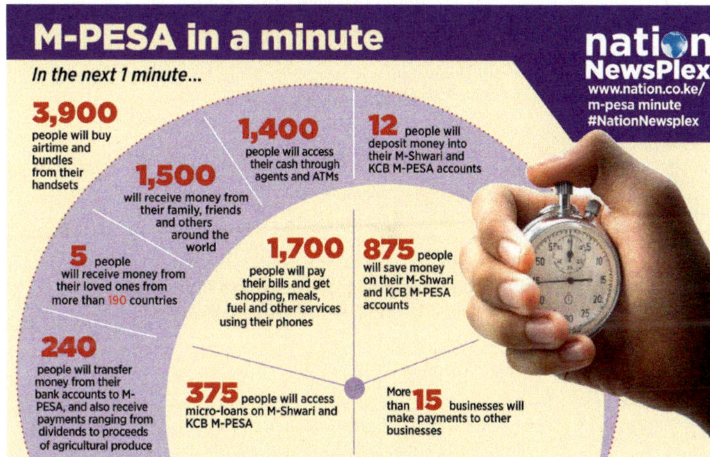

24 Wie M-Pesa das Leben vieler Menschen verändert

Entwicklung der mobilen Bezahlkonten in Afrika südlich der Sahara

registrierte mobile Bezahlkonten (Mio.)

Legende: Südliches Afrika, Zentralafrika, Westafrika, Ostafrika

y-Achse: 0, 100, 200, 300

x-Achse: 2011, 2012, 2013, 2014, 2015, 2016

Nach Sub-Saharan Africa accounts for Over half of Global mobile money schemes. In: The Kenyan Wall Street vom 18.07.2017, Nov. 2018

25

10 Stellen Sie Ihre eigene Abhängigkeit von Bankverbindung und Kommunikationsmitteln dar.

11 Erläutern Sie die Rahmenbedingungen, die den Erfolg von Safaricom ausmachen.

12 „Das Handy ist heute aus dem Leben vieler Afrikaner nicht mehr wegzudenken." Erläutern Sie diese These.

13 „M-Pesa hat die Armen Kenias reich gemacht." Nehmen Sie Stellung zu dieser Aussage.

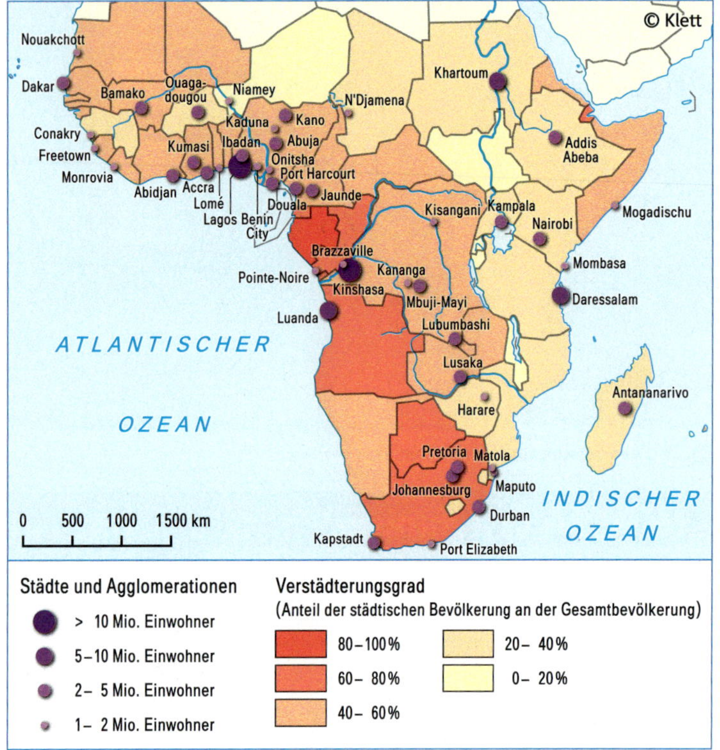

26 **Die bevölkerungsreichsten Städte Subsahara-Afrikas im Jahr 2018**
Nach United Nations: World Urbanization Prospects 2018, auf https://population.un.org/wup/DataQuery/, Nov. 2018

Bevölkerungsentwicklung in ländlichen und städtischen Regionen Subsahara-Afrikas

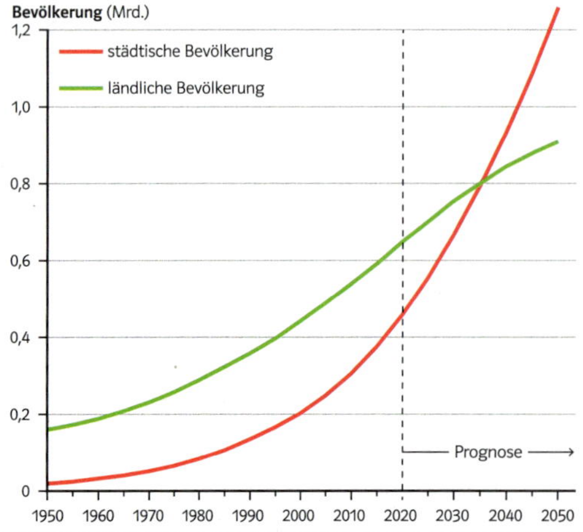

Nach United Nations: World Urbanization Prospects 2018, auf https://population.un.org/wup/Download/, Nov. 2018

27

5.5 Urbanisierung

Urbanisierung und Entwicklung

„[…] Vor 60 Jahren gab es in ganz Subsahara-Afrika (SSA) keine einzige Stadt mit mehr als 1 Mio. Einwohnern. Mittlerweile gibt es 28 Städte mit mehr als 2 Mio. Einwohnern und weitere 25 Städte mit 800 000–2 Mio. Einwohnern.

Aber anders als während der Industrialisierung Europas im 19. Jahrhundert oder Asiens im 20. Jahrhundert entstehen in Afrika keine Weltstädte, sondern elende Megastädte: Zwei Drittel des städtischen Bevölkerungswachstums in Afrika findet in Slums statt. Zwar verfügen viele afrikanische Städte über Fußballstadien und Kinos, aber die Basis-Infrastruktur (Straßen, Stromerzeugung, Abwasser, Wasser) ist hoch defizitär. Dennoch sind sie teuer: Drei der weltweit zehn teuersten Städten befinden sich in Afrika. Aber anders als z. B. New York oder London sind sie nicht deshalb teuer, weil alle benötigten Inputs und Ressourcen auf engem Raum vorhanden sind, sondern weil sie gerade nicht vorhanden sind. Im Ergebnis liegen afrikanische Städte in puncto industrielle Produktion, ausländische Direktinvestitionen und Exporte weit hinter den Städten in anderen Regionen.

Das Entstehen von (Mega-)Cities ist einerseits eine Chance, denn Städte verfügen im Allgemeinen über mehr und bessere Arbeitsplätze, öffentliche Güter und Gesundheitsversorgung als ländliche Räume und bieten damit einen Weg aus der Armut. Die Entstehung riesiger Ballungsräume in Afrika ist aber eine enorme Herausforderung, da die Stadtbevölkerung stetig wächst, ohne dass ein struktureller Wandel stattfindet.

Wachstum ohne Entwicklung?

Die **Urbanisierung** in Afrika hat bisher nicht die positiven Effekte generiert, die sonst mit der Entstehung von Städten einhergehen. Die produktive Gestaltung der Urbanisierung ist aber von entscheidender Bedeutung für die Zukunft Afrikas. Zum einen, weil vor allem die rohstoffreichen Länder infolge des gedämpften Wachstums Chinas und des daraus resultierenden Rückgangs der Rohstoffpreise seit einigen Jahren mit erheblichen Problemen (u. a. niedrige Wachstumsraten, niedrige Steuer- und Deviseneinnahmen, Inflation) zu kämpfen haben. Zum anderen, weil das rasante Bevölkerungswachstum ein nachhaltig hohes Wirtschaftswachstum erforderlich macht. […]“

Claudia Skibbe: Wirtschaftliche Aussichten für (Subsahara-)Afrika & die Rolle der Urbanisierung. Köln: Kfw DEG 2017, S. 3 f., unter: www.deginvest.de/DEG-Dokumente/Download-Center/DEG_Wirtschaftliche-Aussichten-Urbanisierung-in-Afrika_2017_06.pdf

28

29 **Ghetto in Angola**

Städtische Probleme in Entwicklungsländern

Wachstum, Expansion, Umbau
- Flächenexpansion
- Bevölkerungswachstum: nationale und internationale Arbeitsmigration, natürliches Bevölkerungswachstum
- funktionaler Umbau
- Expansion der informellen Bebauung
- Verfall der Innenstädte
- Entstehung diffuser Zentralität
- Transformationsprozesse und Strukturwandel
- zunehmendes Landnutzungsmosaik

Globalisierung

Sozioökonomische Probleme
- sozioökonomische Verdrängungsprozesse
- fehlende Arbeitsplätze im formellen Sektor
- Ausweitung des informellen Sektors
- inner- und transurbane Interessenkonflikte
- Zunahme von sozioökonomischen Disparitäten
- sozialräumliche Fragmentierung: Expansion von Marginalvierteln, Bildung von gated communities
- Zunahme von Armut
- soziale Desorganisation, Unruhen, Kriminalität

Gesellschaftliche Rahmenbedingungen

Überlastungs- und Umweltprobleme
- Flächen„verbrauch" und -inhomogenität
- Bodenversiegelung
- Grundwasserabsenkung
- Belastung durch Müll und Abwasser
- Luftverschmutzung (Industrie, Verkehr)
- verstärkte Anfälligkeit für Umweltkatastrophen
- zunehmende Landsenkung und Überschwemmungen

Politikversagen

Anforderungen an die Stadtpolitik
- Notwendigkeit holistischer Ansätze
- Wohnraumversorgung
- soziale Infrastruktur: Energie, Wasser, Gesundheit, Bildung, Verkehr (ÖPNV), Sicherheit
- stadthygienische Infrastruktur: Müll, Abwasser
- Umwelt- und Ressourcenschutz
- Krisenprävention, Verwundbarkeitsreduzierung
- Regierbarkeit – Governance – Partizipation
- Stärkung der Zivilgesellschaft

Nach Martin Coy, Frauke Kraas: Probleme der Urbanisierung in den Entwicklungsländern. In: Petermanns Geographische Mitteilungen, 147 Jg., H. 1. Gotha: Perthes 2003, S. 34

30

14 Beschreiben Sie die Stadtentwicklung in Subsahara-Afrika.

15 Charakterisieren Sie die Herausforderungen der rasanten Urbanisierung.

16 Erläutern Sie Umwelt- und Überlastungsprobleme der Urbanisierung.

TERRA **DIFFERENZIERUNG**

Afrikas Millionenstädte wachsen schnell und unaufhaltsam. Die Urbanisierung stellt die Verwaltungen der Metropolen vor riesige Aufgaben.

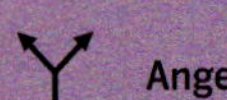
Angebot 1

Nairobi

17 Wählen Sie ein Beispiel (Nairobi oder Luanda) aus und verfassen Sie mithilfe der Materialien und einer Internetrecherche einen Kurzvortrag zur Stadtentwicklung.

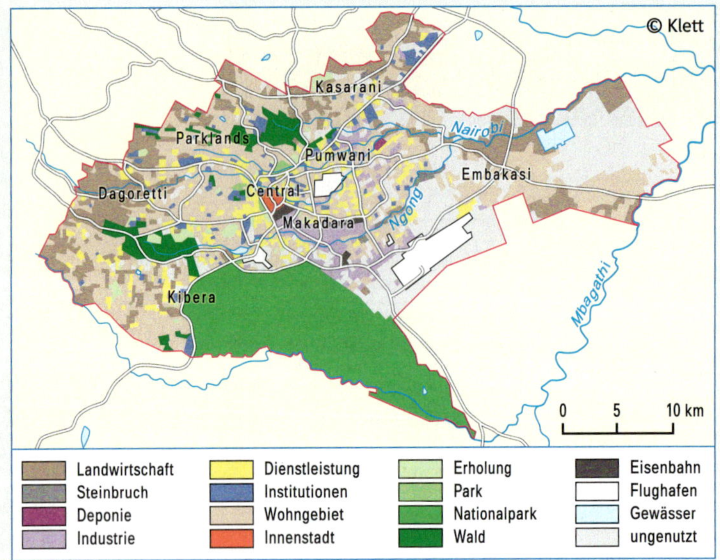

31 **Landnutzung in Nairobi (Kenia)**
Nach Martin Ledant (2011): Nairobi land-use, auf: www.foodmetres-kp.eu/page.1.4.php, Nov. 2018

Nairobi entwickelt sich zusehends zum afrikanischen Zentrum für den Hochhausbau. Beinahe 25 Prozent aller aktuellen Hochhausprojekte in Afrika finden dort statt. Die Grundstückspreise in Nairobi steigen – damit sind sowohl die Mittel als auch die Anreize für neue Bauprojekte gegeben.

32 **City von Nairobi (Kenia)**

Nairobi ist seit der Unabhängigkeit 1963 die Hauptstadt Kenias, nach Daressalam die zweitgrößte Metropole Ostafrikas und dessen unbestrittenes Wirtschaftszentrums.

Das starke Bevölkerungswachstum der Metropole resultiert v.a. aus dem Zuzug aus den ländlichen Bereichen Kenias. Mit einer Bevölkerung von rund 3,5 Mio. (geschätzt für 2017, Prognose für 2030: 5,2 Mio.) hat sich die Einwohnerzahl in 30 Jahren etwa verdoppelt. Im Großraum Nairobi leben mit rund 8,2 Mio. Einwohnern gut doppelt so viele Menschen wie in der Stadt.

Die Bevölkerungsdichte zeigt die immensen Disparitäten in der Stadt: Mit etwa 2,5 Mio. Bewohnern leben rund 60 Prozent der Stadtbevölkerung in den großen Slums (z.B. Kibera) auf nur 6 Prozent der Fläche Nairobis, während die Wohngebiete der wohlhabenden Schichten großzügig angelegt sind und z.T. schon **Gated Communities** bilden.

Das unkontrollierte Wachstum führt zu großen Problemen, die die Stadtplanung im Rahmen eines Masterplans angehen will:

- ständige Verkehrsstaus,
- schlechter Straßenzustand und unzureichendes Straßennetz,
- Wohnraummangel für alle Bevölkerungsschichten,
- problematische Sicherheitslage,
- schlechter Zugang zu sauberem Trinkwasser,
- unzureichende Abfallentsorgung.

Zu den Prioritäten des Plans gehören der Bau neuer Umgehungsstraßen und Eisenbahnstrecken sowie der Ausbau des ÖPNV. Wegweisend ist das von den UN geförderte Kenya Slum Upgrading Programme zur Aufwertung der innerstädtischen Slums, welches die Bereitstellung von Wasseranschlüssen und Sanitäreinrichtungen sowie von erschwinglichem Wohnraum vorsieht.

Luanda

Luanda erregte 2017 Aufsehen, als es Hongkong als teuerste Stadt der Welt – zumindest für ausländische Fachkräfte – ablöste. Die Hauptstadt Angolas zählt zu den am schnellsten wachsenden Megacitys in Afrika. Trotz ungeheurem Bauboom kann der Wohnraum mit der schnell wachsenden Bevölkerung nicht mithalten. Entsprechend lebt der überwiegende Teil der gut sechs Millionen Bewohner Luandas in „musseques", innerstädtischen Slums, die unkontrolliert entstehen, wie Geschwüre wuchern und sich – administrative Grenzen ignorierend – immer weiter ausdehnen.

33 Skyline von Luanda (Angola)

34 Wohnbauten in Kilamba – einem neuen Stadtteil Luandas (Angola)

Chinas Lösung?

„Das größte Bauprojekt, an dem vor allem Investoren aus China beteiligt sind, ist das Stadtviertel Cidade do Kilamba (Kilamba-Stadt) [rund 20 Kilometer außerhalb Luandas]. [In Reihenhäusern] sollen mehr als 80 000 Wohnungen entstehen und rund eine halbe Million Menschen beherbergen. Auch Schulen und Gesundheitszentren sind geplant [...]."

Mario Osava: Angola: Bauen für die Mittelschicht – Chinesen und Brasilianer investieren in die Infrastruktur. In: afrika.info vom 03.12.2012, auf https://afrika.info/newsroom/angola-bauen-fuer-die-mittelschicht-121203/, Nov. 2018

35

Bevölkerungsentwicklung Luandas

Jahr	Einwohner	Jahr	Einwohner
1815	18 000	1950	137 000
1880	16 000	1960	189 500
1900	20 000	1970	475 328
1909	16 000	1983	898 000
1921	20 000	1991	2 000 000
1934	17 900	2014	6 760 439
1940	61 208		

Nach Wikipedia: Luanda, auf https://de.wikipedia.org/wiki/Luanda#Bev%C3%B6lkerung, Jan. 2019

36

Luanda hat den Charakter einer ehemals portugiesischen Kolonialstadt schon lange gegen das x-beliebige Gesicht einer modernen Großstadt eingetauscht. Moderne Glasfassaden, Hunderte von Hochhäusern und grelle Neonreklamen spiegeln Modernität wider. Gleichzeitig wachsen aber auch die Gegensätze zwischen arm und reich: Luxusleben an der Strandpromenade, während wenige Hundert Meter entfernt Kinder für ihr Überleben betteln.

Entsprechend groß sind die Herausforderungen für die Stadtplaner Luandas, die an einem Konzept für 2030 tüfteln. Bis dahin soll Luandas Bevölkerung voraussichtlich auf 13 Mio. Menschen angewachsen sein. Der kollabierte Verkehr, die überforderte Versorgungsinfrastruktur und Wohnraum haben die höchste Priorität. Nach Vorstellung der Stadtplanung sollen in enger Zusammenarbeit von Investoren und Behörden gemeinschaftliche Projekte initiiert werden, um eine integrierte Stadtentwicklung anzustoßen. Dadurch will man in der teuersten Stadt der Welt das Leben aller Bewohner grundlegend verbessern.

5.6 Äthiopien – auf dem Weg zum wirtschaftlichen Vorbild?

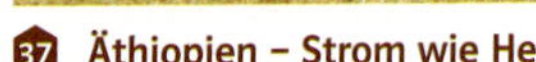

37 Äthiopien – Strom wie Heu

Auszug aus einer SWOT-Analyse für Äthiopien im Januar 2018

Strengths (Stärken)	**Weakness (Schwächen)**
– hohes landwirtschaftliches Potenzial – enormes Energiepotenzial auf Basis von Wasser, Wind und Geothermie – neue Industrieparks	– weiterhin große infrastrukturelle Defizite – aus der ehemals sozialistischen Volksrepublik übernommene Denkweisen – Facharbeitermangel
Opportunities (Chancen)	**Threats (Risiken)**
– Kommerzialisierung der Landwirtschaft – Aufbau einer exportorientierten Stromwirtschaft – Aufbau einer arbeitsintensiven Low-Technik-Industrie	– Nahrungsmittelknappheit; verstärkt durch Dürren – rapide steigende Verschuldung – Terrorismus/Somaliakonflikt

Nach Germany Trade & Invest (GTAI): SWOT-Analyse Äthiopien (Januar 2018), auf www.gtai.de/GTAI/Navigation/DE/Trade/Maerkte/Geschaeftspraxis/swot-analyse,t=swotanalyse--aethiopien-mai-2018,did=1927118.html, Aug. 2018

38

Entwicklung der Wirtschaftssektoren Äthiopiens

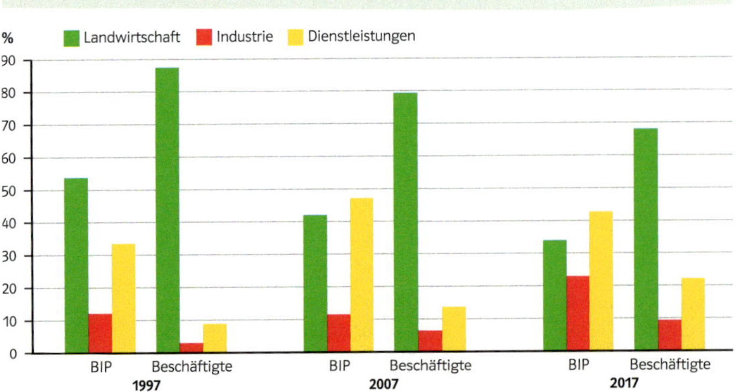

Eigene Zusammenstellung nach IndexMundi: Ethiopia, auf www.indexmundi.com/ethiopia/; factfish: Ethiopia, auf www.factfish.com/country/ethiopia, Aug. 2018

39

Äthiopien zählt zu den am schnellsten wachsenden Volkswirtschaften, obwohl es kein klassisches Rohstoffland ist. Als Produktionsstandort ist es nicht nur für arbeitsintensive Industriezweige mit relativ einfachen Arbeitsvorgängen, sondern immer mehr für Unternehmen aus der Technologie- und der Pharmabranche von Interesse. Der äthiopische Markt gilt als einer der vielversprechendsten Wachstumsmärkte der Zukunft.

Die Regierung wirbt einerseits gezielt mit dem Pro-Kopf-Einkommen um Investoren. Andererseits investierte sie in den letzten Jahren kräftig in den Bildungs- und Gesundheitssektor.

In der Hauptstadt Addis Abeba suchen Risikokapitalgeber nach Unternehmensgründern.

Äthiopien verfolgt einige der ambitioniertesten Projekte des Kontinents: Außer dem größten Wasserkraftwerk Afrikas soll ein knapp 5000 Kilometer langes Eisenbahnsystem entstehen, um die Industrialisierung des Landes voranzutreiben.

Bei der Einschätzung der positiven Entwicklung ist jedoch zu berücksichtigen, dass sie von einem niedrigen Ausgangsniveau erfolgte.

Äthiopien: Strukturdaten im Vergleich (1990/2016)

„Bevölkerungswachstum (%): 3,4 / 2,5
Alphabetisierungsquote Männer (%): 37,3 / 57,3
Alphabetisierungsquote Frauen (%): 19,8 / 41,0
Ausl. Direktinvestitionen (in % des BIP): 0,1 / 3,4
HDI (Wert/Rang): k.A. / 0.448 (174)
Armut (%): k.A. / 29,6“

Eigene Zusammenstellung nach Der neue Fischer Weltalmanach 2018. Frankfurt am Main: Fischer Taschenbuch 2017, S. 44 f; Knoema: Äthiopien, auf https://knoema.de/atlas/%C3%84thiopien, Okt. 2018

40

Material
Methode SWOT-Analyse
57ck6a

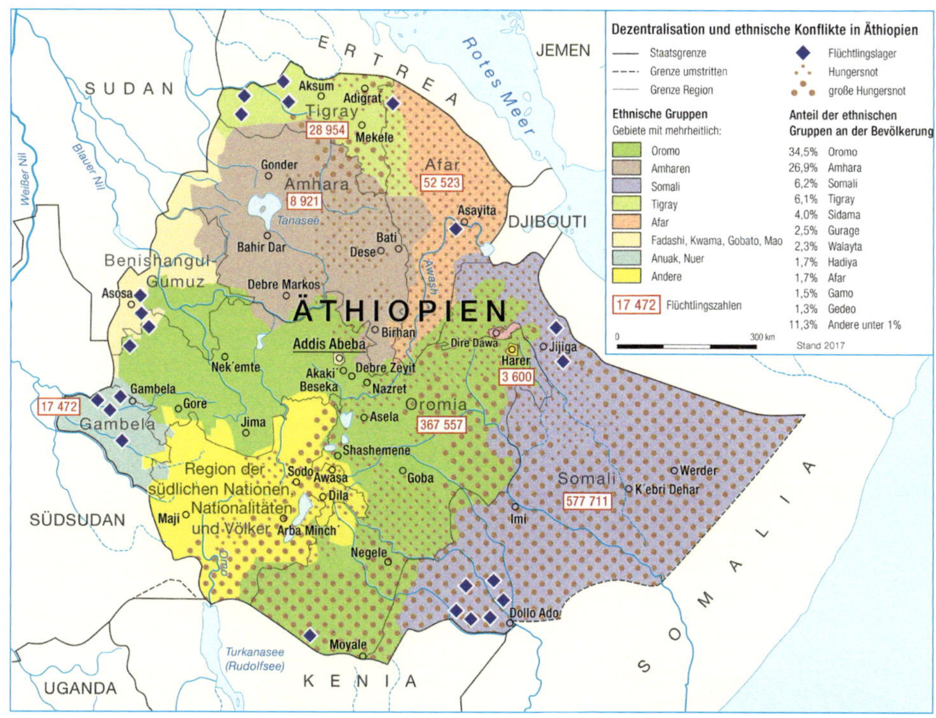

41 **Ethnische Konflikte in Äthiopien**

Der neue Wachstumsstar in Afrika

„[...] Nichts symbolisiert den Wirtschaftsaufschwung in dem Land, das lange Jahre mit Hunger und Not verbunden wurde, besser als die in nur drei Jahren für 475 Millionen Dollar aus dem Boden gestampfte Metro. Sie ist zu 85 Prozent mit chinesischem Geld finanziert. [...] Äthiopien ist ein Paradebeispiel für die neuen Hoffnungen für Afrika. [...] Auf dem Rücken gewaltiger Infrastrukturprojekte wie Bahnlinien und Straßen, Kraftwerken und Staudämmen ist Äthiopien fast unbemerkt zum neuen Wachstumsstar des Kontinents avanciert. [...] Große Marken wie die Bekleidungskette H&M, der Konsumgüterkonzern Unilever oder der Getränkehersteller Diageo haben in Äthiopien investiert. [...]
Seit dem Sturz des kommunistischen Militärregimes im Jahre 1991 folgt Äthiopien strikt dem chinesischen Entwicklungsweg: so wenig Demokratie wie nötig, so viel Staatskapitalismus wie möglich. [...]"

Der neue Wachstumsstar in Afrika. In: Handelsblatt vom 21.11.2015, auf www.handelsblatt.com/unternehmen/mittelstand/wachstumsmaerkte/aethiopien-der-neue-wachstumsstar-in-afrika/v_detail_tab_print/12574322.html, Okt. 2018

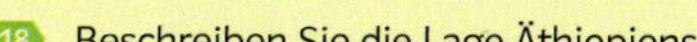

42

Äthiopien – Entwicklung des Tourismus

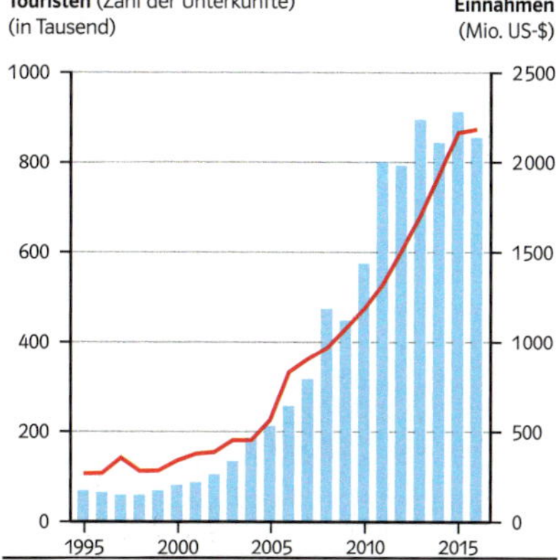

Knoema: Äthiopien – Internationaler Tourismus, Einnahmen, auf https://knoema.de/atlas/Äthiopien/Tourismuseinnahmen, Okt. 2018

43

Strukturdaten zu Äthiopien

BIP US-$/Kopf	
2003	620,6
2007	878,9
2011	1 242,9
2015	1 697,6
Prognose	
2021	2 595,9
Export (Mrd. US-$)	
2003	0,65
2007	1,54
2011	2,88
2016	3,13
Import (Mrd. US-$)	
2003	2,81
2007	5,94
2011	8,83
2016	17,9
TOP-Exportstaaten 2016 (Mrd. US-$)	
China	0,42
Schweiz	0,35
Niederlande	0,31
TOP-Importstaaten 2016 (Mrd. US-$)	
China	5,46
USA	1,54
Indien	1,31
Lohnkosten/Arbeiter in US-$	
Äthiopien	909
Kenia	2118
Bangladesch	835
Kapitalkosten/Arbeiter in US-$	
Äthiopien	6 138
Kenia	9 775
Bangladesch	1 070

Eigene Zusammenstellung nach Der neue Fischer Weltalmanach 2018. Frankfurt am Main Fischer Taschenbuch 2017, S. 44 ff.; Knoema Äthiopien, auf https//knoema.de; theatlas Ethiopia's economy has been growing rapidly since 2003, auf www.theatlas.com; OEC Äthiopien, auf https//atlas.media.mit.edu/de/profile/country/eth/, Okt. 2018

44

18 Beschreiben Sie die Lage Äthiopiens.

19 Charakterisieren Sie die ökonomische Entwicklung Äthiopiens.

20 Ergänzen Sie die SWOT-Analyse.

21 Erläutern Sie die Rolle des Tourismus in Äthiopien.

22 Erörtern Sie, ob Äthiopien in ökonomischer Hinsicht ein „Entwicklungsmodell" für Subsahara-Afrika sein kann.

6 Zukunft gestalten: Projekte und Perspektiven

Perspektiven gibt es nur, wenn Ungerechtigkeiten und damit Gegensätze zwischen Arm und Reich abgebaut werden. Dabei ist der Lösungsweg strittig. Die Einschätzung reicht von „Entwicklungshilfe ist unverzichtbar" bis hin zu dem Urteil „Entwicklungshilfe ist kontraproduktiv, sie schadet den Empfängerländern und ihren Menschen mehr, als dass sie Nutzen bringt". Wieder andere verweisen auf das eigene Interesse, das die wohlhabenden Staaten des Nordens an der Verbesserung der Lebensbedingungen in Entwicklungsländern haben.
Hat ein Staat nur dann eine Perspektive, wenn eine Reformdynamik und ein stabiles wirtschaftliches Wachstum vorhanden sind? Beruht „Unterentwicklung" primär auf Kapitalmangel? Sickert Wachstum in rückständige Regionen durch und erreicht so auch ärmere Bevölkerungsschichten (Trickle-down-Effekt)?
Rückblickend zeigt sich, dass nur wenige Länder in den letzten Jahrzehnten den „Take-off" schafften, wie z. B. einige Schwellenländer in Südostasien. In vielen Entwicklungsländern verschlechterten sich die Lebensbedingungen sogar.
Ist das Ziel einer „nachhaltigen Entwicklung", bei der eigene Ideen und Potenziale sowie deren Entwicklung in die eigene Hand genommen werden, das richtige?

1 Unterstützung zur Entwicklungszusammenarbeit kommt an

Kompetenzen erwerben

- Grundvoraussetzungen für die Entwicklung Afrikas vor dem Hintergrund der Agenda 2030 analysieren;
- Ziele, Maßnahmen und Folgen von Entwicklungsprojekten bewerten;
- anhand konkreter Fallbeispiele erörtern, ob Entwicklungszusammenarbeit die Abhängigkeit vom Westen festigt;
- Informationen durch Analyse fachspezifischer Materialien zum Zwecke eines Raumvergleichs gewinnen;
- erzielte Arbeitsergebnisse im Zusammenhang mit der gewählten Arbeitsweise evaluieren;
- am Beispiel des Engagements Chinas in Afrika komplexe fachspezifische Ergebnisse und Gegebenheiten planmäßig mit dem Ziel verarbeiten, eine übergeordnete Thematik selbstständig begründet und bewertet darzustellen;
- Potenziale und Perspektiven Subsahara-Afrikas am Beispiel der „Löwenstaaten" beurteilen;
- Chancen und Hindernisse der Nutzung regenerativer Energien erläutern;
- die Methode des Raumvergleichs an den Raumbeispielen Angola und Tschad anwenden.

6.1 Entwicklungsziele

Zusammenarbeit statt Hilfe

Die traditionelle **Entwicklungshilfe** ist Geschichte: Die Überzeugung, dass Afrika es nicht alleine schaffen kann, sorgte für Mitleid, aus dem heraus Geld- und Nahrungsmittelhilfen nach Afrika flossen. Das seit dem Ende der europäischen Kolonialherrschaft lange vorherrschende Konzept wurde als problematisch erkannt: Es brachte wirtschaftliche Interessen und Hilfe durcheinander. Die milliardenschweren Hilfsprogramme haben die Abhängigkeit vieler Staaten Afrikas verstetigt, statt Selbstständigkeit zu bringen. Eigeninitiative wurde selten gefördert. Die Gemeinden hier hatten mal eigene Krisenstrategien, aber die verschwanden angesichts der zuverlässigen „Geschenke" …

Mittlerweile wurde das Konzept der Entwicklungshilfe vom Ansatz der **Entwicklungszusammenarbeit** abgelöst, wenngleich aber auch hier die gleichberechtigte Kooperation noch eher selten ist. Zwischen afrikanischen Ökonomen und Entwicklungsorganisationen besteht weitgehend Einigkeit, dass für eine dauerhafte und nachhaltige Entwicklung Afrikas drei Grundvoraussetzungen erfüllt werden müssen:

1. Raus aus der Opferrolle: Afrika muss endlich als gleichberechtigter Partner betrachtet werden – und nicht als ewiges Opfer.

2. Handel statt Hilfe: Die afrikanische Wirtschaft muss angekurbelt werden, Arbeitsplätze müssen für Afrikaner in Afrika entstehen. Auch muss die europäische Handelspolitik geändert werden, die afrikanischen Produkten den Zugang zu den Märkten der EU schwer macht.

3. Unterstützung vor Ort: Entwicklungsgelder dürfen nicht mehr über die bürokratischen und oft korrupten Regierungen Afrikas fließen, sondern als Kapital der Basis zur Verfügung gestellt werden. Die Kapitalgeber müssen mit NGOs und Bürgerinitiativen bei den Investitionen zusammenarbeiten. Der Aufbau nachhaltiger Wirtschaftsstrukturen beginnt mit der Weitergabe von Wissen und der Vernetzung handelnder Akteure.

Die „Big Five" zur Entwicklung des afrikanischen Kontinents

In Übereinstimmung mit den nachhaltigen Entwicklungszielen (SDGs) der Agenda 2030 der Vereinten Nationen erstellte die Afrikanische Entwicklungsbank fünf prioritäre Ziele zur Entwicklung des Kontinents:

1. „Light Up & Power Africa": Zugang zu elektrischer Energie für alle Menschen (SDG Ziele 3, 4, 5, 7 und 9)
2. „Feed Africa": Entwicklung der Landwirtschaft mit dem Ziel der Ernährungssicherung (SDG Ziele 2 und 5)
3. „Industrialize Africa": ökonomische Entwicklung und Diversifizierung des Kontinents (SDG Ziele 5, 7, 8 und 9)
4. „Integrate Africa": Aufbau der regionalen Infrastruktur, Erleichterung des Handels und der Bewegung der Menschen innerhalb des Kontinents (SDG Ziele 8, 9 und 17)
5. „Improve the quality of life for the people of Africa": Verbesserung des Bildungs- und Gesundheitssystems, Zugang zu Trinkwasser- und Sanitäreinrichtungen, Schaffung von Beschäftigungsmöglichkeiten (SDG Ziele 3, 4, 5, 6, 8, 10 und 11)

2 Die nachhaltigen Entwicklungsziele (SDGs) der Agenda 2030 der UNO und die Ziele der Afrikanischen Entwicklungsbank (AfDB)

1 Beschreiben Sie die Schwerpunktsetzung der nachhaltigen Entwicklungsziele (SDGs).

2 Vergleichen Sie die Hilfskonzepte Entwicklungshilfe und Entwicklungszusammenarbeit.

3 Nehmen Sie Stellung, ob die drei angeführten Grundvoraussetzungen für die Entwicklung Afrikas reichen.

6.2 Fallbeispiele für Entwicklungsprojekte

3 **Projekt Flussschwellen im Tschad**

Arten der Entwicklungszusammenarbeit:
- staatliche Entwicklungszusammenarbeit
- Unterstützung durch Nicht-Staatliche Organisationen (**NGOs** = Non-Governmental Organizations, wie z. B. UNICEF, Brot für die Welt)
- private Initiativen

Entwicklungszusammenarbeit baut auf der aus Erfahrung gewonnenen Erkenntnis auf, dass eine nachhaltige Entwicklung immer nur aus sich selbst heraus erwachsen kann. Grundlegende Prinzipien sind dabei Partizipation und Eigenverantwortung. Partizipation meint, dass die Menschen in den Partnerländern aktiv an der Gestaltung der Vorhaben beteiligt werden. Sie sind maßgeblich in den Entscheidungsprozess, wie sich ein Projekt entwickeln soll, integriert. Dazu gehört auch die Übernahme von Verantwortung. Auch wenn in Subsahara-Afrika hohe Wachstumsraten, Branchen mit Potenzial über den Rohstoffsektor hinaus sowie stabilere Rahmenbedingungen, trotz immer noch vorhandener Risiken, das Interesse nicht nur der deutschen Wirtschaft wecken, sind weitere Impulse von außen nötig. Diese sind nur durch Entwicklungszusammenarbeit lösbar.
Zementiert diese Form der Unterstützung aber nicht auch die Abhängigkeit vom Westen? Befürworter argumentieren, dass die nötigen Impulse von außen nur durch Entwicklungszusammenarbeit möglich sind. Sie sind davon überzeugt, dass es gar nicht um die Frage der finanziellen Mittel geht, sondern nur die mangelnden institutionellen Strukturen der meisten Länder des Kontinents beseitigt werden müssen.
Die Entwicklungszusammenarbeit ist breit gefächert. Im Zentrum stehen Maßnahmen zur Armutsbekämpfung, zum Aufbau sozialer Sicherungssysteme, zur Förderung der Grundbildung für alle, zur Gesundheitsförderung, Wasserversorgung sowie Ernährung. Gefördert wird dabei die gleichberechtigte Teilnahme von Frauen und Männern an der Planung und am Nutzen der Entwicklungsvorhaben. In vielen Handlungsfeldern der Entwicklungszusammenarbeit werden Aspekte der nachhaltigen Ressourcennutzung einbezogen und konkrete Projekte zur Verminderung der Treibhausgasemissionen, zum Schutz der Ozonschicht, der Tropenwälder und der biologischen Vielfalt sowie zur Bekämpfung der Desertifikation gefördert.

Wasserwirtschaft durch Flussschwellen in der Sahelzone des Tschad

„[...] Auftraggeber: Schweizer Direktion für Entwicklung und Zusammenarbeit
Politische Träger: Ministerium für Planung und Perspektive im Tschad
Laufzeit: 2015 bis 2018
In der Sahelzone des zentralafrikanischen Landes Tschad ist Wasser zur Versorgung von Menschen und Tieren extrem knapp. Der Klimawandel sorgt zusätzlich dafür, dass die Böden schlechter werden. Sogenannte Flussschwellen sind eine gute Möglichkeit, trockene Täler wieder fruchtbar zu machen. Das Wasser der äußerst seltenen Regenfälle wird mithilfe der Schwellen gestaut. Es versickert langsamer als sonst, sodass Grundwasserreservoirs entstehen. Fast 150 solcher Flussschwellen hat die GIZ im Osten des Tschad von lokalen Unternehmen bauen lassen. Dadurch wird eine Fläche mit der Größe von mehr als 5 500 Fußballfeldern für den Gemüseanbau bewässert. Die Ernte sorgt für eine stabile Nahrungsversorgung. Zudem können Viehhirten ihre Tiere an den Wasserstellen tränken. Insgesamt haben sich die Lebensbedingungen von mehr als 110 000 Menschen in der Region verbessert."

Katrin Gänsler: Grünes Wunder, auf https://akzente.giz.de/de/artikel/gruenes-wunder, Nov. 2018

4

Ziele des Projekts Flussschwellen im Tschad

„– In drei Interventionsregionen werden 80 neue Flussschwellen gebaut.
- 2 700 Hektar überschwemmtes Land werden zurückgewonnen.
- Die Bauern, die die Böden bewirtschaften, verbessern ihre Kenntnisse im Bereich der landwirtschaftlichen Techniken und erhalten bei der Vermarktung ihrer Produkte Unterstützung und Beratung.
- Die Geldgeber, die Ministerien und die technischen Schulen, die die zentralen Akteure des Projekts sind, verwenden und implementieren das Konzept und die Technik der Flussschwellen. [...]"

Schweizerische Eidgenossenschaft, Direktorium für Entwicklung und Zusammenarbeit DEZA: Bewirtschaftung von Abflusswasser im Sahelgebiet des Tschads. In: Projekt-Factsheet Regionale Zusammenarbeit November 2015, auf www.eda.admin.ch/dam/deza/de/documents/laender/20151117-factsheet-seuils-d-epandage_DE.pdf, S. 2

5

Bildung für Mädchen zahlt sich für alle aus

„[...] In Niger gehen rund eine Million Kinder nicht zur Schule. Jedes zweite Kind wird gar nicht erst eingeschult. Für Mädchen stehen die Chancen auf eine Grundbildung sogar noch schlechter. Sie werden häufig früh verheiratet und müssen tun, was ihr Bräutigam und die Familie von ihnen verlangen. Auch in Tanalhers Dorf war zunächst niemand begeistert von der Idee, auch Mädchen in die Schule zu schicken. ‚Viele waren überzeugt, dass aus gebildeten Mädchen aufsässige Frauen werden, die ihrem Ehemann nicht gehorchen', sagt Atti Ali, die Mutter der Elfjährigen. Doch das Aufklärungs- und Bildungsprogramm, das UNICEF gemeinsam mit den lokalen Behörden und den Dorfbewohnern selbst umsetzt, verändert diese Einstellungen. Tanalher ist eine gute Schülerin und will später selbst Lehrerin werden. Ihre traditionellen Pflichten nimmt sie weiter ernst: Das Wasser für die Familie holt Tanalher jetzt vom Brunnen, wenn ihre Schule Mittagspause hat. [...]"

Deutsches Komitee für UNICEF: Niger: Mädchen an die Schulen, auf www.unicef.de/informieren/projekte/afrika-2244/niger-19314/bildung/13316, Nov. 2018

Mikrokredite

„[...] Die Kleinstkredite werden nicht Einzelpersonen, sondern ausschließlich sogenannten Selbsthilfegruppen mit jeweils fünf Mitgliedern zugesprochen. Von diesen erhalten zunächst nur zwei einen Kredit. Erst wenn sie ihre wöchentlichen Rückzahlungen samt Zinsen pünktlich abliefern, können auch die anderen Geld aufnehmen. Auf diese Weise kontrollieren die Mitglieder gegenseitig, wie die anderen ihre Kredite verwenden, in welche Unternehmungen sie investieren, ob diese auch wirklich Gewinn bringen und ob die Schulden korrekt bedient werden. [...] Jedes Mitglied muss sich zudem auf [... grundlegende Prinzipien] verpflichten. Dazu gehören [...] Disziplin, Einigkeit, Mut und harte Arbeit, ebenso das Versprechen, für gesunde Ernährung, sauberes Wasser und Hygiene zu sorgen, die Familiengröße zu beschränken oder die Kinder zur Schule zu schicken. [...]
Generell können professionell organisierte **Mikrokredite** Armut mindern. Sie befreien Menschen, die weder verpfändbaren Besitz noch ein regelmäßiges Einkommen haben [...] aus der Abhängigkeit von lokalen Geldverleihern [...]."

Sabine Sütterlin, Margret Karsch: Mikrokredite. In: Berlin Institut, Online-Handbuch Demografie, auf www.berlin-institut.org/online-handbuchdemografie/entwicklungspolitik/mikrokredite.html, Nov. 2018

8 Die elfjährige Tanalher Abdoulaye (siehe Text 6) in ihrer durch das Aufklärungs- und Bildungsprogramm der UNICEF geförderten Schule in der Region Agadez (Niger)

Ruanda: Mit Kuh und Kredit

„[...] Es wird angebaut, was man selbst zum Leben braucht. Wer eine Kuh besitzt, gilt als wohlhabend. Bevor Laurence in das Familienhilfeprogramm der SOS-Kinderdörfer aufgenommen wurde, lebten sie, ihre fünf Kinder und ein Junge, den sie [...] aufgenommen hatte, von der sprichwörtlichen Hand in den Mund. [...] Eine Kuh und ein Mikrokredit waren für Laurence die ersten Schritte in eine bessere Zukunft. Mit der Milch konnte die Mutter nicht nur ihre sechs Kinder ernähren, sondern auch noch ein wenig Geld verdienen. Den Kredit investiert sie in Hirse-Saat.
‚Ich wusste, dass Sorghum auf dem Markt am meisten einbringt', erinnert sich die Bäuerin. Ihre Rechnung ging auf. Die vielen kleinen Brauereien benötigen die Hirseart, um ihr Bier zu brauen und bezahlen sie gut.
Laurence schafft es, der Armutsfalle zu entkommen. Sie zahlt den Kredit zurück. So schnell, dass sie von SOS einen Bonus bekommt: eine weitere Kuh und einen neuen Mikrokredit. Sie kauft ein Haus, weitere Felder. Von dem Einkommen schickt sie die Kinder zur Schule, damit sie einen guten Start ins Leben haben. Laurence selber hat nie eine Schule besucht. Seit zwei Jahren braucht die Bäuerin keine Unterstützung mehr. [...]"

SOS Kinderdörfer: Ruanda: Mit Kuh und Kredit, auf www.sos-kinderdoerfer.de/aktuelles/sos-geschichten/ruanda-mit-kuh-und-kredit, Nov. 2018

4 Stellen Sie die Rahmenbedingungen dar, unter denen Entwicklungszusammenarbeit stattfindet.

5 Beschreiben Sie die Chancen, die sich durch die Bildung von Mädchen ergeben.

6 Erläutern Sie die Funktionsweise von Mikrokrediten.

7 Erörtern Sie, inwiefern die Entwicklungszusammenarbeit die Abhängigkeit vom Westen festigen kann.

10 **Fairtrade**

Fairtrade-Standards

	soziale	ökologische	ökonomische
Ziel	Stärkung der Kleinbauern, Kleinbäuerinnen, Arbeiter und Arbeiterinnen	Umweltschutz: Mensch im Mittelpunkt	Anforderungen an Händler und Hersteller
Maßnahmen	Organisation in demokratischen Gemeinschaften (bei Kooperativen)	umweltschonender Anbau	Bezahlung von Fairtrade-Mindestpreis und Fairtrade-Prämie
	Förderung gewerkschaftlicher Organisation (auf Plantagen)	Schutz natürlicher Ressourcen	Nachweis über Waren- und Geldfluss
	geregelte Arbeitsbedingungen	Verbot gefährlicher Pestizide	Richtlinien zur Verwendung des Siegels
	Verbot ausbeuterischer Kinderarbeit	kein gentechnisch verändertes Saatgut	transparente Handelsbeziehungen
	Diskriminierungsverbot	Förderung des Bio-Anbaus durch den Bio-Aufschlag	Vorfinanzierung

TransFair: Fairtrade-Standards, auf www.fairtrade-deutschland.de/was-ist-fairtrade/fairtradestandards.html, Nov. 2018

6.3 Es geht auch anders: Kaffee-Kooperative

Die im Jahr 2000 gegründete Musasa Dukundekawa Cooperative liegt im Nordwesten Ruandas auf rund 1800 Metern Höhe. Dank günstiger Boden- und Klimabedingungen werden hier die Kaffeebohnen in geringer Dichte und in Ansiedlungsnähe angepflanzt, sodass insbesondere die Verbreitung von Schädlingen erschwert wird.

Mit ihren rund 2100 Mitgliedern ist die Kooperative eine der größeren Genossenschaften Ruandas. Die meisten der Kleinproduzenten besitzen weniger als einen Viertel Hektar Land, wo sie durchschnittlich nur 250–300 Kaffeebäume sowie andere Nahrungspflanzen wie Mais und Bohnen anbauen.

Zur Kooperative gehören drei Kaffee-Waschstationen, eine Sortier- und Verarbeitungsanlage sowie eine Demonstrations- und Schulungsfarm. Darüber hinaus gibt es eine Anlage zur Milchverarbeitung. Die Kühe liefern nicht nur die Milch, sondern auch den für den Anbau von Bio-Kaffee notwendigen natürlichen Dünger. Zusammen mit sechs weiteren Kooperativen wurde das Unternehmen „Rwashoscco" gegründet, das für die Röstung, die Verpackung und den Export des Kaffees zuständig ist. Damit werden nicht mehr halbverarbeitete Kaffee-Kirschen an einen Zwischenhändler verkauft, sondern die gesamte Herstellungskette befindet sich in der Hand der Kleinbäuerinnen und Kleinbauern.

Die Landwirte, die mit der Musasa Dukundekawa Genossenschaft zusammenarbeiten, konnten ihre Einkommen mindestens verdoppeln.

Seit 2005 besitzt die Kooperative die **Fairtrade**-Zertifizierung und kümmert sich um die Gesundheits-

Nicht alles an Fairtrade ist fair

„[…] Immer wieder kommt es zu Kritik am Fairtrade-Handel. Diverse Studien kommen jedoch zu dem Ergebnis, dass alle Fairtrade-Label die Lebensgrundlage der Produzenten verbessern. So verfügen Fair Trade-Kleinbauern über ein um 20 Prozent höheres Einkommen als herkömmliche Produzenten. […]

Ein valider Kritikpunkt ist jedoch die fehlende Standardisierung im fairen Handel: Eine eindeutige Definition des Begriffs fehlt, da jedes Label bzw. jede Organisation eigene Kriterien und Definitionen sowie Mindestpreise festlegt. Weiterhin problematisch: Mit dem Siegel ‚Fairtrade' gekennzeichnete Mischprodukte müssen lediglich mindestens 20 Prozent fair gehandelte Zutaten beinhalten und das steht auf keinem der gehandelten Produkte direkt drauf. Häufig wird auch die Unübersichtlichkeit der Siegel kritisiert […]

Außerdem ist die Beteiligung von Frauen im Fairtrade-Handel noch stark verbesserungswürdig. Nur 25 % der Fairtrade-Produzenten sind Frauen und das obwohl 70 % der Arbeit von Frauen erledigt wird und es klar ist, dass Frauen Prämienzahlungen effektiver z. B. für die Ausbildung der Kinder ausgeben. […]

Als Konsequenz geht der Trend vor allem für teuren und hochwertigen Kaffee dahin, ganz auf Siegel zu verzichten und stattdessen auf direkte Handelsverbindungen mit Partnern im globalen Süden zu setzen. […]"

Melanie Grundmann: Was ist Fair Trade? In: Kaffee-Kooperative.de vom 09.05.2017, auf https://kaffee-kooperative.de/was-ist-fairtrade/, Nov. 2018

12

vorsorge, die Schulbildung der Kinder, die Aus- und Weiterbildung ihrer Mitglieder sowie die gerechte Einnahmenverteilung. Zusätzlich werden auch Mikrokredite bereitgestellt, damit die Kleinproduzenten Investitionen tätigen können, wie z. B. den Kauf von Transportfahrrädern.

Dieses funktionierende Projekt ist leider nicht prinzipiell auf andere Regionen übertragbar. Beispielsweise ist nicht bei allen Kaffeesorten die Röstung vor Ort sinnvoll, da der Kaffee unter dem oft Wochen dauernden Transport zu sehr leidet und es zu Qualitätsverlusten kommt. Insofern müssen immer die Gegebenheiten vor Ort berücksichtigt werden.

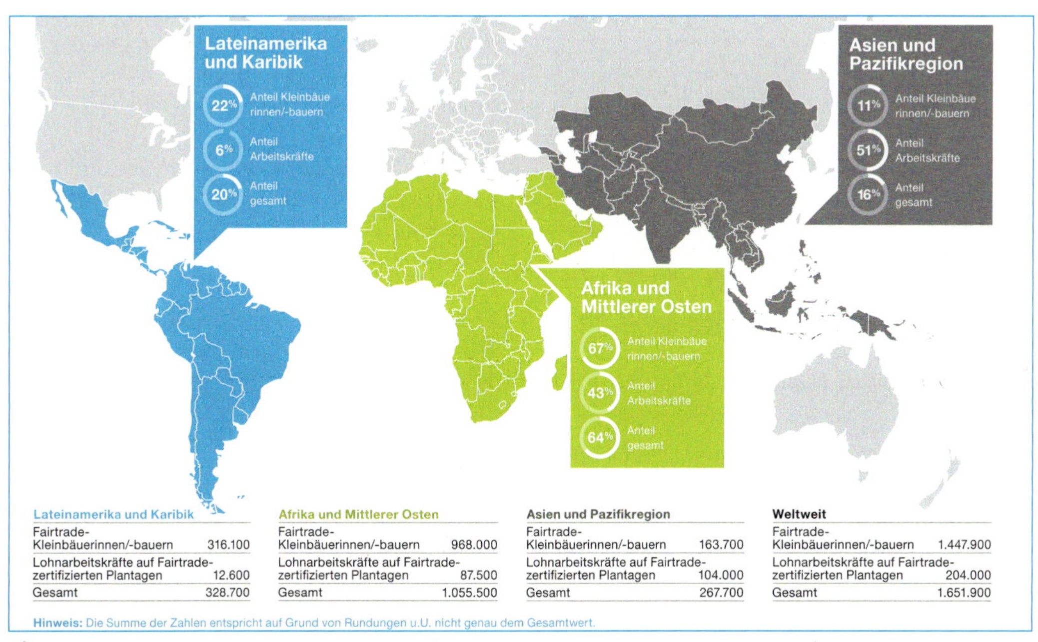

Lateinamerika und Karibik	
Fairtrade-Kleinbäuerinnen/-bauern	316.100
Lohnarbeitskräfte auf Fairtrade-zertifizierten Plantagen	12.600
Gesamt	328.700

Afrika und Mittlerer Osten	
Fairtrade-Kleinbäuerinnen/-bauern	968.000
Lohnarbeitskräfte auf Fairtrade-zertifizierten Plantagen	87.500
Gesamt	1.055.500

Asien und Pazifikregion	
Fairtrade-Kleinbäuerinnen/-bauern	163.700
Lohnarbeitskräfte auf Fairtrade-zertifizierten Plantagen	104.000
Gesamt	267.700

Weltweit	
Fairtrade-Kleinbäuerinnen/-bauern	1.447.900
Lohnarbeitskräfte auf Fairtrade-zertifizierten Plantagen	204.000
Gesamt	1.651.900

Hinweis: Die Summe der Zahlen entspricht auf Grund von Rundungen u.U. nicht genau dem Gesamtwert.

13 Regionale Verteilung von Fairtrade-Kleinbauern und -Lohnarbeitskräften 2015

Die Fairchain-Idee

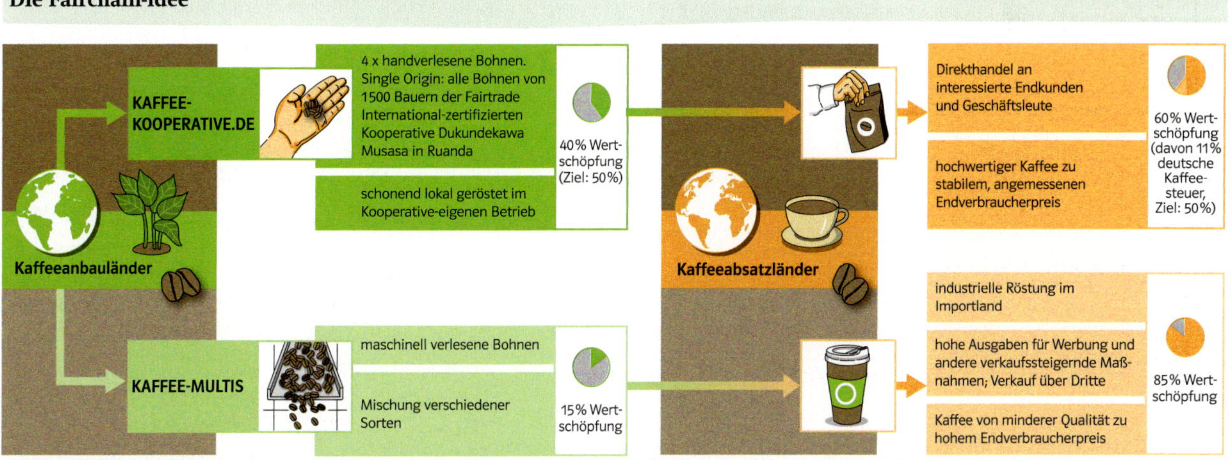

Nach Melanie Grundmann: Fairchain-Prozess als Infografik. In: Kaffee-Kooperative.de vom 08.05.2017, auf https://kaffee-kooperative.de/fairtrade-weiter-gedacht-fairchain-idee-ueberzeugt-deutsche-gruender/fairchain-infografik/, Nov. 2018

14

8 Recherchieren Sie die Standortbedingungen der Kaffeepflanze.

9 Erläutern Sie das Prinzip von Fairtrade.

10 Erläutern Sie die Fairchain-Idee.

11 Nehmen Sie Stellung zu der Kritik, die gegenüber Fairtrade geäußert wird.

12 Erörtern Sie Vor- und Nachteile des fairen Handels gegenüber dem freien Handel.

6.4 Chinas umstrittenes Engagement

15 „... nörgeln Sie nicht an meinem Mobiliar herum!"

Entwicklung des Handels zwischen der VR China und den Staaten Afrikas südlich der Sahara

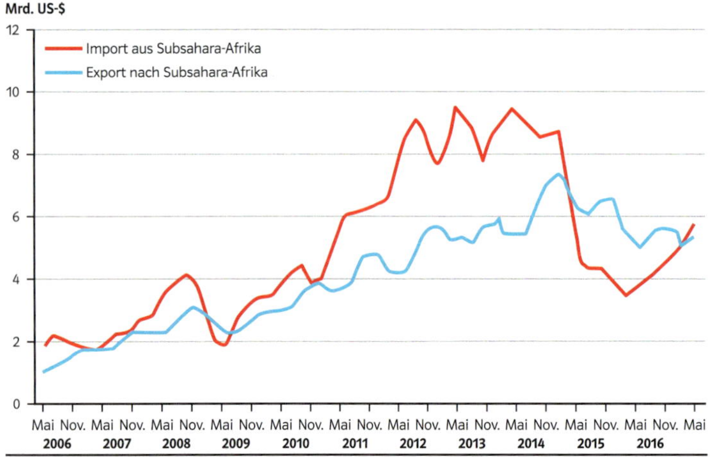

Nach Wenjie Chen, Roger Nord: Reassessing Africa's global partnerships, In: Brookings vom 11.01.2018, auf www.brookings.edu/research/reassessing-africas-global-partnerships/, Quelle: IMF, Direction of Trade StatisticsNov. 2018

16

In kürzester Zeit ist China zum wichtigsten Handelspartner afrikanischer Staaten geworden. Der Wert der gehandelten Güter belief sich 2015 auf 188 Milliarden US-Dollar. Bis vor wenigen Jahren sicherte sich die chinesische Regierung vor allem die Abbaurechte an Ressourcen und ihre Staatsbetriebe schufen dafür eine geeignete Verkehrsinfrastruktur. Heute geht das chinesische Engagement viel weiter.

Dass sich die meisten chinesischen Investoren nicht von Faktoren wie Rechtsunsicherheit, schwachem Gerichtswesen, unzureichenden Eigentumsrechten, Diktaturen, Verstößen gegen Menschenrechte und Korruption abschrecken lassen, handelte diesen viel Kritik ein, vor allem aus dem Westen.

In der Tat ist der chinesische Investitionsanteil tendenziell in Ländern mit schwachem Rechtswesen usw. am größten. Ähnlich wichtig wie für westliche Investoren ist dagegen auch für Chinesen die politische Stabilität in den Zielländern. Hinsichtlich der Verteilung auf Sektoren ist der Dienstleistungsanteil mit 60 Prozent bei den chinesischen Engagements am größten (einschließlich der Infrastrukturprojekte), während der Rest sich ziemlich gleichmäßig auf Bergbau und Verarbeitungsindustrie verteilt.

Verträge zwischen Peking und den afrikanischen Regierungen kommen unter Ausschluss der Öffentlichkeit zustande. Dadurch bleibt zum einen unklar, in welchem Maße sich die Staaten Afrikas südlich der Sahara durch die Abkommen verschulden. Zum anderen werden eventuelle Schmiergeldzahlungen an führende Politiker verschleiert.

Nun werden in der EU, aber auch in deutschen Wirtschaftskreisen Stimmen laut, die eine verstärkte Zusammenarbeit mit China in Afrika fordern. Die Sorge wächst, dass es bei Chinas Engagement in Afrika nur um die Ressourcensicherung ihrer Volkswirtschaft geht.

Der Einfluss der chinesischen Politik nimmt kontinuierlich zu: Durch die starke Beeinflussung der Meinungsführer und Entscheider in den Staaten Afrikas südlich der Sahara zielt China nun auf die „Köpfe und Herzen" der Menschen.

Zukunftsperspektiven

„Die Staaten Afrikas bleiben realistisch: ‚Der Eifer, mit dem China mit uns flirtet, entspringt nicht wirklicher Güte oder Nächstenliebe oder Mitleid mit den Armen auf unserem leidgeprüften Kontinent. China mag ein guter Freund Afrikas sein, aber es ist auch eine Nation, die mit kühlem, hartem Blick abschätzt, wie man Freunde gewinnen kann, und den eigenen Energiebedarf absichern kann. Unsere Regierungen sind nun herausgefordert, die höchstmöglichen Vorteile aus dieser Beziehung zu ernten, und nicht einfach Quelle billiger Rohstoffe und Abfallplatz für chinesische Waren zu werden.'

Daran wird deutlich, dass Afrika langsam seine eigenen Positionen und Interessen gegenüber China (und den westlichen Industriestaaten) definieren muss: ‚Solange die Afrikaner nicht ihre eigene Strategie entwickeln, werden sie passiv die Geopolitik Chinas oder Europas über sich ergehen lassen.'

Auf jeden Fall muss vermieden werden, dass Afrika wieder zum Kampfplatz ausländischer Interessen wird. Die Folgen einer Konfrontation westlicher und chinesischer Interessen auf afrikanischem Boden illustriert ein afrikanisches Sprichwort: ‚Wenn Elefanten kämpfen, leidet das Gras.'"

Wolfgang Schonecke: Chinas Rolle in Afrika – Reaktionen aus der afrikanischen Welt, S. 4. China heute, auf www.china-zentrum.de/fileadmin/downloads/china-heute/2007/China_heute_154_Themen_Wolfgang_Schonecke_Chinas_Rolle_in_Afrika.pdf, Nov. 2018

Wie der Westen lange Zeit das wirtschaftliche Engagement Chinas als Handel mit Billigwaren unterschätzt hat, so haben auch viele Institutionen der Bildungszusammenarbeit der Einflussnahme Chinas zunächst kaum Beachtung geschenkt. China prägt sein Image vor allem mithilfe von Stipendien oder Einladungen zu Reisen nach China. Systematisch werden Besuche afrikanischer Partei- und Regierungsfunktionäre in die Volksrepublik organisiert, um sie vom chinesischen Modell aus Diktatur und Wirtschaftsentwicklung zu überzeugen.

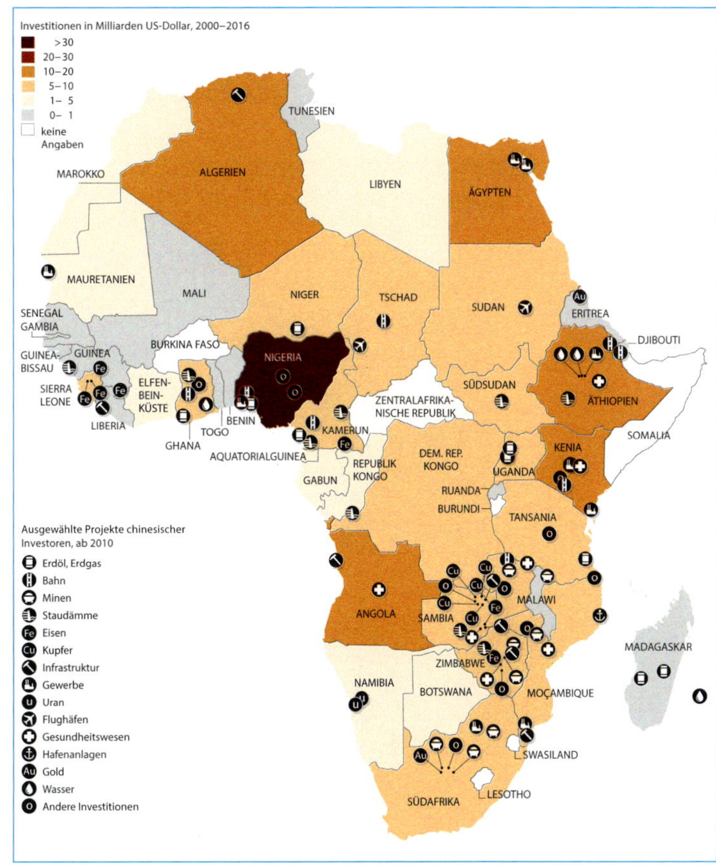

18 **Projekte chinesischer Investoren in den afrikanischen Staaten**

19 **Ausbeutung der Rohstoffe Subsahara-Afrikas durch China**

13 Beschreiben Sie die chinesischen Ambitionen bei dem Engagement in Subsahara-Afrika.

14 Erläutern Sie die Haltung der europäischen Akteure gegenüber den chinesischen Aktivitäten.

15 Erörtern Sie Chancen und Probleme des chinesischen Engagements aus Sicht unterschiedlicher Akteure Subsahara-Afrikas.

16 Beurteilen Sie, ob die chinesische Politik eine Neuauflage imperialer Macht ist.

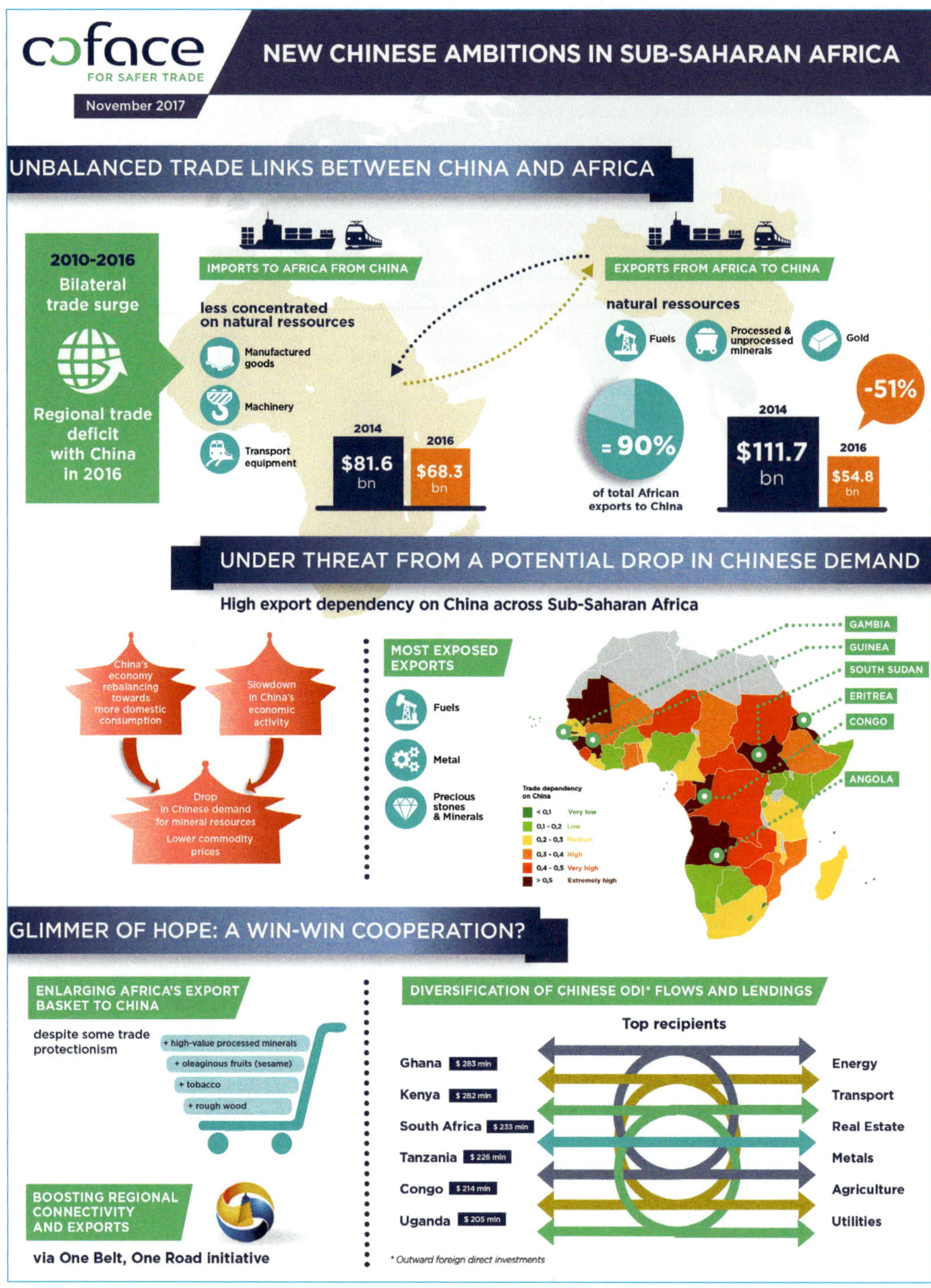

20 Infografik des französischen Kreditversicherers Coface zum Interesse Chinas an Subsahara-Afrika

Infrastruktur als Türöffner

„China baut an einer neuen Seidenstraße und diese riesige Infrastruktur-Offensive ist nicht auf Asien und Europa beschränkt. In ihrer Verlängerung über See verbindet sie Chinas Häfen mit den Küsten Afrikas und von China finanzierte neue Bahnstrecken erschließen auch küstenferne Gebiete. [...]
Durch Bahnverbindungen von Häfen mit dem Landesinneren können Waren und Rohstoffe leichter – oder überhaupt – die Küste erreichen und dann nach China exportiert werden. Noch wichtiger ist der afrikanische Markt jedoch für Chinas Exporte. Chinesische Firmen stellen immer mehr Produkte in Afrika her. Ein Beispiel ist die wachsende Textilindustrie in Äthiopien, weshalb die Bahnstrecke nach Dschibuti von besonderer Bedeutung ist. In den meisten Fällen begrüßen afrikanische Staaten Chinas Engagement. [...] Chinas Ansatz beruhe eher auf dem Prinzip von Handel denn von Hilfe [...]. Auch die Menschen sind froh über die Infrastruktur, die die Chinesen ihnen bescheren. [...] Chinas Investitionen in **Infrastruktur**, Entwicklung und Unternehmen tragen maßgeblich zum guten Image des Landes in Afrika bei."

Katja Dombrowski: Seidenstraße über den Indischen Ozean. In: Entwicklung und Zusammenarbeit vom 13.09.2017, auf www.dandc.eu/de/article/china-baut-infrastruktur-fuer-den-handel-afrika, Nov. 2018

21

Chinas „Leuchttürme": Mega-Infrastrukturprojekte in Afrika

Projekt/Land	Projektwert	Abschlussjahr
Nigeria, Coastal Railway Lagos – Calabar, 1 400 km	12 Mrd. US-$	2014
Tansania, Bagamoyo Port	7 Mrd. US-$	2015
Dem. Rep. Kongo, „Infrastructure for minerals" Deal	6 Mrd. US-$	2007
Chad-Sudan Railway, 1 344 km	5,6 Mrd. US-$	2014
Nigeria, Dangote Cement Plc. Expansion Project/Regionale Expansion in acht Ländern	4,3 Mrd. US-$	2016
Kenia, Standard Gauge Railway Mombasa – Nairobi 613 km	3,8 Mrd. US-$	2013
Mosambik, Mphanda Nkuwa Staudamm und Hydrokraftwerk 1 500 MW	3,1 Mrd. US-$	2006
Malawi, Infrastrukturprojekte: Kohlekraftwerk, Flughafenbau, Straßenbau, Stromversorgung, Krankenhausbau	1,7 Mrd. US-$	ab 2007

Stefan Enders: Investment in Afrika: Chinas und Indiens planvolle Präsenz. In: IHK Blog Subsahara-Afrika vom 19.06.2017, auf www.subsahara-afrika-ihk.de/blog/2017/06/19/investment-in-afrika-chinas-und-indiens-planvolle-praesenz/, Nov. 2018

22

23 **Infrastruktur-Entwicklungskorridore der „Agenda 2063" der Afrikanischen Union**

Verändert nach Philippe Rekacewicz: Useful Africa. In: Le Monde diplomatique, auf https://mondediplo.com/maps/usefulafrica, Apr. 2019

17 Arbeiten Sie wesentliche Aussagen der Infografik 1 sowie die Intention des Erstellers heraus.

18 Beurteilen Sie die Form der Darstellung (Grafik 1).

19 Erläutern Sie das chinesische Programm zum Ausbau der Infrastruktur.

20 Nehmen Sie Stellung, ob und inwieweit der Ausbau der Infrastruktur eine Win-win-Situation darstellt.

24 Schnellstraße in Accra (Ghana)

6.5 „Löwen" auf dem Sprung

Was in Asien die „**Tigerstaaten**" sind, die sich durch eine besondere Wachstumsdynamik auszeichnen, sind in Afrika die „Löwenstaaten". Als Wachstumsmotor dienen vor allem Rohstoffexporte. Wer aber gehört zu diesen Staaten? Noch dominiert Südafrika die wirtschaftliche Leistungskraft Subsahara-Afrikas. Es zeichnet sich durch eine diversifizierte und industrialisierte Wirtschaft aus. Vorteile sind eine gut ausgebaute Infrastruktur und ein funktionierender Dienstleistungssektor sowie die Rolle als Friedensvermittler. Südafrika hat sich seit 1994 in internationalen Initiativen und Organisationen engagiert. Der **BRICS-Staat** steht vor großen Herausforderungen. Einerseits gilt es, alles für einen Wirtschaftsaufschwung zu tun, andererseits muss die zunehmende Arbeitslosigkeit reduziert werden.

Äthiopien gehört trotz angespannter politischer Lage zu den wachstumsstärksten Volkswirtschaften. Das Land hat sich vor allem zu einem Produktionsstandort der Branchen Bekleidung und Agroindustrie entwickelt. Insbesondere Investoren aus Asien sind am Ausbau der Verkehrsinfrastruktur und der Stromversorgung interessiert.

Auch Ghana zeigt eine dynamische Entwicklung. Grundlage dafür sind unternehmensfreundliche Reformen und politische Stabilität.

Ruanda zeichnet sich durch eine geringe Korruption sowie günstige administrative Rahmenbedingungen aus und gilt daher als Modell ökonomischer Modernisierung.

Sambias wirtschaftlicher Aufschwung profitiert von Investitionen der Rohstoffunternehmen in Infrastruktur und den Dienstleitungssektor.

Wachstumsmotoren der Entwicklung Tansanias sind vor allem Investitionen in den Gassektor, den privaten Verbrauch und den Dienstleistungssektor.

Durch die bisherige Konzentration auf Rohstoffe sind die Volkswirtschaften verwundbar. Sie sind abhängig vom Weltmarkt, von Preis- und Nachfrageschwankungen. Zudem sind Umweltschäden, Korruption oder Konflikte um die Verteilung der Einnahmen Auswirkungen des neuen Reichtums. Folgen der Wachstumsdynamik sind aber auch **Disparitäten** und Migrationsbewegungen.

Strukturdaten für das Jahr 2016 im Vergleich

	Äthiopien	Ghana	Ruanda	Sambia	Tansania	Südafrika
Einwohner (in Mio.)	105,1	29,0	12,2	17,1	57,3	57,2
GR (%)	3,18	3,10	3,11	3,81	3,82	2,10
SR (%)	0,68	0,81	0,60	0,78	0,67	0,98
Anteile am BIP 2016:						
Land-, Forst-, Fischwirtschaft	36,8	18,9	31,5	5,1	31,2	2,4
Bergbau, Industrie	5,3	10,5	10,4	24,4	12,0	25,0
Baugewerbe	15,7	13,7	7,2	11,4	15,0	4,0
Transport, Logistik, Kommunikation	4,6	16,6	5,6	7,4	6,7	10,0
Handel, Gaststätten, Hotels	18,9	12,3	10,2	24,6	12,5	15,2
Sonstige	18,7	28,0	35,1	27,1	22,6	43,4

Nach Knoema: Weltdatenatlas, auf https://knoema.de/atlas, Sept. 2018

25

Entwicklung des BIP/Kopf (in US-$)

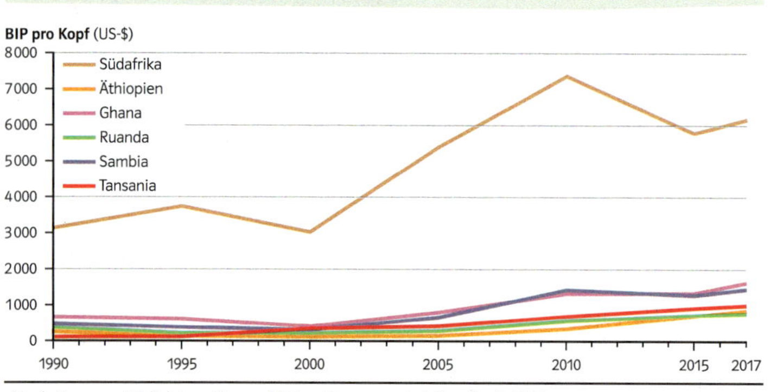

Nach Knoema: Weltdatenatlas, auf https://knoema.de/atlas, Sept. 2018

Entwicklung der Lebenserwartung in Jahren

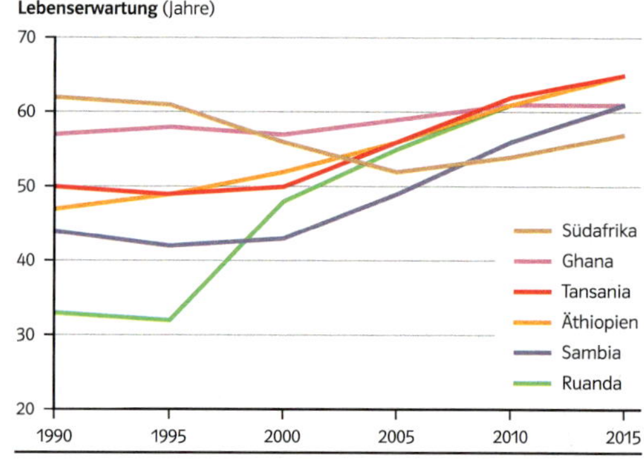

Eigene Zusammenstellung, ergänzt nach Der neue Fischer Weltalmanach 2018. Frankfurt am Main: Fischer Taschenbuch 2017, S. 518 ff.

Exportpartner 2016

Äthiopien — absolut: 3,13 Mrd. US-$

China 14,0
Schweiz 11,0
Niederlande 10,0
Saudi-Arabien 9,2
USA 7,4
Deutschland 6,1
VAR 5,9
Japan 2,4
Sonst. 34,0
%

Ghana — absolut: 16,5 Mrd. US-$

Schweiz 26,0
VAR 21,0
Indien 9,0
China 7,4
Niederlande 5,2
Vietnam 3,3
Südafrika 2,2
USA 2,0
Sonst. 23,9
%

Ruanda — absolut: 0,869 Mrd. US-$

D. R. Kongo 23,0
VAR 21,0
Kenia 11,0
Thailand 4,5
Burundi 4,1
Schweiz 4,1
China 3,7
Pakistan 3,6
Sonst. 25,0
%

Sambia — absolut: 5,56 Mrd. US-$

China 39,0
Indien 13,0
Südafrika 8,7
VAR 7,0
Belgien-Luxemb. 5,3
Südkorea 5,1
Saudi-Arabien 2,9
Thailand 2,5
Sonst. 16,5
%

Tansania — absolut: 6,40 Mrd. US-$

Indien 13,0
VAR 13,0
Schweiz 10,0
Südafrika 9,9
China 5,6
Kenia 4,9
D.R.Kongo 4,5
Belgien-Luxemb. 4,3
Sonst. 34,8
%

Südafrika — absolut: 103,0 Mrd. US-$

China 18,0
Großbritannien 9,6
USA 7,2
Deutschland 6,0
Indien 5,9
Belgien-Luxemb. 5,1
Hongkong 4,8
Japan 4,3
Sonst. 39,1
%

Observatory of Economic Complexity (OEC): Die Länder, auf https://atlas.media.mit.edu/de/profile/country/…, Aug. 2018

28

Durchschnittliches BIP-Wachstum (%) 2007–2016

Äthiopien:	10,3
Ruanda:	7,5
Ghana:	7,0
Tansania:	6,7
Sambia:	6,3
Zum Vergleich:	
Südafrika:	2,1

Eigene Zusammenstellung nach Der neue Fischer Weltalmanach 2018. Frankfurt am Main: Fischer Taschenbuch 2017, S. 44 ff.

31

Importpartner 2016

Äthiopien	%	Ghana	%	Ruanda	%	Sambia	%	Tansania	%	Südafrika	%
China	30,0	China	22,0	China	18	Südafrika	61	China	24,0	China	18,0
USA	8,6	Großbritannien	8,4	Frankreich	13	China	12	Indien	17,0	Deutschland	9,0
Indien	7,3	USA	7,2	Uganda	9,9	Indien	6	VAR	6,5	USA	6,6
Kuwait	5,6	Indien	4,8	Kenia	6,6	Großbritannien	1,6	Südafrika	5,9	Indien	4,5
Italien	3,9	Belgien-Luxemb.	4,0	Indien	6,4	Deutschland	1,5	Japan	4,0	Saudi-Arabien	3,8
Türkei	3,2	Deutschland	3,3	VAR	4,9			Kenia	3,0	Frankreich	3,0
Sonstige	41,4	Sonstige	50,3	Sonstige	41,2	Sonstige	17,9	Sonstige	39,6	Sonstige	55,1
Gesamtwert (Mrd.) US-$	17,9		12,5		2,05		3,95		8,79		77

Observatory of Economic Complexity (OEC): Die Länder, auf https://atlas.media.mit.edu/de/profile/country/…, Aug. 2018

Exportstruktur 2016

Äthiopien	%	Ghana	%	Ruanda	%	Sambia	%	Tansania	%	Südafrika	%
Kaffee	24,0	Gold	57,0	Gold	21,0	Rohkupfer	52,0	Gold	35,0	Gold	20,0
ölhaltige Samen	15,0	Kakaobohnen	13,0	Tee	13,0	veredeltes Kupfer	28,0	Tabak	6,5	Diamanten	10
Gold	13,0	Rohöl	7,2	Öl	12,0	wertvolle Steine	3,2	Nüsse	5,4	Platin	8,2
Hülsenfrüchte	7,9	Nüsse	3,8	Metalle	11,0	Tabak	3,1	Metallerze	5,4	Autos	6,6
Schnittblumen	5,5	Kakaobutter	1,3	Zinn	7,4	Mais	1,8	Glasflaschen	3,3	Kohle	4,4
Gasturbinen	5,3	Sonstige	17,7	Kaffee	7,1	Sonstige	19,9	Diamanten	2,7	Eisenerz	4,0
Mikroskope	3,6			Wolfram	2,5			Kaffee	2,6	Eisenlegierungen	3,4
Sonstige	25,7			Sonstige	26,0			Sonstige	39,1	Sonstige	53,4

Observatory of Economic Complexity (OEC): Die Länder, auf https://atlas.media.mit.edu/de/profile/country/…, Aug. 2018

21 Vergleichen Sie die „Entwicklungsmotoren" in den „Löwenstaaten" Subsahara-Afrikas.

22 Begründen Sie, warum trotz hoher Wachstumsraten die Armut in Subsahara-Afrika noch nicht beseitigt ist.

23 Erörtern Sie, inwiefern die Bezeichnung „Löwen" auf dem Sprung berechtigt ist.

6.6 Namibia-Tourismus: Es ist nicht alles Gold, was glänzt

Namibia. Luxus der Weite

„Der Blick schweift bis zum Horizont, das Licht taucht die Landschaft in immer neue Farben, die Seele atmet auf. Eine Reise nach Namibia ist unvergesslich. Ein endloser Horizont, klarer Himmel und eine Bevölkerungsdichte, die zu den niedrigsten der Welt gehört – dies alles kommt zusammen, um dem Besucher einen wirklichen Sinn für Freiheit zu vermitteln. Dies ist teilweise der Grund, warum Namibia der vollkommene afrikanische Urlaub ist. Ob Sie nun am Tierleben interessiert sind, an den Landschaften, Abenteuern, Menschen, Kultur – Ihre Tage werden immer mit viel Sonnenschein, wunderschönen Aussichten und unvergesslichen Erfahrungen angefüllt sein, die es sonst nirgends auf der Welt gibt. Nur in Namibia."

Namibia Tourism Board: Namibia. Luxus der Weite, auf www.namibia-tourism.com/, Nov. 2018

32

Seit der Unabhängigkeit im Jahr 1990 trugen die politische Stabilität, die natürlichen Gegebenheiten und die geostrategisch günstige Lage zu einem wirtschaftlichen Aufschwung bei. Der **Tourismus** ist neben dem Bergbau und der Fischerei inzwischen der dritte wichtige Faktor für das BIP und eine der wichtigsten Devisenquellen, wobei das BIP Namibias für 2016 jedoch nur 0,3 Prozent des BIP von Deutschland entspricht.

Anders als Bergbau und Fischerei, die nur in relativ geringem Umfang Arbeitsplätze für die lokale Bevölkerung schaffen, ist die Tourismusindustrie beschäftigungsintensiver. 2017 gab es 98 000 Arbeitsplätze, die direkt und indirekt mit dem Tourismus verbunden sind. 2028 sollen es 137 000 sein.

Grundlage des Erfolgs ist vor allem die unternehmerische Initiative vieler kleiner Firmen, die Namibias Tourismussektor kennzeichnen. Lodges, Gäste- und Jagdfarmen, Reiseveranstalter, spezialisierte Autovermieter u. a. m. bedienen die verschiedenen Zielgruppen mit passenden Angeboten.

Anteil des Tourismussektors am BIP (in %)

2007	14,0
2009	13,6
2011	14,7
2013	15,2
2015	16,5
2017	13,8
2028*	15,6

*Prognose; Nach World Travel & Tourism Council (WTTC): Travel & Tourism Economic Impact 2018 – Namibia. London: WTTC 2018, S. 1; Knoema: Weltdatenatlas Namibia, auf https://knoema.de/atlas, Sept. 2018

33

Tourismus in Namibia

„[...] auf der einen Seite [versuchen] die beteiligten Akteure wie etwa Safariunternehmen, die vermeintlich unberührte Natur als besonderes Merkmal darzustellen. Gleichzeitig weisen sie jedoch auf technisch gut erschlossene Landschaften hin. Orte, die von Reiseanbietern in Literatur und Materialien als besonders wertvoll definiert wurden, vermochten es, historisch nostalgische und romantisch aufgeladene Zuschreibungen mit kontrastierenden Vorstellungen von Abenteuer und Gefahr zu verbinden. Geschaffen wurden Räume, die nicht nur geografisch, sondern auch zeitlich konstruiert sind und bis heute funktionieren."

Veit Arlt: Tourismus in Namibia. In Tourism Wacht, März 2017, auf www.tourism-watch.de/content/tourismus-namibia, Nov. 2018

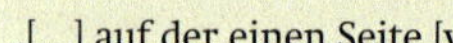

34

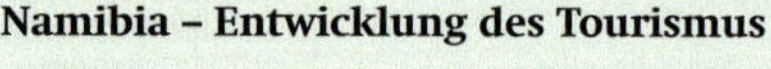

Namibia – Entwicklung des Tourismus

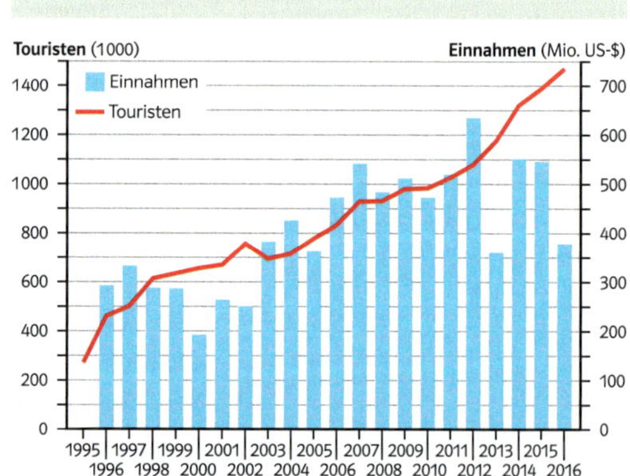

Eigene Zusammenstellung nach Knoema: Weltdatenatlas Namibia, auf https://knoema.de/atlas/Namibia/Tourismuseinnahmen, Sept. 2018

35

24 Stellen Sie mithilfe geeigneter Atlaskarten die Rahmenbedingungen des Tourismus in Namibia dar.

25 Analysieren Sie die Darstellung des Tourismus auf der Homepage des Namibia Tourism Board (Text 32).

26 Erörtern Sie Chancen und Risiken der touristischen Entwicklung für Namibia.

36 **Damaraland Camp**

Namibia zeigt sich umweltbewusst

„[…] Ohne Respekt vor der ökologischen Balance ihrer ariden Heimat hätten Viehzüchter, Farmer und Jäger nicht überleben können. Natürlich wurden auch in Namibia Fehler gemacht: Überweidung, unkontrollierter Abschuss von Wild, sorgloser Umgang mit Wasser haben die Ausbreitung der Wüste beschleunigt und manche Tierarten beinahe ausgerottet – doch diese Auswüchse wurden unterbunden. Eine Gefahr für das ökologische Gleichgewicht stellt heute der Tourismus dar: Lodges in unberührter Natur, der hohe Wasserverbrauch, das Einfliegen von Lebensmitteln belasten die Umwelt. Im Tourismus treten zudem die ethnisch-sozialen Probleme Namibias deutlich zutage: Kaum eine Lodge, Gästefarm oder Reiseagentur gehört einem [Einheimischen], der Bevölkerungsmehrheit begegnet der Reisende fast nur in Gestalt von Hilfskräften, von den Einnahmen aus den Safaris profitiert die lokale Bevölkerung kaum. […]"

Jan-Hendrik Wuttke: Namibia: Nachhaltiger Tourismus, auf www.merian.de/afrika/namibia/artikel/namibia-nachhaltiger-tourismus, Nov. 2018

Saisonale Verteilung der Touristen 2016

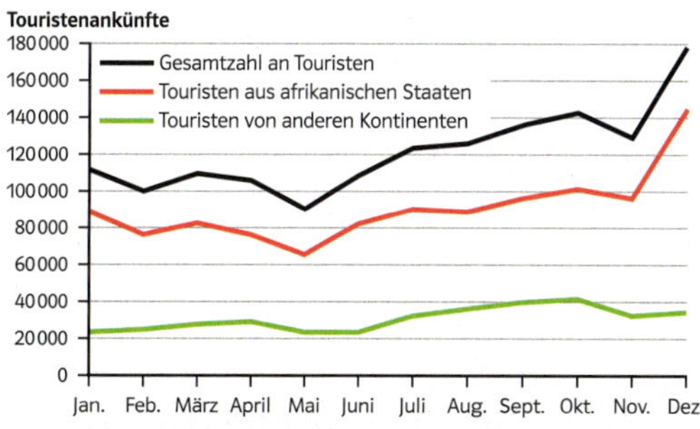

Nach Republic of Namibia, Ministry of Environment and Tourism: Tourist Statistical Report 2016. Windhoek: Directorate of Tourism and Gaming 2017, S. 25

39 **Sehenswürdigkeiten in Namibia** Thomas Christiansen, Nadine Liebich: Namibia: Landmarks und Sehenswürdigkeiten, auf www.liportal.de/namibia/ueberblick/, Nov. 2018

Altersstruktur und Herkunft der Touristen 2016

%
100
80
60
40
20
0

Alter (Jahre): 60 +, 50 – 59, 40 – 49, 30 – 39, 20 – 29, 0 – 19

Afrika, Europa, Nord-amerika, Sonstige

Nach Republic of Namibia, Ministry of Environment and Tourism: Tourist Statistical Report 2016. Windhoek: Directorate of Tourism and Gaming 2017, S. 42

40

Direkt Beschäftigte im Tourismussektor

2007	21100
2009	19300
2011	21400
2013	21200
2015	24100
2017	22800
2028 (Prognose)	35000

Nach Knoema: Weltdatenatlas Namibia, auf https://knoema.de/atlas/Namibia, Sept. 2018

Reisemotive 2016

„– 43,9 %: Besuch von Freunden/Verwandten
- 36,8 % Urlaub/Ferien
- 15,2 % Geschäftlich
- 4,0 % Andere"

Republic of Namibia, Ministry of Environment and Tourism: Tourist Statistical Report 2016. Windhoek: Directorate of Tourism and Gaming 2017, S. 11

43 Hell's Gate National Park: Kilometerlange Rohre transportieren Dampf aus der vulkanisch aktiven Region zu den Kraftwerken.

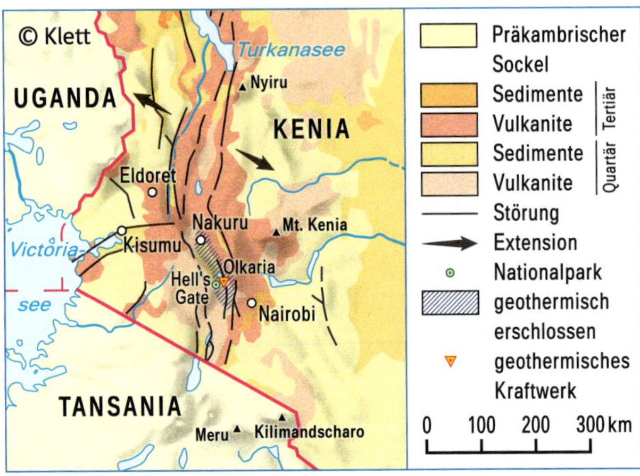

46 Ostafrikanisches Grabenbruchsystem bei Olkaria (Kenia)

⊞ 6.7 Kenia – elektrische Energie aus Erdwärme

Kofi Annan, Vorwort im Africa Progress Report 2015:
"Africa has enormous potential for cleaner energy – natural gas and hydro, solar, wind and geothermal power – and should seek ways to move past the damaging energy systems that have brought the world to the brink of catastrophe."
Kofi Annan, in: Africa Progress Panel (APP): Power People Planet: Seizing Africa's energy and climate opportunities – Africa progress report 2015. Genf: APP 2015, S. 12

44

Es geht auch ohne Kohle
„[Kenia] will bis 2035 seine Treibhausgase um 30 Prozent verringern. Die entstehen vor allem durch die Diesel-Generatoren, die ab und an noch zur Stromgewinnung eingesetzt werden. Wenn etwa die Wasserkraft, der größte Energielieferant des Landes, in Dürrezeiten Engpässe hat. Geothermie wäre ein Mittel, die Diesel-Energie zurückzudrängen.
Vielleicht verzichtet die Regierung sogar auf ihren Plan, im Norden des Landes, an der Grenze zu Somalia, ein großes Kohlekraftwerk zu bauen. Der Energiehunger Kenias ist gewaltig, die Wirtschaft wächst. Aber die Ingenieure in Olkaria sind sich sicher: Zwar würde die Kohle kurzfristig für mehr Strom sorgen, langfristig aber eher schädlich sein. Denn Kenia braucht die Kohle eigentlich nicht. [...]
Ganz ohne Reibungen geht der Bau immer neuer Geothermie-Anlagen natürlich auch nicht über die Bühne: Zuletzt mussten 150 Familien umgesiedelt werden, hauptsächlich [...] der Massai, die schon ewig in der Region leben. Denn die Bohrlöcher sind durch lange Rohrleitungen miteinander verbunden und leiten so den Dampf zu den zentralen Turbinen. In zehn Kilometer Entfernung wurde für die Massai eine neue Bleibe gefunden, die Kraftwerksbetreiber bemühen sich, den Familien auch jetzt noch zur Seite zu stehen und sie etwa bei der Schulbildung ihrer Kinder zu unterstützen. [...]"
Jens Thurau: Kenias Geothermie-Pläne: Mit Wasserdampf in die Zukunft. In Deutsche Welle vom 08.10.2017, auf www.dw.com/de/kenias-geothermie-pl%C3%A4ne-mit-wasserdampf-in-die-zukunft/a-40868866, Nov. 2018

45

Eine steigende Nachfrage nach Strom, die oft nicht flächendeckend befriedigt werden kann, sowie die hohe Abhängigkeit vieler Staaten Subsahara-Afrikas von der Wasserkraft führen, vor allem in der trockenen Jahreszeit, zu extremen Engpässen in der Stromversorgung. Als Folgewirkung kommt es zu einer verlangsamten sozioökonomischen Entwicklung der Länder. Kenia und Äthiopien setzen auf das bislang kaum genutzte geothermische Potenzial entlang des ostafrikanischen Grabenbruchs. In der immer noch vulkanisch aktiven Region sind die Bedingungen ideal. Nutzbare Erdwärme gibt es bereits ab 700 Meter unter der Oberfläche. Das Potenzial wird auf 15 000 Megawatt geschätzt.
Kenia, das bereits seit 1980 mit der Erschließung begann, ist führend bei der Nutzung der **Geothermie**, die vor allem frei von Treibhausgasen ist. Äthiopien, Tansania, Uganda, Ruanda, Dschibuti, Eritrea und die Komoren wollen dem Beispiel folgen. Zu den Investoren in Olkaria gehören insbesondere Japan, China und Deutschland, das den Ausbau mit rund 82 Millionen Euro unterstützt.
Im Gegensatz zu Kenia stagniert der Ausbau in Äthiopien allerdings. Das bisher einzige Pilot-Kraftwerk mit sieben Megawatt Leistung ist seit längerem nicht mehr in Betrieb. Ursachen für den bislang nur zögerlichen Ausbau sind die hohen Anfangskosten und finanziellen Risiken der Explorationsphase. Aber auch ein fehlendes politisches Interesse sowie unübersichtliche bzw. ungeklärte konzessionsrechtliche und energiewirtschaftliche Rahmenbedingungen erweisen sich gegenwärtig noch als hinderlich.

Anteile am Energieverbrauch Kenias

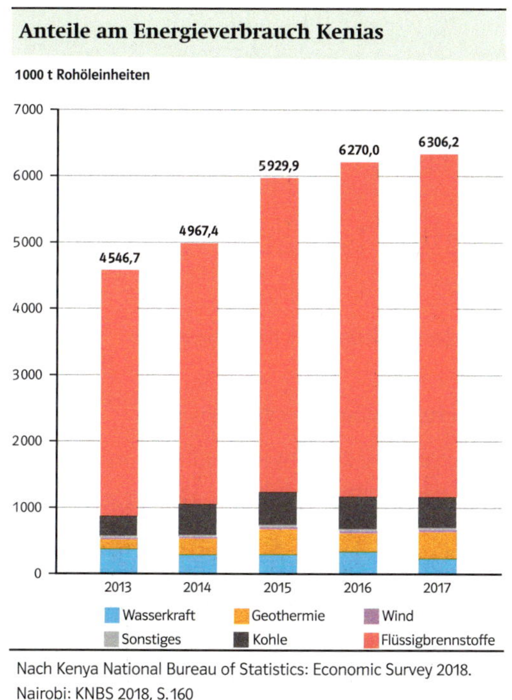

Nach Kenya National Bureau of Statistics: Economic Survey 2018. Nairobi: KNBS 2018, S. 160

Die zehn weltweit bedeutendsten Erzeugerländer von Geothermalenergie

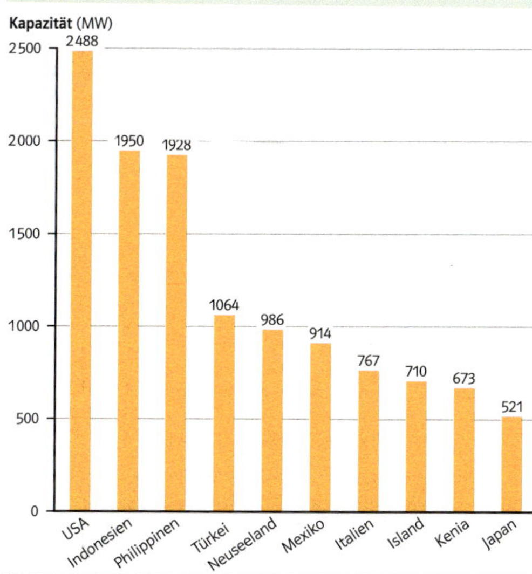

International Renewable Energy Agency (IRENA): Renewable Capacity Statistics 2018, Abu Dhabi: © IRENA 2018, S. 39

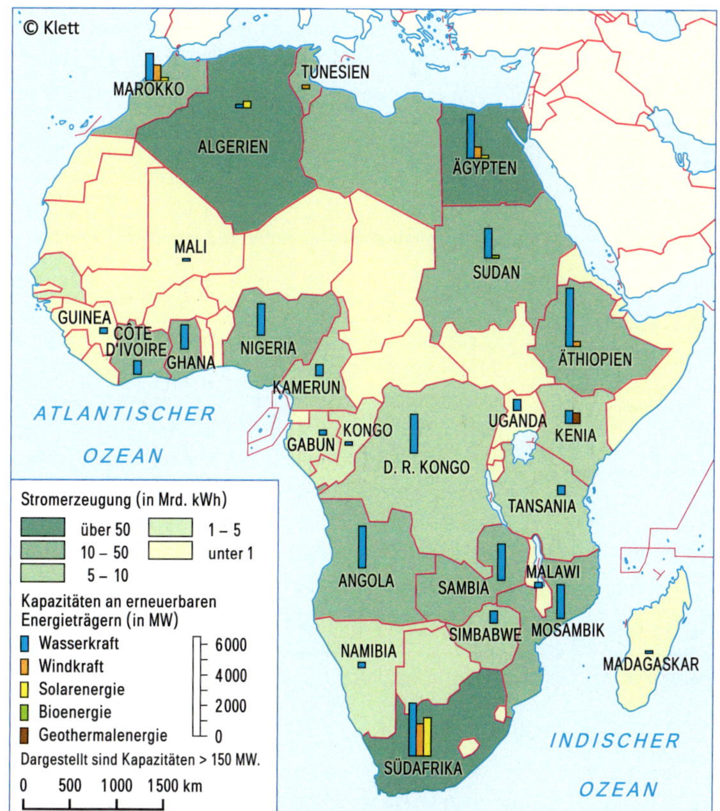

49 Stromerzeugung der Staaten Afrikas in Mrd. kWh

Entwicklung der Kapazität von Stromerzeugnisanlagen auf Basis erneuerbarer Ernergien in ausgewählten Weltregionen (in MW netto)

Weltregion	2008	2012	2016	2017
Afrika	23381	28485	38603	42139
Asien[1]	311727	478239	812276	918655
Mittlerer Osten	11910	13940	18021	48920
Eurasien [2]	33344	76694	91402	96326
Europa	273874	394398	477715	512348
Nordamerika [3]	207611	264855	331270	347635
Südamerika	138894	156544	193097	202120
Insgesamt	1057962	1443834	25640	2179155

Ohne Pumpspeicher, aber einschließlich Off-Grid-Kapazität. [1] Ohne Eurasien und ohne Staaten des Mittleren Ostens, [2] Armenien, Aserbaidschan, Georgien, Russland und Türkei, [3] USA, Kanada, Grönland, Mexiko, Bermuda sowie St. Pierre und Miquelon,
Hans-Wilhelm Schiffer: Bilanz des weltweiten Ausbaus der erneuerbaren Energien in der Stromerzeugung, auf www.et-energie-online.de/AktuellesHeft/Topthema/tabid/70/NewsId/3497/Bilanz-des-weltweiten-Ausbaus-der-erneuerbaren-Energien-in-der-Stromerzeugung.aspx, Sept. 2018

27 Beschreiben Sie die Entwicklung des Energieverbrauchs Kenias.

28 Erläutern Sie die Hindernisse beim Ausbau der Geothermalenergienutzung.

29 Erörtern Sie die Aussage Kofi Annans (Text 44).

TERRA
METHODE

Jeder geographische Raum hat seinen individuellen Charakter. Dieser ergibt sich aus der Zahl und Art der ihn prägenden Geofaktoren sowie der Wechselbeziehungen, die zwischen ihnen bestehen. Ziel einer Raumuntersuchung ist es, diese

Einen Raumvergleich durchführen: Angola – Tschad

Wenn es darum geht, ein Ranking der Staaten Subsahara-Afrikas unter dem Aspekt der Entwicklungschancen zu erstellen, dann werden Angola und Tschad eher im hinteren Teil erwähnt werden. Warum ist das eigentlich so? Wer von beiden hätte die besseren Voraussetzungen für eine nachhaltige wirtschaftliche Entwicklung? Antworten auf diese und andere Fragen soll die Auswertung der Materialien auf den nächsten Seiten geben.

Beurteilungsnetz zum Raumvergleich

51

Wirtschaftsreformen sollen Angola attraktiv machen
DW vom 29.05.2018

Angola: Auf der Jagd nach dem grünen Gold
Agrarheute heute vom 09.01.2018

Angolas Landwirtschaft fehlt das Geld für den großen Wurf
gtai.de vom 04.05.2018

Tschad – Wirtschaftsentwicklung: nach Ölboom nun schwierige Zeiten
gtai.de vom 25.05.2017

52

In sechs Schritten zum Raumvergleich

1. Schritt: Leitfrage formulieren

Zunächst ist eine Problemstellung zu formulieren, die in einer Leitfrage mündet.

2. Schritt: Erstellen eines Arbeitsplanes

Die Leitfrage wird in Teilfragen zerlegt und unter den Geofaktoren wird eine geeignete Auswahl getroffen. Anschließend werden die Arbeitsschritte, die Untersuchungsmethoden und weitere Hilfsmittel festgelegt.

3. Schritt: Analyse der Geofaktoren

Bei der eigentlichen Analyse werden zunächst einzelne Geofaktoren getrennt untersucht, z. B. Naturraum, Bevölkerung, Wirtschaft, Infrastruktur, ehe in einem zweiten Schritt die Wechselwirkungen zwischen den Faktoren herausgearbeitet werden.

4. Schritt: Vergleich Geofaktoren

Bei der vergleichenden Betrachtung sind Gemeinsamkeiten und Unterschiede herauszuarbeiten.

5. Schritt: Reflexion der Arbeitsergebnisse

Die so erzielten Ergebnisse werden im Hinblick auf die eingangs formulierten Leitfrage verglichen. Die Wahl der Methoden und Arbeitsmittel wird nochmals überprüft, ggf. werden Lücken aufgedeckt.

6. Schritt: Darstellung der Ergebnisse

Abschließend werden die Untersuchungsergebnisse vorgestellt, beispielsweise als Referat, PowerPoint-Präsentation oder als Ausstellung.

30 Führen Sie zur Leitfrage einen Raumvergleich durch.

Geofaktoren in ihren Verflechtungen aufzuzeigen. Über den Vergleich wird ein vertieftes Verständnis erreicht, das die unterschiedlichen Strukturen von Räumen aufdeckt und gleichzeitig Charakteristika und Gesetzmäßigkeiten erkennen lässt.

Angola – politische Situation

„[...] 2010 hat das Parlament eine Verfassungsänderung durchgewinkt, mit der die Direktwahl des Präsidenten abgeschafft wurde. In Zukunft wird der oder die Vorsitzende der Mehrheitspartei automatisch Staatspräsident. [...] Der Staatschef kontrolliert sämtliche Staatsorgane, er ist zugleich Regierungschef, aber dem Parlament gegenüber nicht rechenschaftspflichtig. Mit dieser Verfassungsänderung traten die autoritären Züge des politischen Systems noch stärker zu Tage. Von einer Gewaltenteilung kann man kaum noch sprechen. [...] Immerhin 11 Ministerien und das ministerielle Amt der Sekretärin des Ministerrats werden von Frauen bekleidet. Neben den Ministerien für Industrie, Fischerei, Tourismus und Umwelt werden vor allem soziale Ministerien wie Wohnung, Bildung, Hochschule und Wissenschaft, Gesundheit, Familie, Sport und Kultur von Frauen geleitet. [...] Menschenrechtsverletzungen von Sicherheitskräften werden ebenso wenig strafrechtlich verfolgt wie Korruption und Betrug von Sicherheitsdiensten, die zu einer Selbstbedienungsmentalität der herrschenden Klasse führen. Bürgerliche Freiheiten stehen nur auf dem Papier. [...]"

Lothar Berger: Angola. In: LIPortal März 2018, auf www.liportal.de/angola/geschichte-staat/#c43804, Sept. 2018

53

Tschad – politische Situation

„Präsident Idriss Déby gewann im April 2016 erneut die Präsidentschaftswahlen mit 59,92 % der abgegebenen Stimmen. Die Opposition blieb weit abgeschlagen und sprach von Wahlfälschung. Sicherheitskräfte schlugen die von Gewerkschaften und zivilgesellschaftlichen Organisationen initiierten friedlichen Proteste und Streiks gegen die fünfte Kandidatur Débys vor und nach den Wahlen gewaltsam nieder. [...]
Erst nach Beginn seiner neuen Amtszeit, am 8. August 2016, verkündet Déby sechzehn Sparmaßnahmen (u. a. Reduzierung der Beamtengehälter, Streichung von Stipendien) zur Sanierung des maroden Staatshaushalts, für den der drastische Verfall des Ölpreises auf den internationalen Märkten, nicht aber das Missmanagement der Regierung, verantwortlich gemacht wurde. [...] Die politische Opposition ist schwach und in ca. 180 Parteien zersplittert. Nur die Union nationale pour la Démocratie et le Renouveau von Saleh Kebzabo errang bei den letzten Parlamentswahlen 2011 mehr als 10 Sitze. Kebzabo erreichte Platz zwei bei den Präsidentschaftswahlen 2016. Die überfälligen Parlamentswahlen wurden wegen fehlender Mittel verschoben und sollen nun 2019 stattfinden. Das Parlament wird von den Mitgliedern der Regierungspartei Mouvement Patriotique du Salut (MPS) und ihren Verbündeten kontrolliert (133 von 188 Sitzen)."

Helga Dickow: Tschad. In: Bundeszentrale für politische Bildung vom 10.10.2017, auf www.bpb.de/internationales/weltweit/innerstaatliche-konflikte/176525/tschad, Sept. 2018

54

Angola – Altersstruktur 2017

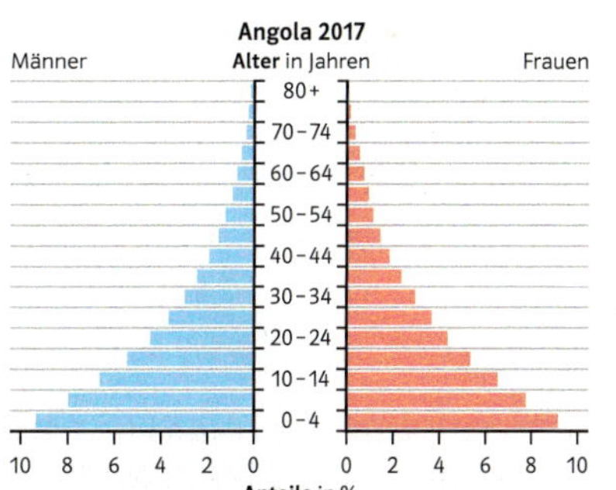

PopulationPyramid.net: Population Pyramids of the World from 1950 to 2100, auf www.populationpyramid.net/angola/2017/, Nov. 2018

55

Tschad – Altersstruktur 2017

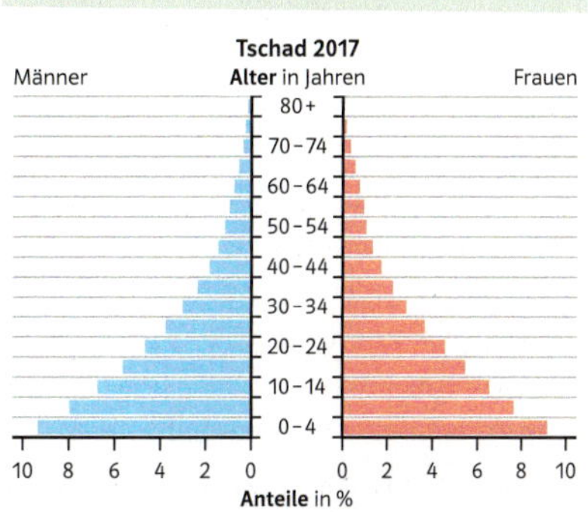

PopulationPyramid.net: Population Pyramids of the World from 1950 to 2100, auf www.populationpyramid.net/chad/2017/, Nov. 2018

56

57 **Luanda (Angola) – teuerste Stadt Afrikas**

58 Skyline der Stadt N'Djamena (Tschad) mit den Gebäuden des Nationalen Sozialfonds (links) und der Zentralafrikanischen Zentralbank (Mitte links)

Auswahl wichtiger Strukturdaten für die Staaten Angola und Tschad

	Angola		Tschad	
	2000	2017	2000	2017
Einwohner (Mio.)	16,4	29,8	8,3	14,9
Alphabetisierungsrate	67,41	71,16*	25,65	40,02*
BIP (Mrd. US-$)	9,1	124,2	1,6	9,9
BIP/Kopf (US-$, PPP)	2966	6835	956	2349
Bruttowertschöpfung Sektoren (% des BIP)				
Primärer Sektor	5,7	8,0	42,4	50,1
Sekundärer Sektor	73,1	46,0	11,3	14,8
Tertiärer Sektor	21,2	46,0	46,3	35,1
Warenexporte (Mio. US-$)	7921	33129	183	1300
Warenimporte (Mio. US-$)	3040	19495	317	2800
Tourismuseinnahmen (Mio. US-$)	34	628**	14	k.A.
Korruptionsindex	17	19	17	20
HDI	0,391	0,533*	0,30	0,396*

*Wert für 2015; **Wert für 2016

Eigene Zusammenstellung nach Knoema: Weltdatenatlas, auf https://knoema.de/atlas/; Wirtschaftskammer Österreich: Länderprofil Angola, auf http://wko.at/statistik/laenderprofile/lp-angola.pdf, https://wko.at/statistik/laenderprofile/lp-tschad.pdf , Sept. 2018

59

Angola – mineralische Rohstoffe

„Angola verfügt über beträchtliche, allerdings noch nicht vollständig erschlossene Mineralvorkommen (unter anderem Phosphate, Kupfer, Gold, Seltene Erden). Das Land weist in geologischer Hinsicht Ähnlichkeiten mit anderen südafrikanischen Ländern, vor allem mit Namibia, Sambia und der Demokratischen Republik Kongo auf. Derzeit werden in Angola für 72 verschiedene Bergbauprojekte Investoren gesucht. Das angolanische Bergbauministerium hat in den nächsten Jahren Investitionen in Milliardenhöhe in die Entwicklung und Ausbeutung der Mineralvorkommen angekündigt. Für die Zulieferer von Bergbaumaschinen können sich dadurch interessante Geschäftsperspektiven ergeben. […] Das internationale Interesse von Investoren, einschließlich der Bereiche Eisenerz, Kupfer und Phosphate hat enorm zugenommen. Diamanten waren und bleiben auch weiterhin der wichtigste Faktor für das Wachstum. […]“

Peter von Hartlieb-Wallthor, Herwig Marbler: Rohstoffe Subsahara. Düsseldorf: EANRW, DERA 2017, S. 24f.

60

Tschad – mineralische Rohstoffe

„Über Bergbau- und Exploration im Tschad ist relativ wenig bekannt. Allerdings führten Studien des United Nations Development Program und der Tschad Direction de Recherches et Géologiques Minières (DRGM) mehrere höffige Regionen bzgl. Gold, Bauxit, Uran, Silber und Diamanten auf.

Die identifizierten Regionen liegen im Südwesten des Landes und sind der Mayo Kebbi Gürtel (Lere, Mourbame und Pala). Goldvorkommen gibt es in der Quaddai Region (einschließlich der Am Ouchar, Ade, Ardelik und Goz Beida). Gold wird entlang des Mayo N'Dala Flusses gewonnen.

AFKO, ein südkoreanisches Unternehmen, hat 2001 Tschads erstes Goldbergwerk eröffnet (Africa Mining Intelligence 2001), das sich bei Pala, etwa 300 km südlich der Hauptstadt N'Djamena befindet. Exxon, Petronas und Chevron bemühen sich um die Entwicklung der Ölindustrie. […]“

Peter von Hartlieb-Wallthor, Herwig Marbler: Rohstoffe Subsahara. Düsseldorf: EANRW, DERA 2017, S. 93

61

Angola: Importe und Exporte

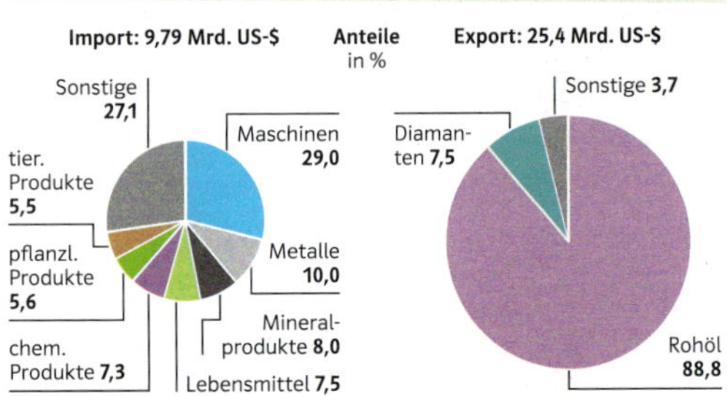

Nach Wirtschaftskammer Österreich: Länderprofil Angola, auf http://wko.at/statistik/laenderprofile/lp-angola.pdf, Sept. 2018

62

Tschad: Importe und Exporte

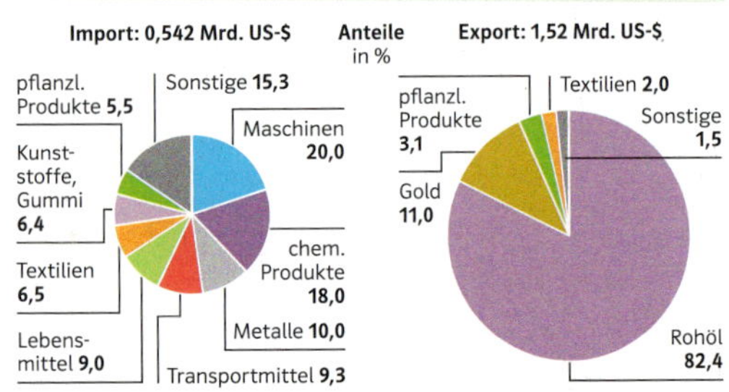

Nach Wirtschaftskammer Österreich: Länderprofil Tschad, auf http://wko.at/statistik/laenderprofile/lp-tschad.pdf, Sept. 2018

63

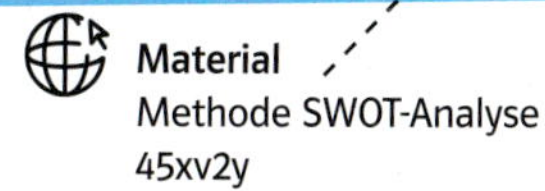

Material
Methode SWOT-Analyse
45xv2y

Angola: SWOT-Analyse 2017

Strengths (Stärken)	Weaknesses (Schwächen)
– Erdöl- und Mineralreichtum – relative politische Stabilität, Kontinuität – gewachsene und stabile Beziehungen zu Auslandspartnern	– starke Abhängigkeit von Erdöl und Diamanten – Mangel an Fachkräften – Bürokratie, ineffiziente Verwaltung und Justiz – Korruption auf allen Ebenen – mangelhafte Infrastruktur
Opportunities (Chancen)	**Threats (Risiken)**
– hoher Investitionsbedarf in Infrastruktur – riesiges ungenutzes Potenzial in der Landwirtschaft – Diversifizierung der Wirtschaft – hydroelektrisches Potenzial von 18 000 Megawatt	– niedrige Rohstoffpreise sorgen für Devisenmangel – hohe Lebenshaltungskosten und soziale Ungleichheit – steigende Arbeitslosigkeit durch hohes Bevölkerungs- und unzureichendes Wirtschaftswachstum

Nach Germany Trade & Invest: SWOT-Analyse – Angola, auf www.gtai.de/GTAI/Navigation/DE/Trade/Maerkte/Geschaeftspraxis/swot-analyse,t=swotanalyse--angola-november-2017,did=1825312.html, Sept. 2018

64

Tschad: SWOT-Analyse 2017

Strengths (Stärken)	Weaknesses (Schwächen)
– kein Währungsrisiko durch Anbindung an den Euro – Bedienung des Marktes kann ohne sehr großen Aufwand von Kamerun aus erfolgen – aktuelle Wirtschaftskrise legt Konsum und private Investitionen lahm	– kleiner Markt ohne eigenen Hafen macht Ansiedlungen für viele Unternehmen unattraktiv – Korruption und Vetternwirtschaft in der Wirtschaft – Dominanz französischer Unternehmen
Opportunities (Chancen)	**Threats (Risiken)**
– geopolitische Bedeutung des Landes könnte weitere Hilfsgelder fließen lassen – steigender Ölpreis führt zu Belebung des Konsumgüterbereichs, des Ölsektors und von Infrastrukturprojekten	– hohe Instabilität, schlechte Sicherheitsanlage in Teilen des Landes

Nach Germany Trade & Invest: SWOT-Analyse – Tschad, auf www.gtai.de/GTAI/Navigation/DE/Trade/Maerkte/Geschaeftspraxis/swot-analyse,t=swotanalyse--tschad,did=1734944.html, Sept. 2018

Hoffnung Zuckerrohr

„[…] Noch in den 60er-Jahren war Angola der größte Agrarproduzent des Kontinents. Aus Angolas Häfen liefen mit Zucker, Kaffee, Baumwolle, Bananen oder Palmöl beladene Frachter in die ganze Welt aus. Doch der Unabhängigkeits- und der ab 1974 folgende Bürgerkrieg setzten dem ein Ende. Der Krieg kostete nicht nur Millionen von Menschen ihr Leben, sondern löschte auch große Teile der Infrastruktur aus. So liegen noch heute viele Ackerflächen brach. […] Bislang interessierte das aber niemanden, sorgen Erdölfelder und Diamantminen doch für üppige Einnahmen – zumindest für die Oberschicht. Seit einigen Jahren mischt aber der Konzern Odebrecht aus Brasilien in Angola mit. Zunächst baute Odebrecht Brücken, Straßen, Staudämme und Einkaufszentren in Angola. Mittlerweile investiert man auch in die Landwirtschaft. So entstand der Agroindustriepark PAC, der mit über 2 000 Angestellten 70 000 ha Zuckerrohrplantagen bewirtschaftet. Hier wird neben Zucker auch Ethanol und elektrische Energie gewonnen. […]"

Lena Kampschulte: Angola: Auf der Jagd nach dem grünen Gold. In: agrarheute vom 09.01.2018, auf www.agrarheute.com/traction/reportagen/angola-jagd-gruenen-gold-541597, Nov. 2018

Angola und Tschad: Entwicklung von Export und Import

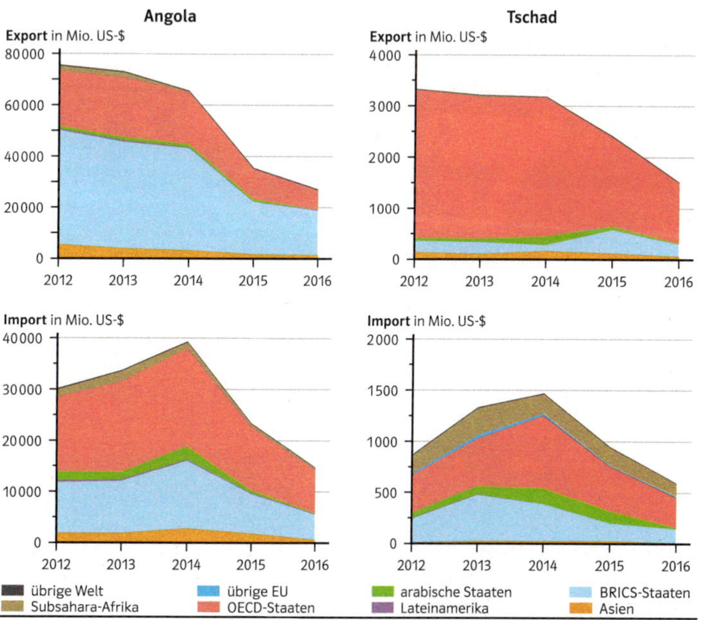

International Trade Centre: Angola, auf www.intracen.org/country/Angola/General-Trade-Performance/; International Trade Centre: Chad, auf www.intracen.org/country/Chad/General-Trade-Performance/, Nov. 2018

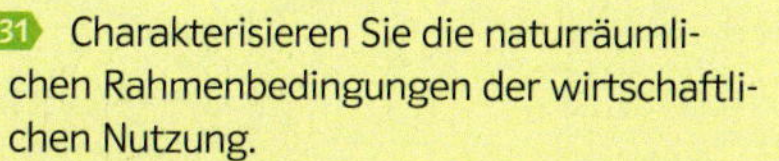

31 Charakterisieren Sie die naturräumlichen Rahmenbedingungen der wirtschaftlichen Nutzung.

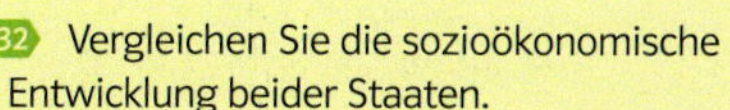

32 Vergleichen Sie die sozioökonomische Entwicklung beider Staaten.

33 Erörtern Sie die Entwicklungschancen beider Staaten.

7 Anhang – Kompetenzen vernetzen und überprüfen

Als Vorbereitung auf Ihren weiteren Bildungsweg und auf Ihren beruflichen Werdegang müssen Sie als Schülerinnen und Schüler der gymnasialen Oberstufe einerseits in der Lage sein, den eigenen Lernprozess zu strukturieren, zu verbessern und zu reflektieren. Andererseits wird von Ihnen die Fähigkeit verlangt, das im Unterricht erworbene fachliche Wissen und methodische Können auch nachzuweisen und angemessen darzustellen, z. B. in Klausuren und letztendlich auch in der Abiturklausur.

Dieses Kapitel bietet Ihnen zunächst einmal eine Zusammenfassung der Gesamtthematik des Themenbandes mit den wichtigsten Fachbegriffen (S. 106/107).

Anhand ausgewählter Arbeitsaufträge können Sie dann Ihre erworbenen Kompetenzen überprüfen. Die Lösungen zu diesen Aufgaben finden Sie in der Internetbegleitung zu diesem Band.
Im hinteren Buchdeckel sind die Anforderungsbereiche und Operatoren für Prüfungsaufgaben zusammengestellt, die Ihnen bei der Lösung der Arbeitsaufträge in diesem Schülerbuch helfen sollen.
Die wichtigen Fachbegriffe des Buches, auf den Inhaltsseiten durch Fettdruck hervorgehoben und zusammenfassend aufgelistet auf den Seiten 106/107, wurden im Anhang nochmals definiert. Festigen Sie hier Ihr Begriffswissen.
Über die Seitenangaben im Sachregister können Sie sich bestimmte Begriffe und Inhalte des Buches im Kurzzugriff erschließen.

1

7.1 Kompetenzen vernetzen

Entwicklung globaler sowie multilateraler Institutionen und Regelungen

Ökonomische Entwicklung

Heterogenität der Strukturen und Regionen

Zusammenarbeit zwischen den Regionen und Staaten

Demokratische Konsolidierung

Autonomie der Staaten Subsahara-Afrikas

Funktionsfähigkeit der staatlichen Institutionen

Szenario 1: Afrikanische Perspektiven (Bewahren der Identitäten und Zurechtkommen in einem selbst organisierten System):
- Afrikas politischer Weg ist langfristig geplant, bei Beibehaltung der eigenen Identität
- sich langsam entwickelnde Wirtschaftsstrukturen, die hauptsächlich den nationalen Bedürfnissen entsprechen
- Dominanz ethnischer Identitäten und traditioneller Strukturen
- geringe direkte Umweltbelastung
- globale Unabhängigkeit anstrebend, dem eigenen Entwicklungsweg folgend

Szenario 2: Ausverkauf (Abschöpfung von Rohstoffen verschärft die Spaltung der Gesellschaften):
- totalitäre Systeme funktionieren selbstgerecht, aber effizient
- Ressourcen als Goldesel im nationalen und globalen Fokus
- sozioökonomische Spaltung, aber starke traditionelle Strukturen unterstützen den Zusammenhalt
- Rohstoffabbau und Verstädterung führen zu einem hohen Umweltverschmutzungsgrad
- Afrika als globaler Rohstofflieferant – gefährlich kurzfristige Strategie

Szenario 3: Neue Werkbank (wirtschaftlicher Erfolg nach dem Fernost-Modell):
- totalitäre, aber zuverlässige Systeme regeln effizient und fördern die politische Stabilität
- wirtschaftlicher Strukturwandel hin zur Massenproduktion
- sozialer Frieden durch gute wirtschaftliche Perspektiven und politische Stabilität
- weithin akzeptierte massive Umweltverschmutzung durch Industrie und Verstädterung
- Exportorientierung, Schwellenländer als politische Leitlinien für afrikanische Nationalstaaten

Szenario 4: In westlichen Fußstapfen (Dreiklang aus demokratischen Systemen, Wohlstand und aktiven Zivilgesellschaften):
- demokratische Systeme funktionieren effizient und werden akzeptiert
- Modernisierung und Strukturwandel beschleunigen die ökonomische Entwicklung
- Adaptieren westlicher Werte und Zustimmung zum Wandel
- zunehmendes Umweltbewusstsein
- Vorbild der westlichen Marktwirtschaft ist recht erfolgreich und wird weithin unterstützt

Szenario 5: Wirtschaftlicher Kolonialismus (Versuchung und Widerstand gegen Ökonomisierung und Verwestlichung):
- Ablehnung demokratischer Systeme aufgrund von Misstrauen
- wirtschaftliche Entwicklung ist von ausländischen Investitionen abgängig
- zerrüttete Gesellschaften fürchten wegen der Verwestlichung den Mangel an individuellen Perspektiven
- Notwendigkeit des Umweltschutzes wird erkannt, die Umsetzung ist aber schwach
- Afrikas Machthaber folgen der westlichen Ökonomisierung ohne Unterstützung der afrikanischen Bevölkerung

Szenario 6: Denke westlich! Nach Westen gehen? (totalitäre Systeme unter Druck):
- despotische Souveräne kämpfen, wenn ihre Politik versagt
- abgeschottete Volkswirtschaften entwickeln sich schwach
- enttäuschte und gespaltene Gesellschaften träumen von westlichem Wohlstand und Lebensstil
- Umwelt- und Klimafragen an oberster Stelle der wirtschaftlichen Herausforderungen
- Afrika als unwichtiger Global Player ist auf Entwicklungshilfe angewiesen

Szenario 7: Erosion der bestehenden Ordnung (Anarchie und Zusammenbruch nationaler Staaten):
- gescheiterte afrikanische Staaten stürzen in ein politisches Chaos
- Mangel an Modernisierung führt zur stagnierenden Wirtschaft und existenziellen Schwierigkeiten
- hohe Migration in Länder mit wirtschaftlichen Perspektiven und vertrauten Wertesystemen
- Umweltschutz hat keine Priorität
- bis zur Umsetzung einer neuen politischen Ordnung ist die Entwicklungshilfe ein Tropfen auf den heißen Stein

Strategische Interessen fremder Großmächte, z. B. der USA, Chinas und ehemaliger Kolonialmächte

2 Zukunft 2030 – Einflussfaktoren und Szenarien zur Entwicklung Subsahara-Afrikas
Eigene Zusammenstellung/Szenarien aus dem Englischen übersetzt und gekürzt nach: Scenario Management International AG (Hrsg.): Scenarios for the Future of Africa 2030. Paderborn: ScMI 2016, S. 8 – 21

TERRA **KOMPETENZ**

Fachbegriffe
Aids
Armut
Bad Governance
Biomasse
BIP
Bodendegradation
Bodenerosion
Brandrodung
BRICS-Staaten
Desertifikation
Disparitäten
Entwicklungshilfe
Entwicklungszusammenarbeit
erneuerbare Energien
Fairtrade
Fertilitätsrate
Gated Communities
Geothermie
Globales Dorf
Globalisierung
Good Governance
HDI
Hunger
Infrastruktur

7.2 Kompetenzen überprüfen

Überprüfen Sie – auch als Vorbereitung auf die Klausur – Ihre bei der Bearbeitung dieses Themenbandes erworbenen Kompetenzen. Zu den einzelnen Kompetenzbereichen finden Sie im Folgenden Aufgaben und Materialien, die ausgewählte Themen und Aspekte der vorangegangenen Kapitel aufgreifen.
Gehen Sie bei der Bearbeitung wie folgt vor:

1. Erarbeiten Sie zunächst für jede Aufgabe schriftlich Ihre eigene Lösung.
2. Vergleichen Sie diese dann mit den Lösungshinweisen in der Internet-Begleitung zu diesem Band (Online-Code xd5mq2).
3. Bewerten Sie nun Ihre eigene Lösung anhand einer Notenskala von 1 (sehr gut) bis 6 (ungenügend).
4. Überlegen Sie, mit welchen Maßnahmen und Methoden Sie eventuell festgestellte Lücken oder Defizite schließen bzw. beseitigen können.

Räumliche Orientierung

Arbeiten Sie mit der Karte zum Ausdrucken unter dem Online-Code xd5mq2:

1 Stellen Sie in der Karte die Klimazonen Afrikas südlich der Sahara im Überblick dar.

2 Zeichnen Sie in diese Karte die Regionen ein, in denen es infolge des Klimawandels massive landwirtschaftliche Probleme geben soll.

3 Tragen Sie in die Karte die Staaten der Sahelzone ein.

Fachwissen

1 Charakterisieren Sie das Ökosystem des Tropischen Regenwalds.

2 Beurteilen Sie, inwiefern bei der dargestellten landwirtschaftlichen Nutzung eine Anpassung an das Ökosystem vorliegt (Grafik 3).

3 Erklären Sie, was unter „shifting cultivation" zu verstehen ist.

4 Beschreiben Sie die Bevölkerungsentwicklung Afrikas (Diagramm 4).

5 Erläutern Sie Probleme, die sich aus der Bevölkerungsentwicklung Afrikas im Vergleich zur Produktionsentwicklung ergeben (Diagramm 4).

6 Vergleichen Sie die Entwicklungen in Afrika mit den globalen Entwicklungen (Diagramm 4).

7 „Der Preisverfall von Agrargütern macht eine Umstellung der afrikanischen Wirtschaft auf Industrie und Dienstleistungen unumgänglich." Nehmen Sie Stellung.

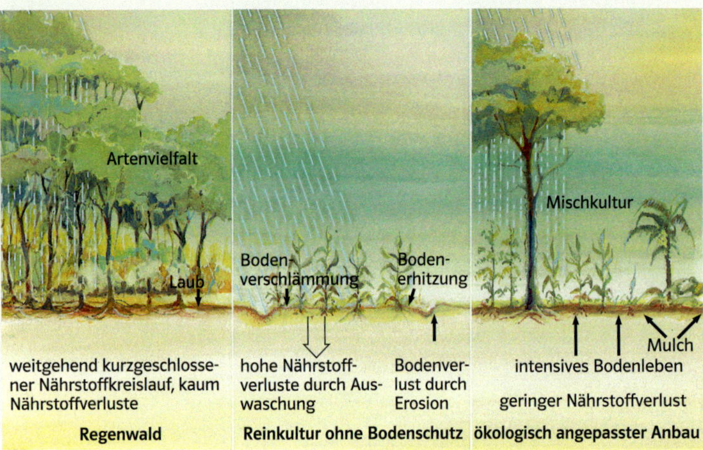

3 Auswirkungen der landwirtschaftlichen Nutzung im Ökosystem Regenwald

Bevölkerungsentwicklung und Entwicklung des Produktionswertes in Land-, Forstwirtschaft und Fischerei

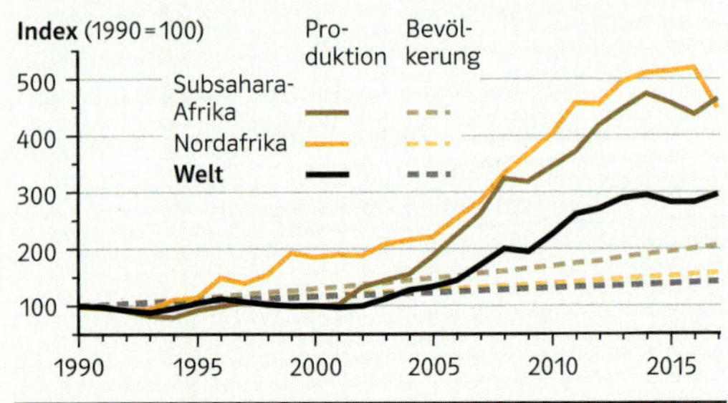

Eigene Zusammenstellung nach The World Bank Group: World Bank Open Data, auf https://data.worldbank.org, Dez. 2018

4

Material
Stumme Karte zum Ausdrucken
xd5mq2

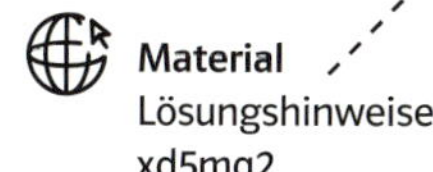

Material
Lösungshinweise
xd5mq2

Kinderarbeit
Klimawandel
Kyoto-Protokoll
Landgrabbing
Mangelernährung
Medien
Migration
Mikrokredite
M-Pesa
Nachhaltigkeit
Nährstoffkreislauf
Neokolonialismus
NGO
Nomaden
Ökosystem
Plantage
Pro-Kopf-Einkommen
Recycling
Ressourcen
Ressourcenfluch
Riftzone
Rohstoffe
Sahel-Syndrom
SDGs
Sekundärwald
Shifting Cultivation
SWOT-Analyse
Tigerstaat
Tourismus
Unterernährung
Urbanisierung
Wanderfeldbau
Welthunger-Index

Erkenntnisgewinnung durch Methoden

1 Tabellen und Diagramme auswerten
a) Analysieren Sie die nebenstehenden Materialien im Hinblick auf die Wirtschaftsentwicklung und Wirtschaftsstruktur.
b) Erörtern Sie die Aussagekraft der beiden Materialien.

2 Erstellen Sie ein Wirkungsschema zum Thema „Armut in Afrika". Berücksichtigen Sie dabei Ursachen sowie Folgen, wobei Sie sowohl natürliche als auch externe Hemmnisse miteinfließen lassen sollen.

Entwicklung des BNE/Kopf (US-$)

Jahr	Südafrika	Nigeria	Ruanda
2017	5430	2080	720
2010	6160	1470	560
2000	3020	270	240
1990	3350	290	350
1980	2460	760	270
1970	790	170	60

Der neue Fischer Weltalmanach 2019. Fischer Taschenbuchverlag, Frankfurt am Main 2018

5

Sektorale Wirtschaftsstruktur Ruandas und Südafrikas

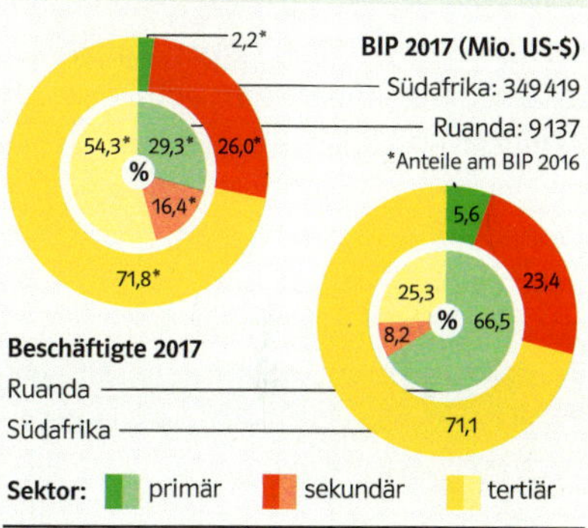

Eigene Zusammenstellung nach Der neue Fischer Weltalmanach 2019. Fischer Taschenbuchverlag, Frankfurt am Main 2018

7

Kommunikation

1 Erstellen Sie ein Thesenpapier, in dem Sie Grundsätze für einen fairen Landverkauf formulieren.

2 Gestalten Sie eine Präsentation zum Thema „Löwenstaaten auf dem Sprung".

3 Desertifikation im Sahel: naturbedingt oder vom Menschen verursacht? Nehmen Sie in einem Zeitungskommentar zu dieser Frage Stellung.

4 Nehmen Sie Stellung zur Kernaussage der Karikatur 6.

5 Erörtern Sie, ob und inwieweit Chinas Entwicklungszusammenarbeit Subsahara-Afrika Hilfe bringen kann.

6 Erörtern Sie, inwieweit die modernen Formen der Energiegewinnung eine Chance zur wirtschaftlichen Entwicklung Subsahara-Afrikas darstellen.

6 „Afrikahilfe"

Beurteilung und Bewertung

1 Bewerten Sie Subsahara-Afrikas Naturraum im Hinblick auf landwirtschaftliche und touristische Nutzungsmöglichkeiten.

2 Beurteilen Sie die zukünftigen Entwicklungschancen Subsahara-Afrikas im Globalisierungsprozess.

3 „Rohstoffreichtum – Segen oder Fluch?" Nehmen Sie Stellung.

4 „Subsahara-Afrika – das Armenhaus der Erde!" Beurteilen Sie, ob es sich bei dieser Aussage um ein Klischee handelt.

5 Beurteilen Sie den Ansatz der Hilfe zur Selbsthilfe.

Glossar

Das Glossar beinhaltet alle auf S. 106/107 aufgelisteten wichtigen Begriffe.

A

Aids: Eine Infektion mit dem Humanen Immundefizienz-Virus (HIV) ist Ursache für die Immunschwächekrankheit Aids, die unbehandelt, nach einem mehrjährigen Krankheitsverlauf, meist zum Tode führt. Bislang gibt es keine Therapie, mit der die Krankheit geheilt werden kann, sie lässt sich in ihren Folgen durch Medikamente aber erheblich abmildern.

Armut: Neben der relativen Armut, die allgemein die Stellung der Entwicklungsländer im globalen Wohlstandsgefälle beschreibt, existiert der Begriff der absoluten Armut, zu deren Merkmalen Analphabetentum, → Unterernährung, hohe Kindersterblichkeit und geringe Lebenserwartung gehören.

B

Bad Governance: „schlechte Regierungsführung", → Good Governance

Biomasse: Gesamtgewicht der Flora und Fauna pro Flächeneinheit. Im tropischen Regenwald kann dieser Wert bei bis zu 1500 t/ha liegen, in einem mitteleuropäischen Laubmischwald bei etwa 300 t/ha. Bezieht man sich nur auf die Pflanzen, spricht man von Phytomasse.

BIP (Bruttoinlandsprodukt): Diese Zahl erfasst den Geldwert für alle Güter, die von den Erwerbstätigen eines Staates in einem Jahr produziert und auch verkauft wurden sowie die Einnahmen aus Dienstleistungen. Die dabei auf Ausländer entfallenden Leistungen sind mit eingeschlossen.

Bodendegradation: Verschlechterung der Bodenqualität durch natürliche Einflüsse und/oder menschliche Eingriffe, z. B. durch → Bodenerosion oder Auswaschung von Nährstoffen.

Bodenerosion: Abtragung des Bodens durch Wasser und Wind; i. w. S. alle über den natürlichen Abtragungsprozess hinausgehenden Bodenverluste, die durch den Menschen begünstigt oder ausgelöst werden, z. B. durch Abholzung.

Brandrodung: Rodung durch Fällen der Baumvegetation und deren anschließendes Verbrennen.

BRICS-Staaten: Kürzel für die weltwirtschaftlich fünf bedeutendsten Schwellenländer: Brasilien, Russland, Indien, VR China und Südafrika.

D

Desertifikation: Wörtlich Wüste machen. Übernutzung einer Landschaft durch den Menschen, wodurch die natürliche Vegetation beseitigt wird. Es kommt zu einer Ausbreitung von Wüsten. Besonders gefährdet sind große Bereiche der Dorn- und Trockensavanne im Sahel.

Disparitäten: Ungleichheiten zwischen Ländern bzw. Regionen, die sich vor allem in unterschiedlichen Lebensbedingungen und wirtschaftlichen Entwicklungsmöglichkeiten äußern. Zu unterscheiden ist zwischen räumlichen Disparitäten (s. o.) und sozialen Disparitäten, d. h. Unterschieden in den Lebensbedingungen einzelner Bevölkerungsgruppen.

E

Entwicklungshilfe: nicht unter die normalen Handelsbeziehungen fallende Maßnahmen der Industrieländer, um die Situation der Entwicklungsländer zu verbessern.

Entwicklungszusammenarbeit: Der Begriff soll das partnerschaftliche Verhalten zum Ausdruck bringen und nicht die Unterscheidung in Geber- und Nehmerländer, wie sie in → Entwicklungshilfe unterschwellig zum Ausdruck kommt.

erneuerbare Energien: Energieformen, die sich nicht wie die fossilen Energieträger erschöpfen, sondern unter den heutigen Bedingungen selbst erneuern, z. B. Energie aus Wasserkraft.

F

Fairtrade: Synonym für Bestrebungen eines gerechten und nicht ausschließlich gewinnorientierten Austausches in der Welt. Durch garantierte Mindestpreise sowie die Gründung von Genossenschaften soll der kapitalgesteuerten Ausbeutung der Entwicklungsländer entgegengewirkt werden. Die Prämien des fairen Handels werden in der Genossenschaft investiert. Hiervon werden Investitionen getätigt.

Fertilitätsrate: Demografische Kennziffer, die die Zahl der Lebendgeborenen in einem Jahr bezogen auf 1000 Frauen im gebärfähigen Alter (15–45 Jahre) angibt.

G

Gated Community: Sozialräumlich deutlich von den anderen Wohngebieten abgegrenzte Enklave. Gated Communities entstanden bzw. entstehen meistens durch die Abwanderung der oberen bis mittleren Einkommensgruppen aus den Innenstädten und ihre Ansiedlung in landschaftlich bevorzugten Stadtrandlagen. Gründe für die Entstehung sind häufig „gefühlte"/reale Unsicherheit und gleiche Lebensformen.

Geothermie: Energie, die durch radioaktive Zerfallsprozesse im Erdinneren entsteht und zur Energiegewinnung genutzt werden kann.

Globales Dorf: Der Begriff wird zumeist als Metapher für das Internet und das World Wide Web gebraucht. Ohne seinen Standort zu ändern, kann man über das Internet mit Menschen aus aller Welt in Kontakt treten.

Globalisierung: Bezeichnung für die transnationale Vernetzung der Systeme, Gesellschaften und Märkte. Das Ziel ist die vollständige Ausbildung eines Weltmarktes, also die weltweite Ausbreitung von Produktion und Absatz von Waren und Dienstleistungen über alle Staatsgrenzen hinweg. Das Kapital hat dabei eine noch nie da gewesene Mobilität. Grundlage sind der weltweite Informationsaustausch (z. B. Internet) und leistungsfähige Transportmöglichkeiten.

Good Governance: „gute Regierungsführung". Gemeint ist eine verantwortungsvolle Führung eines Staates durch seine Regierung und Herrscher. Die Weltbank

hat vier Prinzipien für eine gute Regierungsführung vorgestellt: Verbesserung des Managements des öffentlichen Sektors; Rechenschaftspflicht staatlichen Handelns; Rechtssicherheit sowie Informationsfluss und Transparenz.
Das Gegenteil von Good Governance ist Bad Governance, erkennbar u.a. an Korruption, instabilen Verhältnissen, mangelnder Rechtsstaatlichkeit etc.

H

HDI (Human Development Index): Maßzahl für den Stand der menschlichen Entwicklung. Drei Indikatoren sind maßgebend: Lebenserwartung, Bildungsgrad und Pro-Kopf-Einkommen.
HIV: → Aids
Hunger: → Unterernährung

I

Infrastruktur: Gesamtheit der Einrichtungen eines Raumes, die die Grundlage für die wirtschaftlichen Tätigkeiten in diesem Raum darstellen, z.B. Einrichtungen für Verkehr, Bildung.

K

Kinderarbeit: Erwerbsarbeit von Kindern, die 14 Jahre oder jünger sind. Weltweit ist Kinderarbeit geächtet, aber es werden ca. 250 Mio. Kinderarbeiter geschätzt (ILO).
Klimawandel: Veränderung wichtiger Klimaelemente, besonders der Lufttemperatur, über einen sehr langen Zeitraum. Der Einfluss des Menschen auf das Klima der Erde ist nicht abschließend geklärt. Durch die verstärkte Freisetzung von Kohlenstoffdioxid und weiteren Treibhausgasen seit Beginn der Industrialisierung trägt der Mensch vermutlich zur Erwärmung der Erdatmosphäre bei. Als Folgen der globalen Erwärmung werden z.B. Gletscherrückgang, Meeresspiegelanstieg, Verschiebung der Klimazonen prognostiziert.
Kyoto-Protokoll: Internationale Übereinkunft, mit der sich die teilnehmenden Staaten zu einer Verringerung der Treibhausgasemissionen bis 2020 um durchschnittlich 5,2% gegenüber 1990 verpflichten.

L

Landgrabbing: Großflächige Inbesitznahme von fruchtbaren Ackerflächen durch nicht ortsansässige Investoren.

M

Mangelernährung: Eine unzureichende, wenn auch möglicherweise quantitativ ausreichende Ernährung, die durch das ständige Fehlen lebensnotwendiger Stoffe (z.B. Eiweiß und Vitamine) in der täglichen Nahrung charakterisiert ist.
Medien: Der Begriff Medien bezeichnet im weitesten Sinn alles, was zur Verbreitung von Information durch Sprache, Bild, Schrift und Musik geeignet ist. Im engeren Sinn meint der Begriff eine technisch bestimmte Informationsübermittlung, die sich im Allgemeinen an ein großes, anonymes Publikum richtet.
Migration: Alle Formen der Wanderung, bei denen Menschen dauerhaft ihren Wohnort bzw. ihre Heimat verlassen.
Mikrokredite: Kleinkredite zur Finanzierung existenzsichernder Erwerbsarbeit.
M-Pesa: Mobiler Bezahldienst, der Kunden ohne reguläres Bankkonto die Möglichkeit bietet, Geldgeschäfte über das Mobiltelefon abzuwickeln.

N

Nachhaltigkeit: Durchdringung wirtschaftlicher, sozialer und ökologischer Aspekte für ein qualitatives Wirtschaftswachstum. Nachhaltigkeit setzt umweltverträgliches Handeln voraus. Ein ökologisches Gleichgewicht kann jedoch nur erreicht werden, wenn gleichrangig dazu ökonomische Sicherheit und soziale Gerechtigkeit angestrebt werden.
Nährstoffkreislauf: Abgestorbene Pflanzenteile zersetzen sich und geben Nährstoffe frei, die im Boden gespeichert und schließlich wieder durch die Wurzeln aufgenommen werden. Im Regenwald geschieht die Zersetzung schnell, da es sehr warm und feucht ist. Es herrscht ein geschlossener Mineralstoffkreislauf, bei dem Wurzelpilze für eine schnelle Aufnahme der Mineralstoffe auf dem nährstoffarmen Boden sorgen.
Neokolonialismus: Kritisch gebrauchte Beschreibung für die Bestrebungen von Regierungen und Unternehmen der reichen Industrienationen sich die Kontrolle über die Ressourcen, Finanz- und Warenmärkte ärmerer Länder (zumeist ehemalige Kolonien) zu sichern.
NGO: (Non-governmental Organization), d.h. nichtstaatliche Organisation oder Institution, die im Rahmen der → Entwicklungszusammenarbeit entwicklungspolitisch tätig ist.
Nomaden: Hirten, die mit ihren Herden verschiedene Weideplätze und Brunnen nacheinander aufsuchen.

O

Ökosystem: Ein aus Geo- und Biosystem zusammengesetztes Wirkungsgefüge von verschiedenen Umweltfaktoren. Innerhalb eines Ökosystems gibt es drei Faktorengruppen: die belebte Natur (Lebewesen), die unbelebte Natur (z.B. Klima) und technische Faktoren (z.B. Gebäude). Diese drei Gruppen stehen in einem Wechselwirkungsverhältnis.

P

Plantage: Kapital- und arbeitsintensiver, überwiegend exportorientierter, hochmechanisierter Großbetrieb der Pflanzenproduktion in den Tropen und Subtropen.
Pro-Kopf-Einkommen: Statistischer Mittelwert zur Kennzeichnung des Entwicklungsstandes eines Landes, der das Durchschnittseinkommen der Einwohner eines Landes in einem Jahr angibt.

R

Recycling: Aufbereitung von Abfallstoffen für die Herstellung neuer Produkte.
regenerative Energien: → erneuerbare Energien

Ressourcen: Gesamtheit aller auf der Erde vorhandenen Voraussetzungen für das Leben und Wirtschaften des Menschen. Dazu gehören alle energetischen und mineralischen → Rohstoffe (z. B. Erze), andere Naturgüter (z. B. Boden), aber auch geistige Güter (z. B. Wissen). Unter dem Aspekt der Endlichkeit von Ressourcen wird unterschieden zwischen erneuerbaren (z. B. Solarenergie) und nicht erneuerbaren Ressourcen (z. B. Kohle).
Ressourcenfluch: Bezeichnung dafür, dass ein wertvoller → Rohstoff und sein Export nicht zur wirtschaftlichen und sozialen Entwicklung beitragen, sondern aufgrund verschiedener Ursachen (z. B. Bereicherung der Eliten statt Investitionen in die Landesentwicklung) sogar die Entwicklung gehemmt wird.
Riftzone: Schmale Spalte oder Grabenbruch inmitten kontinentaler oder ozeanischer Erdkruste.
Rohstoffe: Unverarbeitete Stoffe, die in der Natur vorkommen und die vom Menschen verwendet werden, um Gebrauchsgegenstände herzustellen oder Energie zu gewinnen.

S

Sahel-Syndrom: Bezeichnung für komplexe Degradationserscheinungen in Regionen, wo wegen der natürlichen Umweltbedingungen (z. B. Boden, Klima) nur eingeschränkte landwirtschaftliche Nutzung möglich ist. Typische Erscheinungsformen sind z. B. → Bodendegradation, → Desertifikation. Besonders betroffen sind die Gebiete der äußeren Tropen.
SDGs (Sustainable Development Goals): Im Jahr 2015 auf der Konferenz der Vereinten Nationen beschlossene Ziele der „Agenda 2030 für nachhaltige Entwicklung". Die 17 Ziele berücksichtigen Umwelt, Soziales und Wirtschaft gleichermaßen. Sie sind Leitziele für die Raumplanung und die Raumentwicklung in Staat, Region und Gemeinde.
Sekundärwald: Artenarmer und niedriger Wald, der auf ehemals gerodeten Flächen ohne menschliche Einwirkung nachwächst.
Shifting Cultivation: Oberbegriff für Formen der ackerbaulichen Landnutzung in den Tropen, wobei ein Wechsel der Anbauflächen erfolgt. Die Nutzung beruht auf dem Wechsel zwischen mehrjährigem Anbau und lang andauernder Brache, bei der sich ein → Sekundärwald ausbildet. Die Erschließung der Flächen erfolgt durch Brandrodung.
SWOT-Analyse: (engl. für Strengths [Stärken], Weaknesses [Schwächen], Opportunities [Chancen] und Threats [Gefahren]) ist ein Instrument der strategischen Planung; man kann die Methode gut zur Analyse eines Raumes einsetzen.

T

Tigerstaat: Bezeichnung für die asiatischen Schwellenländer, also Länder mit hohem Wirtschaftswachstum und dynamischem Industrialisierungsprozess (z. B. Südkorea, Malaysia, Indonesien).
Tourismus: alles, was mit dem Reisen von Menschen an einen Ort zu tun hat, wo sie sich erholen, vergnügen, etwas besichtigen oder auch bei einem Kuraufenthalt gesund pflegen lassen wollen. Zum Tourismus werden nur Reisen mit Übernachtungen gerechnet.

U

Unterernährung: nicht ausreichende Nahrungsaufnahme, die körperliche und geistige Schwäche und oft bleibende gesundheitliche Schäden zur Folge hat.
Urbanisierung: häufig synonym verwendeter Begriff zu Verstädterung; i. e. S. die Ausbreitung städtischer Lebens- und Bauformen, Haushaltsstrukturen (z. B. Singles), Konsummuster und Wertvorstellungen in ehemals ländlichen Gebieten.

W

Wanderfeldbau: → Shifting Cultivation
Welthunger-Index: Berechnungsmethode zur vergleichenden Darstellung des Hungerproblems, die auf den Kriterien Anteil der Unterernährten, Kindersterblichkeit, Anteil der Kinder unter 5 Jahren, die wachstumsverzögert sind oder die an Auszehrung leiden, beruht.

Sachregister

(G) kennzeichnet die im Glossar definierten Fachbegriffe.

7.5 Nachweise

Cover ShutterStock.com RF (ariyo olasunkanmi), New York, NY; **4.1** Adobe Stock (Boris), Dublin; **4.2** Picture-Alliance (Reuters), Frankfurt; **4.3** laif (Klaus Stuttmann), Köln; **5.4** laif (Eric LAFFORGUE/ RAPHO), Köln; **5.5** toonpool.com (MSB), Berlin; **5.6** CartoonStock Ltd (Nilsson-Maki, Kjell), Bath; **5.7** Adobe Stock (Syda Productions), Dublin; **6.1** ShutterStock.com RF (meunierd), New York, NY; **6.2** Getty Images Plus (mustafa6noz/iStock), München; **6.3** Adobe Stock (Boris), Dublin; **8.7** Sakurai, Heiko, Köln; **9.11** Cartoon Movement (Nestory Fedeliko FEDE); **10.13** Tränen der Sonne/ Tears Of The Sun, R: Antoine Fuqua, USA 2003 (c) ddp images GmbH, Hamburg; **11.15** Picture-Alliance (REUTERS/Akintunde Akinleye), Frankfurt; **11.17** „Beasts of No nation", R: Cary Joji Fukunaga, USA 2015 (c) Alamy stock photo (Pictorial Press Ltd), Abingdon; **12.1** Picture-Alliance (Reuters), Frankfurt; **15.6** Okapia (Ulrich Döring), Frankfurt; **16.9** Picture-Alliance (OKAPIA KG/Ingo Gerlach), Frankfurt; **17.13** Alamy stock photo (Les Gibbon), Abingdon, Oxon; **18.14** Getty Images (AFP/Michele Siloni), München; **18.15** ShutterStock.com RF (sqofield), New York, NY; **18.16** ShutterStock.com RF (Fotogien), New York, NY; **21.21 o.** Alamy stock photo (Thomas Moore), Abingdon, Oxon; **21.21 u.li.** Alamy stock photo (Carol Lee), Abingdon, Oxon; **21.21 u.re.** Alamy stock photo (Joerg Boethling), Abingdon, Oxon; **22.25** Picture-Alliance (AP Photo/ George Osodi), Frankfurt; **22.26** Picture-Alliance (Peter_Cunliffe-Jones), Frankfurt; **24.32** Mauritius Images (robertharding/Mile 91), Mittenwald; **26.36** ddp images GmbH (CAMERA PRESS/ Thierry Charlier), Hamburg; **27.37** Getty Images (© 2015 Bloomberg Finance LP), München; **28.41** Getty Images (Corbis Documentary), München; **30.1** laif (Klaus Stuttmann), Köln; **31.2** Polyp cartoons - Paul Fitzgerald, Manchester M15 5RF; **32.6** akg-images, Berlin; **33.9** INTERFOTO Pressebild - Agentur (Sammlung Rauch), München; **34.11** Cartoon Movement,; **37.16** ShutterStock. com RF (Vlad Karavaev), New York, NY; **38.18** Action Press GmbH (ABACA PRESS), Hamburg; **38.19** © Welthungerhilfe; **39.22** Mohr, Burkhard, Königswinter; **40.23** imago images (Friedrich Stark), Berlin; **40.24** Picture-Alliance (Infografik), Frankfurt; **41.26** Sakurai, Heiko, Köln; **42.28** Picture-Alliance (AP Photo/Ben Curtis), Frankfurt; **42.29** OCHA-Services - United Nations Office for the Coordination of Humanitarian Affairs, siehe *3; **42.31** Picture-Alliance (AA), Frankfurt; **43.35** toonpool.com (Damien Glez/toonpool.com), Berlin; **46.41** Getty Images (TONY KARUMBA/ AFP), München; **47.44** Picture-Alliance (epa/ Stephen Morrison), Frankfurt; **47.46** Alamy stock photo (ERIC LAFFORGUE), Abingdon, Oxon; **48.1** SZ Photo/DIZ München GmbH (ap/dpa/picture alliance), München; **48.2** imago images (Seskim Photo), Berlin; **48.3** laif (Eric LAFFORGUE/RAPHO), Köln; **50.6** Alamy stock photo (frans lemmens), Abingdon, Oxon; **52.13** imago images (Xinhua), Berlin; **53.17** Getty Images (Universal Images Group), München; **54.22** Cartoon Movement (Victor Ndula),; **56.26** ERL/toonpool.com; **58.33** Alamy stock photo (Ulrich Doering), Abingdon, Oxon; **58.36** Alamy stock photo (ton koene), Abingdon, Oxon; **59.40** Alamy stock photo (Danita Delimont), Abingdon, Oxon; **60.43** Darstellung von MISEREOR, nach: Hamburger Bildungsserver, Quelle: WWF, Umweltbundesamt (c) Bischöfliches Hilfswerk MISEREOR e. V., Aachen; **60.45** Quelle: National Center for Environmental Health (c) CDC www. cdc.gov/climateandhealth/effects/; **61.48** Climate Change 2007: The Physical Science Basis. Working Group I Contribution to the Fourth Assessment Report of the Intergovernmental Panel on Climate Change. Figure TS.28. Cambridge University Press.; **62.51** Picture-Alliance (Reuters), Frankfurt; **62.52** Picture-Alliance (AP Photo), Frankfurt; **63.54** Getty Images (AFP/Jenny Vaughan), München; **64.58** Getty Images Deutschland GmbH RV (DigitalVision Vectors), München; **66.64** Picture-Alliance (APA-Grafik/picturedesk.com/M. Hirsch), Frankfurt; **67.66** Picture-Alliance (AP), Frankfurt; **68.67** laif (Kai Loeffelbein), Köln; **69.72** Getty Images (AFP/ Simon Maina), München; **70.2** toonpool.com (MSB), Berlin; **72.6** Getty Images (Gallo Images), München; **72.9** imago images (Nature Picture Library), Berlin; **73.12** Alamy stock photo (Joerg Boethling), Abingdon, Oxon; **74.15** Kondenko, Igor (aus dem Karikaturenwettbewerb des Jahres 2007 mit dem Titel „Afrika – Kontinent zwischen Chancenlosigkeit, Krisen und Renaissance" beim DWJN), Cherson; **75.16** Tamedia AG (Redaktion Tamedia), Zürich; **75.18** Alamy stock photo (Kumar Sriskandan), Abingdon, Oxon; **77.23** Picture-Alliance (AP/Sayyid Abdul Azim), Frankfurt; **77.24** Graphik: Joy Abisagi, in: Daily Nation 17. März 2017 (c) Nation Media Group; **79.29** ShutterStock.com RF (Fabian Plock), New York, NY; **80.32** ShutterStock. com RF (Steven Bostock), New York, NY; **81.33** Picture-Alliance (dpa/ Michael Kappeler), Frankfurt; **81.34** imago images (Xinhua), Berlin; **82.37** Getty Images (AFP/Jenny Vaughan), München; **83.41** Kartographie: mr-kartographie, Gotha (c) Bundeszentrale für politische Bildung 2017 www. bpb.de; **84.1** CartoonStock Ltd (Nilsson-Maki, Kjell), Bath; **85.2** The Global Goals - Project Everyone, London NW3 5JS; **86.3** CARE/Stefan Mielke; **87.8** VISUM Foto GmbH (Panos Pictures), München; **88.10** Fotolia.com (Web Buttons Inc), New York; **89.13** TransFair e.V./Fairtrade Deutschland, Köln; **90.15** Götz Wiedenroth, Flensburg, www. wiedenroth-karikatur.de; **91.18** Tamedia AG (Redaktion Tamedia), Zürich; **91.19** Kevin Kallaugher (KAL) – www.kaltoons.com, Glyndon, MD; **92.20** Coface Group, Bois-Colombes; **94.24** Getty Images (Ty Wright/Bloomberg), München; **96.32 o.** Getty Images Plus (iStock/Shumba138), München; **97.36** ddp images GmbH (robertharding), Hamburg; **98.43** Getty Images (Education Images/UIG), München; **101.57** Getty Images (robertharding), München; **102.58** Getty Images (Xaume Olleros/ Bloomberg), München; **104.1** Adobe Stock (Syda Productions), Dublin; **107.6** Christiane Pfohlmann/ toonpool.com

Sollte es in einem Einzelfall nicht gelungen sein, den korrekten Rechteinhaber ausfindig zu machen, so werden berechtigte Ansprüche selbstverständlich im Rahmen der üblichen Regelungen abgegolten.

Anforderungsbereiche und Operatoren

Nach einer Vereinbarung der Kultusminister sollen die Prüfungsanforderungen im Abitur in allen Bundesländern vergleichbar sein. Diese Vergleichbarkeit soll dadurch hergestellt werden, dass sich die Leistungen der Prüflinge möglichst differenziert erfassen lassen. Dazu werden drei Anforderungsbereiche unterschieden, denen Operatoren zugeordnet sind.

Um diesen Anforderungsbereichen gerecht zu werden, aber auch um den Prüflingen das Verständnis für die Aufgabenstellung in den Klausuren zu erleichtern, sind den Anforderungsbereichen sogenannte **Operatoren** zugeordnet. Sie sind als Verben formuliert (z. B. beschreiben, erläutern, beurteilen) und geben an, was der Schüler in der Prüfung konkret tun soll.

Die nebenstehende Übersicht bietet Ihnen eine Hilfe zum Verständnis sowohl der Anforderungsbereiche als auch der Aufgabenstellungen in allen Klausuren der Oberstufe bis hin zu den Abiturklausuren sowie in der mündlichen Abiturprüfung.

Dieses Schülerbuch verwendet in seinen Aufgaben bewusst die Operatoren, damit die Schülerinnen und Schüler den Umgang mit ihnen trainieren können.

Anforderungsbereiche	Erläuterungen
Anforderungsbereich I	
Reproduktion Der Anforderungsbereich I umfasst das Wiedergeben und Darstellen von fachspezifischen Sachverhalten aus einem begrenzten Gebiet und im gelernten Zusammenhang sowie die Verwendung gelernter und geübter Arbeitstechniken und Methoden.	– Wiedergeben von grundlegendem Fachwissen unter Verwendung der Fachterminologie – Bestimmen der Art des Materials – Entnehmen von Informationen aus unterschiedlichen Materialien – Benennen und Anwenden von Arbeitstechniken und Methoden
Anforderungsbereich II	
Reorganisation und Transfer Der Anforderungsbereich II umfasst das selbstständige Bearbeiten, Ordnen und Erklären bekannter Sachverhalte sowie das angemessene Anwenden gelernter Inhalte und Methoden.	– Erklären kategorialer, struktureller und zeitlicher Zusammenhänge – sinnvolles Verknüpfen und Einordnen unterschiedlicher (z. B. politischer, ökonomischer, soziologischer, historischer, raumspezifischer) Sachverhalte – Unterscheiden zwischen Sach- und Werturteil
Anforderungsbereich III	
Reflexion und Problemlösung Der Anforderungsbereich III umfasst den reflexiven Umgang mit neuen Problemstellungen, den eingesetzten Methoden und gewonnenen Erkenntnissen, um zu Begründungen, Folgerungen, Beurteilungen und Handlungsoptionen zu gelangen.	– selbstständiges Erörtern unterschiedlicher Sachverhalte – Entfalten einer strukturierten, multiperspektivischen und problemorientierten Fragestellung – Reflektieren der eigenen Urteilsbildung – problemorientiertes Umsetzen von Kenntnissen und Erkenntnissen in gestaltender Form